Государственный Эрмитаж
Государственный музей изобразительных искусс
Государственный Русский му
Государственная Третьяковская г
при участии музеев
США, Франции, Великобритании, Канады, ФРГ

Поль Сезанн и русский авангард начала XX века

Каталог

Куратор выставки
и научный редактор каталога
А.Г. Костеневич

СЛАВИЯ

Санкт-Петербург
1998

В ы с т а в к а

Поль Сезанн и русский авангард начала XX века

Государственный Эрмитаж, Санкт-Петербург
8 августа — 24 сентября 1998 г.

Государственный музей изобразительных
искусств имени А.С. Пушкина, Москва
5 октября — 15 ноября 1998 г.

О р г а н и з а ц и о н н ы й   к о м и т е т   в ы с т а в к и:

Директор Государственного Эрмитажа М.Б. Пиотровский
Директор Государственного музея изобразительных искусств
имени А.С. Пушкина И.А. Антонова
Директор Государственного Русского музея В.А. Гусев
Директор Государственной Третьяковской галереи В.А. Родионов

Выставка организована Государственным Эрмитажем,
Государственным музеем изобразительных искусств
имени А.С. Пушкина, Государственным Русским музеем и
Государственной Третьяковской галереей
при участии и дружеском содействии
Музея современного искусства (Нью-Йорк),
Художественного музея (Филадельфия),
Художественного института (Чикаго),
Национальной художественной галереи (Вашингтон),
Художественного музея Кимбелла (Форт Уорт),
Музея изобразительных искусств (Бостон),
Музея Орсэ (Париж), Галереи Тэйт (Лондон),
Национальной галереи Канады (Оттава)
и Государственной художественной галереи (Штутгарт)

ISBN 5-88654-081-4

А в т о р ы   с т а т е й :

А.Г. Костеневич, Государственный Эрмитаж, Санкт-Петербург
И.А. Вакар, Государственная Третьяковская галерея, Москва
Г.Г. Поспелов, Институт искусствознания Министерства культуры Российской Федерации
Е.В. Баснер, Государственный Русский музей, Санкт-Петербург
И.Н. Карасик, Государственный Русский музей, Санкт-Петербург

А в т о р ы   а н н о т а ц и й :

Раздел «Поль Сезанн»

М.А. Бессонова (*М. Б.*) — картины из собрания Государственного музея изобразительных искусств имени А.С. Пушкина, Москва
А.Г. Костеневич (*А. К.*) — картины из собрания Государственного Эрмитажа, Санкт-Петербург, из бывших частных германских собраний, хранящихся в Государственном Эрмитаже, картины и акварели из собраний зарубежных музеев

Раздел «Художники русского авангарда»

Л.Н. Бобровская (*Л. Б.*), А.Г. Луканова (*А.Л.*) — картины из собрания Государственной Третьяковской галереи, Москва
А.К. Антонова (*А.А.*), Е.В. Баснер (*Е. Б.*), А.Б. Любимова (*А.Л.*), А.Г. Низамутдинова (*А. Н.*), О.Н. Шихирева (*О. Ш.*) — картины из собрания Государственного Русского музея, Санкт-Петербург

Ф о т о г р а ф ы :

Ю.А. Молодковец, В.С. Теребенин, Л.Г. Хейфец — Государственный Эрмитаж, Санкт-Петербург
С.М. Якименко — Государственный музей изобразительных искусств имени А.С. Пушкина, Москва
В.Н. Кюнер — Государственный Русский музей, Санкт-Петербург
Н.Н. Алексеев, В.А. Воронов, Б.В. Головченко, А.Ф. Сапроненков, А.В. Сергеев — Государственная Третьяковская галерея, Москва

Р е д а к т о р   к а т а л о г а :
Е.Н. Кулагина

М а к е т   и   к о м п ь ю т е р н а я   в е р с т к а :
И.М. Далекая

Издание подготовлено при содействии
Фонда Pro Cultura (Турку), Музея Вяйно Аалтонена (Турку)
и КБ “Ситибанк Т/О”

Диалоги с Сезанном

Эта выставка рассказывает о времени, когда Россия стала великой художественной державой. Искусство XX века рождалось здесь из сочетания наследия французских гениев живописи и русского духа эпохи революционной ломки с его могучим творческим потенциалом.

О русском авангарде сделано много выставок и книг. Пришло время более пристально взглянуть на то, как в начале столетия происходил неожиданный художественный синтез. Для этого мы имеем уникальные и прекрасные возможности. Мы можем выделить именно те картины, которые видели русские художники. Их собрали и привезли в Москву великие русские коллекционеры Сергей Щукин и Иван Морозов. Именно их коллекции оказали прямое и достоверно реконструируемое влияние на ищущие души русских художников. Ряд молодых русских живописцев использовал любую возможность для знакомства с произведениями Сезанна: от приезжих выставок до поездок в Париж с посещением знаменитой Галереи Воллара, где сосредоточилось множество созданных французским мастером сокровищ. Образовалась сложная система заимствований, ответов, продолжений, даже пародий, из которых сложился многозвучный диалог между новым французским и новым русским искусством. Результаты этого диалога обогатили мировую живопись и внесли животворную струю в художественную жизнь нашего столетия.

Сезанн занял в этом диалоге особое место. Он был фигурой, которая сразу и без сомнений вызывала поклонение своей гигантской творческой мощью. Он, как дороги в его пейзажах, властно и увлекательно указывал на то, что есть путь дальше, что он ясен и вместе с тем таинствен. По этому пути пошли многие замечательные художники. На нем талантливые русские мастера создали чудесные произведения, связанные с великим Мастером из Экса, как дальняя станция связана с началом дороги. В этих работах слышен Сезанн, отклики на него, вторичные ответы Сезанну, почтительные ремарки и смелые противопоставления.

Наша выставка призвана рассказать о Сезанне в окружении русского искусства, не оставшегося к нему равнодушным, проследить некоторые из отзвуков его творчества, породившие самостоятельные мелодии.

Выставка с увлечением делалась четырьмя музеями России, которые с готовностью включились в этот совместный проект, уникальный не только по теме и концепции, но и по составу участников.

Многие музеи Европы и Северной Америки щедро поделились с нами своими шедеврами для того, чтобы российский зритель смог увидеть еще более широкую панораму творчества Сезанна. Мы благодарны им за участие и высоко ценим тесно связывающие нас дружеские узы.

Мы рады представить зрителю этот плод совместных усилий, ставший результатом нашего успешного сотрудничества.

И.А. Антонова
Директор Государственного музея изобразительных искусств имени А.С. Пушкина

В.А. Гусев
Директор Государственного Русского музея

М.Б. Пиотровский
Директор Государственного Эрмитажа

В.А. Родионов
Директор Государственной Третьяковской галереи

Содержание

1. *Поль Сезанн*

2. *Художники русского авангарда. Диалоги с Сезанном*

1. Поль Сезанн

Основные даты жизни и творчества Поля Сезанна

1839, 19 января
В городе Экс-ан-Прованс родился Поль Сезанн.

1852 Зачислен в Коллеж Бурбон. Добивается больших успехов в учении, завоевав несколько премий. Начало дружбы с Эмилем Золя и Жан-Батистеном Баем.

1857 Занимается в Бесплатной школе рисунка в Эксе. Его учитель — Жозеф Жибер, директор школы и школьного музея. Выполняет рисунки с живых моделей и с античной скульптуры (по гипсовым слепкам и мраморным оригиналам в музее).

1858 Начинает переписку с Эмилем Золя, уехавшим из Экса. Посылает ему собственную поэму, украшенную акварелью. В декабре по настоянию отца записывается на факультет права Экса. Просит Золя сообщить ему условия поступления в Школу изящных искусств в Париже.

1859 Получает Вторую премию по живописи в Бесплатной школе рисунка. Отец Сезанна Луи-Огюст приобретает поместье Жа-де-Буффан близ Экса.

1860 Прекращает занятия на факультете права. Золя убеждает его всецело посвятить себя живописи. Отец ставит условием поездки в Париж продолжение занятий юриспруденцией.

1861 В апреле уезжает в Париж. Вместе с Золя посещает Салон, выражая восхищение работами Мейссонье и Доре. По утрам посещает академию Сюиса, а после полудня мастерскую Вильвьея, бывшего ученика Гране. В студии Сюиса знакомится с Камилем Писсарро и Арманом Гийоменом. В сентябре возвращается в Экс, вероятно, после того, как потерпел неудачу при поступлении в Школу изящных искусств.

1862 Снова в Париже. Занимается в академии Сюиса. По-видимому, снова пытается, и опять безуспешно, поступить в Школу изящных искусств.

1863 Вместе с Золя посещает Салон Отверженных. Получает разрешение на копирование в Лувре. Базиль знакомит Сезанна с Ренуаром. Начинает копию «Ладьи Данте» Делакруа.

1864 Копирует в Лувре «Аркадских пастухов» Пуссена. В июле возвращается в Экс. Первое упоминание о пребывании в Эстаке. Начало работы над «неистово романтическими» картинами.

1865 Работы Сезанна не допущены в Салон. Золя посвящает свой роман «Исповедь Клода» Сезанну и Баю. Увлекается музыкой Вагнера.

1866 Несмотря на поддержку Добиньи картина Сезанна снова отвергнута жюри Салона, наряду с произведениями Мане и Ренуара. Посылает министру изящных искусств графу Ньюверкерке письмо протеста с требованием организации нового Салона Отверженных (резолюция на полях гласит: «То, что он требует, невозможно...»). Знакомится с Мане, который восхищается его натюрмортами. Золя посвящает Сезанну книгу «Мой салон», объединившую семь статей о современной живописи. В августе возвращается в Экс. Работает над первой версией «Увертюры к “Тангейзеру”» (не сохранилась). Пишет портреты отца, Валабрега, своего дяди Доминика.

1867 Картины «Грог» и «Опьянение» отвергнуты жюри Салона. Пишет возбужденно романтические полотна «Оргия» и «Похищение». Начинает работу над второй версией «Увертюры к “Тангейзеру”».

1868 Пишет портреты Ашиля Ампрера и пейзажи на берегах реки Арк.

1869 Знакомится и сближается с Ортанс Фике. Его картины снова не приняты в Салон.

1870—1871
Работает в Париже, Эксе, Эстаке.

1872 Рождение сына Поля. Присоединяется к Писсарро в Понтуазе.

1873 Проводит весь год в Овере с Ортанс и сыном. Дружба с доктором Гаше. «Дом повешенного» и другие пейзажи, написанные под влиянием Писсарро. Встречается с папашей Танги.

1874 Три картины Сезанна экспонируются на первой выставке импрессионистов.

1875 Ренуар обращает внимание Виктора Шоке на живопись Сезанна. Коллекционер впервые покупает у Танги три картины Сезанна.

1876 Вместе с Шоке навещает Моне. Отказывается от участия во второй выставке импрессионистов. Пишет виды Эстака для Шоке. Работает с Гийоменом в Исси-ле-Мулино. «Жа-де-Буффан, бассейн».

1877 На третьей выставке импрессионистов показывает шестнадцать произведений. Дега делает наброски с его «Отдыхающих купальщиков». Посещает кафе «Новые Афины», где собираются импрессионисты. Портреты Виктора Шоке и натюрморты с букетами цветов. «Мадам Сезанн в полосатой юбке».

1878 Работает в Эксе и Эстаке. Переживает серьезные материальные трудности. Отец узнает о его долго скрывавшейся связи с Ортанс. Все больше отходит от импрессионизма.

1881 Перестройка дома в Жа-де-Буффан, в связи с чем отец Сезанна распоряжается об устройстве для него мастерской.

1882 Возвращаясь из Италии, Ренуар проводит несколько дней в Эстаке, где оба художника работают вместе. Сезанн допущен в Салон как «ученик Гийеме». Проводит несколько недель у Золя в Медане. Приблизительно в это время пишет «Автопортрет» (ГМИИ).

1883 Гоген покупает у Танги две картины Сезанна. Моне и Ренуар навещают Сезанна во время путешествия из Марселя в Геную.

1884 Писсарро приобретает четыре «этюда» Сезанна. Его картину покупает также Синьяк.

1885 Отправляется к Ренуару в Ла-Рош-Гюйон. Работает в Эксе, Жа-де-Буффане и Гарданне. Виды Марсельского залива со стороны Эстака.

1886 Женитьба на Ортанс Фике. Разрыв с Золя из-за романа «Творчество». Смерть отца, оставившего ему большое состояние. Ван Гог знакомится с картинами Сезанна у Танги.

1888 Несмотря на большие финансовые затруднения, Гоген отказывается продавать картину Сезанна из своей коллекции. Гюисманс публикует статью, посвященную Сезанну, Тиссо и Вагнеру. «Масленица» («Пьеро и Арлекин»). Начинает большую группу портретов жены.

1890 Три картины Сезанна экспонируются на брюссельской выставке «Группы двадцати». Начинает серию «Игроки в карты». Приступы диабета делают художника очень раздражительным.

1891 Публикация брошюры Бернара «Поль Сезанн» в серии «Люди сегодняшнего дня» с портетом художника работы Писсарро на обложке. Становится убежденным католиком. «Г-жа Сезанн в оранжерее».

1893 Один из автопортретов Сезанна помещен на выставке «Портреты будущего века».

1894 После смерти Гюстава Кайботта картины его собрания должны по завещанию перейти в Люксембургский музей. Из пяти работ Сезанна приняты только две. Гюстав Жеффруа публикует статью «Поль Сезанн». «Мост через Марну в Кретее».

1895 Первая персональная выставка в Галерее Амбруаза Воллара. Ренуар, Дега и Моне приобретают картины с этой выставки. Принимает участие в выставке, организованной Обществом друзей искусства Экса. «Женщина с кофейником» и «Портрет Гюстава Жеффруа».

1896 Знакомство с поэтом Жоакимом Гаске. Воллар впервые видится с Сезанном в Эксе. По просьбе жены и сына совершает вместе с ними поездку на берега озера Аннеси. «Старуха с четками».

1897 Хуго фон Чуди, директор Национальной галереи в Берлине, покупает у Дюран-Рюэля «Мельницу в Понтуазе». Смерть матери художника.

1898 Выставка шестидесяти картин Сезанна в Галерее Воллара. «Гора Св. Виктории» (бывшее собр. Келера), «Юноша с черепом».

1899 Работает над «Портретом Амбруаза Воллара». Распродажа собрания Шоке. Выставляет два натюрморта и пейзаж в Салоне Независимых. Выставка сорока картин Сезанна в Галерее Воллара.

1900 Картины Сезанна экспонируются в берлинской Галерее Бруно и Пауля Кассирера. Рильке знакомится с живописью Сезанна.

1901 Морис Дени показывает картину «В честь Сезанна» на выставке «Свободная эстетика» в Брюсселе и в Салоне Национального общества изящных искусств.

1904 Эмиль Бернар посещает Сезанна в Эксе. Целый зал Осеннего салона посвящен Сезанну.

1906 Дени и Руссель посещают Сезанна. Немецкий коллекционер Остхауз приезжает к художнику в Экс. Десять картин Сезанна выставлены в Осеннем салоне. 22 октября Поль Сезанн умер.

Принятые сокращения

ГМИИ	— Государственный музей изобразительных искусств им. А.С. Пушкина, Москва
ГМНЗИ	— Государственный музей нового западного искусства, Москва (1923—1948)
МНЗЖ-1	— Первый музей новой западной живописи (собр. С.И. Щукина), Москва (1918—1923)
МНЗЖ-2	— Второй музей новой западной живописи (собр. И.А. Морозова), Москва (1918—1923)
ГРМ	— Государственный Русский музей, Петроград—Ленинград—Санкт-Петербург
ГТГ	— Государственная Третьяковская галерея, Москва
ГЭ	— Государственный Эрмитаж, Петроград—Ленинград—Санкт-Петербург
ВХУТЕМАС	— Высшие художественно-технические мастерские
ок.	— около
пост.	— поступил (а)
приобр.	— приобретен(а)
собр.	— собрание

В рубрике «Выставки» указаны все экспозиции произведений. В рубрике «Литература» приводятся только основные публикации.

Сезанн в России

А. Г. Костеневич

Когда крупнейшие музеи России договорились о проведении этой выставки, пригласив для участия в ней несколько крупнейших западных музеев, найти взаимопонимание оказалось нетрудно. Идея, восходившая к далеким двадцатым годам, лежала на поверхности, и казалось даже странным, что ее не попробовали реализовать раньше. Давно известно, что уроки Сезанна сделались для многих отечественных живописцев поворотным моментом творчества.

Преломление идей Сезанна на русской почве — тема столь значительная и неоднoплановая, что допустимы весьма различные уровни ее осмысления, и подступаться к ней, естественно, можно по-разному. Первое, что приходит в голову, — обратиться к произведениям, рождавшимся под прямым влиянием Мастера из Экса, поскольку предметное сопоставление всегда обладает наибольшей наглядностью и убедительностью. И, понятное дело, любое влияние всего очевиднее выявляется, когда известны его конкретные источники. В данном случае часть из них устанавливается без большого труда: это картины из знаменитых собраний С.И. Щукина и И.А. Морозова, хранящиеся теперь в Эрмитаже и Музее изобразительных искусств имени А.С. Пушкина. При этом сам характер художественного воздействия наиболее отчетливым образом обозначается там, где заимствуются или каким-то образом усваиваются не только стилистические приемы, но и сюжетно-типологические основы источника.

На русской почве сезанновские пейзажи, натюрморты, фигурные композиции и портреты нашли немало соответствующих продолжений, а некоторые буквально подверглись перелицовке. Иконография мастера сравнительно проста, но в ней заключена огромная притягательность. Мощь и красота живописи словно бы передаются самому мотиву, и чем он проще и непритязательнее, тем привлекательнее для последователей. Мотивы Сезанна не приедаются в силу их большей или меньшей традиционности, чуждой модных изощренных «приправ», как не приедается здоровая, из века в век употребляемая пища, да не покажется вульгарным такое сравнение. С другой стороны, у этих мотивов глубоко личная природа: они видятся плодами воображения художника даже тогда, когда он заимствовал композицию из иллюстрации модного журнала. Тематическая оболочка искусства Сезанна такова, что, кажется, никакая другая не вместила бы столь глубокого содержания. А вместе с тем, как у самого Сезанна, так и у тех, кто шел по его стопам, внешние мотивы в большинстве своем столь обычны или, по крайней мере, не уникальны, что нечто подобное можно отыскать и у их современников, не имевших прямого отношения к проблематике искусства авангарда. Поэтому для лучшего понимания эпохи, признавшей Сезанна учителем, есть смысл не забывать и о «параллельном ряде», то есть о произведениях со сходной иконографией, восходящих не столько к Сезанну, сколько к общим, обычно классическим источникам. Таких произведений не чуждались ни московская, ни, в особенности, петербургско-ленинградская школа (В.И. Шухаев, А.Е. Яковлев, но более всего К.С. Петров-Водкин). Параллельный ряд, даже если в своих расчетах мы всего лишь держим его в уме, позволяет выстраивать более объективный и многоплановый контекст.

Знакомство с картинами Сезанна вело ко многим и разнообразным последствиям: от незатейливых подражаний до преодоления начальных соблазнов или даже полемического неприятия. Наибольшего внимания заслуживают, разумеется, не подражания, а та особая область творчества, где связь с искусством французского мастера может быть очень глубокой, но не всегда очевидной. Эту область уместно назвать диалогами с Сезанном. Лучшие русские живописцы, попадая под обаяние его искусства, могли начинать с почти ученических перепевов, но обычно быстро уходили от них, увлеченные развитием не столько приемов, сколько идей. Их властно притягивала внутренняя суть сезанновской живописи, самоотверженное стремление к абсолютному, неотделимое от постоянного контакта с природой. Они знали, что видеть для Сезанна значило постигать. Воссоздание энергетически емких творческих «собеседований», возникавших между ним, а лучше сказать, его образом, и русскими художниками начала XX века, — и есть главный аспект настоящей выставки. В полном объеме такую задачу историкам искусства еще предстоит решать. Масштабы выставки не дают такой возможности, но, создавая ее, нам хотелось бы наметить общие контуры темы.

Отталкиваясь от произведений Сезанна, русские живописцы первой четверти XX века приходили к радикальному и порой совершенно неожиданному развитию полученных от него исходных импульсов. Не будет преувеличением сказать, что наряду с Францией именно в России, как ни в одной другой стране мира, Сезанн сделался и долго оставался предметом особого поклонения.

В искусстве мастера видели рычаг, с помощью которого можно было бы перевернуть мир прежних художественных представлений. На меньшее русские художники того времени не хотели соглашаться. Вполне логично, что максимализм политический и идеологический нередко шел рука об руку с максимализмом художественным. Писать картину, которая служила бы всего лишь украшением быта, — такое занятие казалось многим русским живописцам делом неадекватным предназначению искусства. В отличие от дня сегодняшнего, творческий потенциал которого в России, как, впрочем, и во всем мире, оставляет желать лучшего, в десятые—двадцатые годы нашей стране выпало играть по-настоящему крупную роль, роль мировой художественной державы. Вот почему не только возможна, но и нужна выставка, сопрягающая произведения художников национальной русской школы с работами Поля Сезанна. В то же время совсем не случайно, что ничего подобного не предпринималось где-либо еще. В сущности, это и не имело бы большого смысла[1].

Однако, хотя многие русские живописцы «бредили» Сезанном или, по меньшей мере, обращались к его творчеству за поддержкой, сближать их работы с произведениями «учителя» приходится со значительной осторожностью. Выстраивать какой-либо художественный ряд, предполагающий соседство картин Сезанна и других мастеров, — дело, вообще, крайне трудное и рискованное. Сужу по собственному опыту: будь то временные зарубежные выставки или перевески в эрмитажной галерее нового французского искусства, Сезанн отторгает кого угодно, даже друзей-импрессионистов. Уникальные качества его живописи, излучающей благородство и достоинство, изысканность в соединении с мощью, неповторимая красота цвета, определенная остраненность по отношению к мотиву — все это каким-то образом лишь усугубляет «некоммуникабельность» отшельника из Экса.

Когда-то давно, еще в начале века, помещенные в пределах одной выставки[2] сезанновские «Черный замок» и «Портрет жены художника» могли оказаться в непосредственной близости от полотен Ларионова, Гончаровой, Ульянова, но тогда даже в кругу молодых русских авангардистов его воспринимали в качестве одного из полусотни французских экспонентов, пусть очень значительного, но далеко не единственного. Тогда важно было ошеломить российских зрителей сногсшибательной новизной приемов и тут же показать, что «наши» не хуже. Теперь иные критерии. Пойдет ли на пользу русским мастерам оказаться бок о бок с Сезанном? Такие сопоставления порой неплохо сверстываются на страницах книги, когда оригинальные качества живописи не столь очевидны и неминуемо нивелируются посредством репродуцирования. Но «живые» картины предъявляют совсем иной счет.

Недавно реконструированная экспозиция Музея художественной культуры (МХК) в Петербурге[3] была организована с таким расчетом, чтобы подключить работы западных мастеров — предшественников русского авангарда, импрессионистов и постимпрессионистов, в том числе и Сезанна. На самом деле этих работ в МХК никогда не было. Его руководитель К.С Малевич лишь мечтал заполучить их из Москвы и сделать частью единой структуры экстраординарного музея, что подчеркнуло бы всемирную общность творческих притязаний авангарда. Тогда это так и осталось мечтой. Но характерно, что и теперь «Запад и Восток» не состыковались в общей экспозиции. А поскольку они оказались изолированными, пропал общий смысл сопоставления. То здесь, то там в панораме русского и русско-советского авангарда десятых—двадцатых годов, развернутой в рамках МХК, улавливается оглядка на Сезанна, но устроители экспозиции отнюдь не стремились как-то акцентировать эту причинно-следственную связь, стремясь лишь полнее и выразительнее показать разнообразие пластических поисков еще не ангажированной живописи.

Соединяя сначала в Эрмитаже, а затем в ГМИИ картины Сезанна и русских художников на одной выставочной площади, приходится выстраивать двойную экспозицию. Она заключает в единые скобки, во-первых, уникальную по составу ретроспективу лучших произведений Сезанна, и, во-вторых, тесно связанную с ними представительную группу русских картин 1900—1920-х годов. Картин, в которых по необходимости выборочно, но ярко отразились формотворческие процессы, развивавшиеся под сезанновской звездой. Создавая такую выставку, мы меньше всего стремились продемонстрировать, что в России, как и в Западной Европе, имелись свои собственные сезаннисты. Их, разумеется, было немало, а действовали они, пожалуй, даже активнее, чем в других местах, но показывать рядом с шедеврами мастера работы подражателей — затея просто-напросто бедная по намерению: подражание как правило не достигает и доли выразительности оригинала. На этой же выставке даже вещи, наиболее отмеченные влиянием Сезанна, самобытны. Отбирая полотна, хотя бы пунктиром обозначающие пути распространения и преломления сезанновских принципов, мы хотели сохранить многоголосие, интонационное богатство и звучность русской художественной среды.

Важным условием построения выставки представлялась необходимость строгого «ценза» по отношению к самому Сезанну. Хотелось, чтобы его картины были высочайшей пробы, ибо только тогда и становится сразу понятно, почему именно он, а не кто-либо другой, завладел помыслами корифеев российского, как, впрочем, и всего европейского авангарда. По счастью, оба наши собрания — и московское, и петербургское — полностью состоят из таких произведений[4]. Однако как ни замечательны они, их все же недостаточно, чтобы дать по-настоящему полное и разностороннее представление о Сезанне. Любой отдельно взятый музей мира не может этим похвастаться.

Приняв за основу сезанновской части выставки картины, некогда привезенные в Россию Щукиным и Морозовым, мы задались целью добавить к ним не меньшее количество произведений, наделенных столь же яркими достоинствами, но относящихся к тем устремлениям или мотивам творчества мастера, которые не отражены или слабо отражены совокупностью двух прославленных русских коллекций. По историческому стечению обстоятельств часть таких картин, а именно полотна из бывших немецких собраний, с окончанием второй мировой войны были перемещены в Эрмитаж[5]. Независимо от того, что их юридический статус еще не определен до конца, они стали важным ингредиентом выставки.

Еще двадцать работ одолжены музеями Европы и Американского континента. Среди них изумительные акварели — эта область искусства Сезанна не только не представлена в русских собраниях, но и не отображалась раньше приезжими выставками. Особое место заняли портреты. У нас нет теперь изображений жены художника[6] — его главной модели. Пять ее портретов из музеев Бостона, Чикаго и Филадельфии, исполненные на протяжении почти двух десятилетий, дают редкий шанс оценить чередование стилевых изменений, наиболее наглядно раскрывающихся на примере изображения одного персонажа. Уникален незаконченный «Садовник Валье» из Галереи Тэйт — возможно, тот самый холст, которому суждено было стать последним в жизни Сезанна. В наших собраниях есть несколько замечательных фигурных композиций французского художника, но недостает «Игроков в карты», и очень важно было показать какую-либо из вариаций этой ключевой композиции. Нам удалось заполучить одну из лучших, парижскую.

Русских зрителей очень трудно удивить пейзажами Сезанна — столь великолепны его работы в Эрмитаже и Музее изобразительных искусств имени А.С. Пушкина. Однако виды Марсельского залива из Музея Орсэ и чикагского Художественного института или «Тающий снег в лесу Фонтенбло» и «Черный замок» из нью-йоркского Музея современного искусства открывают именно те грани пейзажной живописи Сезанна, которые не высвечиваются в собраниях Москвы и Петербурга.

Немаловажен и тот момент, что отдельные работы, предоставленные нам европейскими и американскими музеями, участвовали на таких выставках начала века, которые были или могли быть известны как С.И. Щукину и И.А. Морозову, оттачивавшим на них свой вкус, так и русским живописцам, делавшим из знакомства с ними практические выводы. В частности, филадельфийская «Мадам Сезанн с распущенными волосами» показывалась в Галерее Воллара в 1898 году, а «Мадам Сезанн в полосатой юбке» из Бостона — на посмертной ретроспективе мастера в Осеннем салоне 1907 года. «Дома в Провансе» (Национальная галерея, Вашингтон) и «Тающий снег в лесу Фонтенбло» экспонировались в Галерее Бернхейм-Жен в 1910, а «Вид на Марсельский залив из Эстака» (Музей Орсэ) — на выставке Сезанна 1912 года в другой парижской галерее — у Манзи и Жуайяна. «Крестьянин в синей блузе» (Художественный музей Кимбелла, Форт-Уорт) в 1912—1913 годах объехал половину Германии. Чикагская «Мадам Сезанн в желтом кресле» впервые побывала в России девяносто лет назад, на московской выставке «Золотое руно», сыгравшей очень важную роль в консолидации русского авангарда. Его деятели внимательно всматривались в каждую картину мастера, попадавшую в поле их зрения.

В сознании родоначальников «левого» российского искусства Сезанн очень рано занял место рядом с теми, в ком они видели своих непосредственных предшественников, то есть рядом с Мане, Моне, Дега, Ван Гогом, Гогеном. Двое последних вместе с Сезанном образовали особую, почти религиозно почитаемую триаду не то «освободителей» (по выражению П.П. Кончаловского), не то великомучеников. С определенного момента все трое стали пользоваться чрезвычайным влиянием среди молодых русских живописцев. Их творческие методы и художественные предпочтения, их слова, быстро подхватываемые и переводимые на русский язык, — все находило благодарный отклик. Однако, отмечая заимствование того или иного приема у Ван Гога или Гогена, приходится сказать, что их использование было хоть и активным, но не долгим и, как правило, поверхностным. Ни тот ни другой не сделались медиумами постоянного мысленного русско-французского диалога, как то произошло с Сезанном.

К Мастеру из Экса русский авангард отнесся с почтением, которому не подыскать аналогов. Уже одно это вынуждает снова и снова пристально вглядываться в его искусство, чтобы понять, почему именно он занял столь привилегированное место в художественном сознании этой среды и не уступал его до тех пор, пока диалог не был прерван насильственно, иными словами, пока не вмешалась власть, считая не только ненужными, но и зловредными любые отступления от ею санкционированной и ее обслуживающей идеологии.

В живописи Сезанна, казалось бы, не было прямого соответствия национальным традициям России, и обостренный интерес к ней со стороны русских художников, хотя бы отчасти, следует связывать с серьезным кризисом, который переживали эти традиции. То был недолгий и редкий в национальной истории период, когда пример пророка не из своего отечества не только манил, но и был воспринят. Почему это произошло? Если оценивать феномен Сезанна с точки зрения чисто живописных качеств, то сама по себе красота его картин, новизна и смелость художественных приемов недостаточны для объяснения его высшей авторитетности, переросшей в своего рода культ. Основную причину, по-видимому, следует искать в том, что его искусство магнетически притягивало обещанием новой художественной системы, способной раскрыть недоступные прежде тайны творчества и вместить глубочайшие обобщения. Уже с самого начала XX века старая система, которой учила школа, стала казаться поверхностной и совершенно устаревшей. Картины Сезанна, привезенные в Москву именно тогда, появились как нельзя вовремя. Молодые русские живописцы не знали иронической фразы Гогена: «Не нашел ли Сезанн точную формулу творчества, которая пригодится всем?»[7], но многие готовы были бы повторить эти слова всерьез.

Сам Сезанн никогда не стремился представить свою живопись некой системой. Но именно потому, что она не сделалась, да и не могла сделаться чем-то раз и навсегда запрограмированным, что в ней всегда видны искренность творца, верность собственному чувству, эта живопись в начале века оказалась в центре внимания целой плеяды наиболее самобытных молодых русских художников. Характерно, что их ничуть не увлекли системность и стремление соединить науку с искусством, свойственные неоимпрессионистам, действовавшим одновременно с Сезанном. Не привлекали их и такие программы — академические или передвижнические, которые превращали картину в иллюстрацию идеи или сюжета, заключающего эту идею, сколь бы возвышенной или общественно важной такая идея ни казалась. Вслед за Мастером из Экса они могли бы сказать: «Художник должен избегать литературности в искусстве... В искусстве самое притягательное — это личность... Талант — это способность в ежедневном контакте с природой вновь испытывать первоначальное чувство»[8]. Они не знали этих высказываний мастера, хотя им были известны некоторые другие, близкие по смыслу, но дело даже не в словах художника. Его кредо лучше всяких слов выражал язык его красок.

«Сезанн — наш общий учитель»; «Сезанн... это своего рода добрый бог живописи. Его влияние опасно, не так ли? И что затем? Тем хуже для тех, кто не имеет достаточно силы, чтобы его испытать»[9]. Так говорил Матисс в 1925 году. «Он был моим единственным учителем. Не думаете ли вы, что я не смотрел на его картины? Я изучал их годами... Сезанн! То же было со всеми нами. Он был для нас как отец. Именно он защищал нас...»[10], — вторил ему Пикассо. Те же чувства, независимо ни от кого, испытывали к «великому старику» (слова К.С. Петрова-Водкина) многие русские живописцы.

Применительно к России ситуация поклонения чужестранному святому была совершенно необычна и могла возникнуть только на очень коротком и вполне определенном историческом отрезке, а именно — в начале XX века. Зададимся для начала вопросом: много ли найдется иностранцев, оказавших заметное влияние на творчество русских живописцев? По вполне понятным историческим причинам их просто не могло быть много. В допетровские времена страна всячески отгораживалась от культурных контактов с Западом барьерами православия и идеи Третьего Рима. Укреплению многовековой изоляции способствовали и суровость климата, и территориальная отдаленность от европейских центров, и экономическая отсталость, и общая замедленность темпов цивилизации, словом, многое, что не привлекало в Россию западных художников. При Петре Великом положение, казалось бы, начало резко меняться. Не отказываясь от утешительного чувства избранности, страна, наряду с западными одеждами и наскоро скопированным образом чужой жизни, озаботилась получить уроки чужеземного искусства. Столица Империи стала давать приют художникам «из немцев» — как правило, третьего-четвертого сорта, не выше. Появилась собственная Академия художеств. Ее питомцы, отправляясь в Италию, а потом и во Францию, бросались вдогонку зарубежным звездам искусства. Очень скоро Россия и в самом деле начала производить живопись, качественно сопоставимую с тем, что делалось на Западе. И здесь, и там до самого конца XIX столетия следовали общим художественным канонам и одним верованиям, апостолами которых оставались мастера Возрождения.

Но вот наступило время еретиков. В Петербурге и в Москве жадно ловили новости о вероотступниках, шедшие из Мюнхена, Берлина, Вены, Лондона, но больше всего ждали вестей из Парижа, чему, конечно же, способствовала привычная франкоцентричность образованного русского общества. Еще недавно российские любители искусства толковали о Жероме, Каролюс-Дюране, Де Невиле или Мейссонье и вдруг заговорили о декадентах, вначале со смешанным чувством осуждения и любопытства, а затем все больше поддаваясь обаянию напора и индивидуальной свободы, проявленных противниками академической системы. В сознании русских художников рубежа веков декадентство связывалось по преимуществу либо с Мюнхеном, либо с Парижем. «Мюнхен был в то время окопом, который задерживал просачивающееся в Восточную Европу влияние французской живописи...»[11]. Мюнхенский Сецессион оказался ближе основанному в 1898 году С.П. Дягилевым и А.Н. Бенуа петербургскому «Миру искусства». Мастера этого первого русского художественного объединения XX века (Бенуа, Сомов, Бакст, Добужинский, Остроумова-Лебедева и др.), равно противопоставившего себя и академистам, и передвижникам, больше интересовались немецким Сецессионом с его литературными и философическими склонностями, с его суховато-изысканным европеизмом, выражавшимся в предпочтении линии цвету. Однако «возникшая дилемма всерьез существовала недолго — уже в 1900-е годы для большинства русских художников вопрос был решен в пользу новейших завоеваний французской живописи»[12].

Решению вопроса в значительной мере способствовало то, что картины импрессионистов и их последователей стали проникать на российские выставки, а в Москве нашлись даже такие ценители, которые принялись их коллекционировать.

Уходил в прошлое «век девятнадцатый, железный», оставляя открытым до сих пор интригующий вопрос: чем он был для России и Европы, этот век колоссальных достижений в науке и технике, принесший одновременно девальвацию прежних религиозных ценностей, эпидемически распространяющиеся социальные движения, колоссальные иллюзии и уже обозначившиеся разочарования? Последней ли главой уходящей эпохи или предисловием следующей?

«Отважный новый мир» нуждался в культуре совсем другого порядка, чем та, что, казалось, навеки воцарилась на ренессансном фундаменте. XIX столетие начиналось с предопределивших все последующее его развитие сражений между защитниками окостеневших традиций и искателями новых путей. В упрощенном виде дело представлялось вначале борьбой классицистов и романтиков. Потом, если воспользоваться привычной схемой, на смену романтикам шли реалисты, за ними — импрессионисты. Конец века отмечен цветением символизма. Правда, в деятельности различных групп и в творчестве отдельных мастеров нередко соединялись разнородные элементы — классицизма и романтизма, импрессионизма и символизма. Но даже такого рода «незаконные» сплавы, которыми в немалой степени отмечено и творчество Сезанна, обусловлены динамикой общего движения, попытками преодоления застывших или застывающих художественных норм. Как никакой другой прежний период, XIX век был одержим духом борьбы и жаждой перемен.

Романтизм, в широком значении слова, предполагающем прорыв в неведомое, был главной движущей силой культуры столетия. Он определил развитие музыки XIX века — от Бетховена, Шуберта, Берлиоза до Вагнера, Чайковского, Верди и, в сущности, всякого крупного композитора эпохи. Романтическая стихия была столь мощной и захватывающей, что и в последующие времена, при всех несогласиях с предшественниками, творцы новых звучаний в большинстве своем оставались верными музыке сильных движений души.

Гораздо сложнее обстояло дело со словесностью, почитавшейся главной сферой творческой деятельности. Помимо отражения эмоций, ей так или иначе предписывалось выполнение «высших» задач: идеологических, религиозных, моральных, общественных, наконец, определение линии и смысла жизни. Иными словами, от литературы во многом ждали совсем не того, к чему приводил романтический порыв, хотя именно обращение не к разуму, а к чувству и тайным побуждениям души делало жизненно-убедительными книжные страницы. Литература не отказывалась от почетной миссии учительства, но, оглядываясь на высшие ее достижения в XIX веке, нельзя не видеть, что связаны они, в первую очередь, с поэзией, романтической по своему генезису, — от Байрона и Пушкина до Бодлера и Верлена — и с романом, главным нервом которого непременно оставалась эмоциональная жизнь героев, борьба страстей или драматическая любовная история.

Если считать романтизм в различных его модификациях основной константой эпохи, как обстояло дело в изобразительном искусстве? Все, что традиционно относится к романтизму, причем даже в расширительном смысле, — Фридрих и назарейцы, Кипренский и Александр Иванов, Тернер и прерафаэлиты, Делакруа, Домье, Коро — покрывает лишь меньшую часть спектра изобразительной культуры столетия. Но если под романтизмом понимать не отдельное направление, локализуемое жизнедеятельностью одного-двух поколений начала XIX века, а новый, формировавшийся тогда взгляд на мир, резко отличный от прежнего ренессансно-барочного видения вещей, тогда граница творческих побуждений, в той или иной степени романтических, легко сдвигается к XX веку и уходит за его рубежи. Впрочем, всегда оставались и такие аспекты, которые трудно, а то и невозможно, отнести к сфере романтического.

Именно в XIX веке при всех порывах к неведомому изобразительное искусство, как никогда прежде, сосредоточилось на аналитическом исследовании окружающего мира, доходя до педантически подробного воспроизведения деталей. Не случайно срединную отметку столетия знаменовало наибольшее распространение позитивизма. Однако замешанные на этой философии натурализм и веризм не увлекли ни одного по-настоящему значительного живописца. Культуре века гораздо ближе оказалось понятие реализма, эстетика верности натуре и реальной жизни, но верности, обусловленной не только максимальным приближением к факту, но и необходимостью художественного обобщения. Однако императив обобщения делал и делает зыбким феномен реализма — вплоть до риска превратиться в свою полную противоположность. Не случайно одна из главных особенностей эстетики эпохи выразилась в поляризации двух представлений, заимствованных из философии — реализма и идеализма.

Возвращаясь к Сезанну, нельзя не сказать, что его искусство задето этой антиномией, и в каждом конкретном случае очень часто бывает трудно определить, чего в нем больше — реализма или идеализма. Современникам мастера было чрезвычайно сложно оценить его искусство, потому что оно не соответствовало их критериям профессионализма: с их точки зрения в нем не было правильного рисунка, правильной перспективы, тщательной полутоновой моделировки и так далее. Характерны в этом смысле настойчивые и безуспешные попытки понять Сезанна, предпринимавшиеся таким выдающимся и тонким знатоком искусства, как Александр Бенуа, хотя ему, казалось бы, сделать это было несколько легче, поскольку он принадлежал к следующему поколению. Но даже и в случае, если бы творчество Сезанна больше отвечало свойственным эпохе требованиям законченности и верности натуре, он все равно казался бы подавляющему большинству «бараном с пятью ногами», с какой бы точки зрения его ни рассматривать — принадлежности романтизму, импрессионизму или чему-то еще. Стоит только включить его в рамки любого современного ему стиля или направления — классицизма, романтизма, реализма, импрессионизма — как он тут же в лучшем случае начнет восприниматься как «неправильный» романтик или импрессионист, а в худшем — будет выглядеть «недоучкой».

Мощный и взрывной темперамент, различные комплексы и фобии, терзавшие его с юности, неукротимое желание и страх перед женщиной, рано усвоенные возвышенные эстетические идеалы, казалось бы, навсегда должны были склонить Сезанна к романтизму. У него есть полотна поистине романтические, проникнутые яростным или смятенным чувством, — от ранних композиций со сценами какой-нибудь оргии, похищения или убийства, до пантеистического «Голубого пейзажа», в котором художник словно протягивает руку будущим экспрессионистам. Но по большей части Сезанн умел быть сдержанным, так что обманывал даже наиболее верных своих приверженцев, которые думали, что полностью его понимают[13]. Его немногие импрессионистические пейзажи, такие, как «Жа-де-Буффан, бассейн», лишены как ноток лиризма, свойственных, например, Сислею, так и радостного красочного сверкания Клода Моне. Их отличает четкая построенность, поиск порядка, особое чувство природы, присущее латинской расе. Всю жизнь он тянулся к «большому стилю», но как его работа далека от академической риторики, спекулировавшей на необходимости возврата к стилю старых мастеров! Наконец, пейзажи Сезанна поразительно близки натуре, что убедительно подтверждают фотографии тех мест, которые он писал, в том случае, разумеется, если ландшафтный мотив не изменился[14].

Романтик и приверженец классики, художник, чутко улавливающий изменения в природе и стремящийся запечатлеть то, что в ней неизменно — это ли не клубок противоречий? Творчество Сезанна, действительно, вобрало в себя все основные художественные характеристики эпохи, неожиданно и прочно сплавляя компоненты, которые у других художников определяют саму принадлежность к избранному направлению. Но он к направлениям не принадлежал. Он был сам по себе.

Достаточно всмотреться в наиболее ранний шедевр выставки, «Девушку у пианино», где вся композиционная «постройка» отличается такой поразительной продуманностью и уравновешенностью, что так и «просится» быть подвергнутой геометрическому анализу, с помощью которого легко вскрывается ее «классическая» основа. На эту основу накладываются барочные и романтические обертоны, заставляющие вспомнить и о поклонении Сезанна Рубенсу, и о том, что у картины есть второе название — «Увертюра к "Тангейзеру"». Динамизм вагнеровской музыки перевоплощается в энергичные завитки орнамента, в мощные контрасты светлого и темного. С другой стороны, изображение двух сестер художника в банальной бытовой сцене музицирования и рукоделия способно вызвать в памяти аналогичные мотивы у реалистов второй половины XIX века, только здесь, как и в последующих произведениях, Сезанн нисколько не обеспокоен необходимостью зеркального отображения натуры, не сглаживает мазков, не всматривается в мелкие подробности. Его композиции свойственна какая-то изысканная неуклюжесть.

Все эти качества присущи и последующим работам, вплоть до самой последней — «Садовника Валье». Картину отличает та же энергия красочного пятна, что возвышает «Девушку у пианино» над подобными ей по мотиву реалистическими работами. Конечно, можно списать особенности красочной оркестровки «Садовника Валье» на незаконченность холста. Он и в самом деле не закончен, и если «вынуть» из картины фигуру самого садовника, то фон, занимающий три четверти картины, смотрелся бы абстрактной живописью. Позднейшие ташисты черпали вдохновение в подобных работах, хотя сам Сезанн вовсе не хотел отказываться от натуры, с которой соизмерял каждый свой шаг. Его цель состояла в создании не отвлеченной гармонии, а «гармонии, параллельной натуре»[15].

Достижение параллельной гармонии, сопряженное с «реализацией» собственного «маленького ощущения», никогда не было легким делом, потому что это ощущение Сезанн получал от конкретного мотива. «Должен тебе сказать, — писал он сыну за полтора месяца до смерти, — что я как художник теперь яснее вижу природу, но мне всегда очень трудно дается реализация моих ощущений. Я не могу достичь той интенсивности, которая открывается перед моими глазами, у меня нет того великолепного богатства красок, которое оживляет природу»[16]. А в начале пути, примерно в то самое время, когда создавалась «Девушка у пианино», Сезанну пришлось отвечать на анкету, состоявшую из самых различных вопросов. Долгое время этот документ оставался неизвестен и был опубликован столетие спустя. На вопрос: «Каков, по-вашему, идеал земного счастья?», — художник отвечал: «Обладать прекрасной формулой»[17]. В то же время любимым литературным персонажем он назвал Френхофера, героя «Неведомого шедевра» Бальзака, безнадежно борющегося с картиной в поисках «прекрасной формулы».

В России вместе с победой, одержанной передвижниками над академистами к концу века, противопоставление «реализм или идеализм» сошло на нет, но, устранив соперника, реализм быстро слабел, все меньше привлекая под свои знамена художественную молодежь. Не принимая реализм, сделавшийся вполне респектабельным, новые бунтари не могли не обратиться к опыту своих французских собратьев. Во Франции с уходом со сцены Курбе, Милле и барбизонцев традиции, которых они придерживались, стали мельчать. Живопись, внешне обращенная к реальности, лишалась внутреннего смысла, впадая то в салонную умильность, то в академическую риторику, то в символистские аллюзии. Импрессионизм, выросший из живописного реализма 1860-х годов отнюдь не смыкался с разношерстным позднейшим реализмом. Размежевание шло по линии отказа первого от какой бы то ни было «литературы», сюжетности, психологизма.

На рубеже веков к французским импрессионистам начали обращаться взоры и в России. Открытие импрессионизма подтачивало у молодых московских живописцев уважение к той академической системе преподавания, вне которой казалась немыслимой какая бы то ни было профессиональная подготовка. Их вниманием завладевали сначала Моне, Писсарро, Дега, а затем Сезанн, Ван Гог, Гоген. Этого не произошло бы, если бы приходившие в Россию известия о полотнах всех этих художников оставались лишь слухом. Но в том-то и дело, что студенты Московского училища живописи, ваяния и зодчества могли вдоволь изучать новую французскую живопись в Щукинской галерее. В Петербурге, где такой галереи не было, и где, наоборот, Эрмитаж, Музей Академии художеств и только что открытый Русский музей прививали вкус к классическому, традиционному искусству, работы молодых имели совершенно иной характер. Как писал впоследствии К.С. Петров-Водкин, «если Москва ненавистно относилась к Петербургу, то последний просто делал сенаторский вид, что будто не замечает московских еретических увлечений»[18].

Именно деятельность Сергея Ивановича Щукина (1854—1936) и очень маленькой группы других московских собирателей новой французской живописи служила главным катализатором изменений, стремительно набиравших темп в русском искусстве, причем щукинские Сезанны играли в этом процессе необычайно важную роль.

Трудно сказать, когда Щукин впервые увидел картины Сезанна и начал их постигать. Невероятно, чтобы он посещал лавку папаши Танги — единственное место в мире в конце 1880-х годов, где можно было увидеть его полотна. В следующем десятилетии картины Сезанна концентрировались в Галерее Амбруаза Воллара, но там Щукин тогда не появлялся. Приезжая в Париж в середине девяностых, московский собиратель наведывался преимущественно в Салон Национального общества изящных искусств, не столь ретроградный, как сугубо официальный Салон французских художников и при достаточной респектабельности позволявший себе умеренные новшества. Слышал ли он о выставке Сезанна у Воллара в 1895 году? Мы об этом ничего не знаем. Если даже и слышал, он не сделал бы и шага, чтобы туда отправиться: в то время не только в России, но и во Франции, по существу, не было коллекционеров, способных оценить Сезанна. Единственный проницательный собиратель, сделавшийся другом мастера, Виктор Шоке умер в 1891 году. Через три года умер Гюстав Кайботт, которому принадлежало пять картин Сезанна. Но Кайботт сам был импрессионистом, и его покупки воспринимались совсем не так, как действия «настоящих» коллекционеров. В середине девяностых годов подлинный и острый интерес к Сезанну питала лишь горстка художников, вместе с ним выступившая двумя десятилетиями раньше на первой выставке импрессионистов. По всей вероятности, именно Моне и Ренуар надоумили Воллара сделать выставку художника, которого до того он вообще никогда не видел. Моне, Ренуара и Писсарро, близких друзей Сезанна, и Дега, державшегося в стороне,

С.И. Щукин (1854–1936)

объединяло восхищение его живописью. В 1895—1897 годах Дега купил семь картин Сезанна. У Ренуара их было четыре, у Моне — четырнадцать, у Писсарро — двадцать.

Выставка у Воллара, с которой принято начинать отсчет известности художника, нашла довольно живое отражение в парижской прессе. Можно не сомневаться, что это не укрылось от внимания Ивана Щукина, младшего брата Сергея Ивановича. Иван жил в Париже и пристально следил за всеми событиями художественной жизни. В его доме на авеню Ваграм нередко появлялись Дега и Ренуар, он собирал картины импрессионистов, но позже его коллекция была продана, и мы почти ничего не знаем о ее составе. Именно Иван впервые обратил внимание своих старших братьев Петра и Сергея на живопись импрессионистов, склонив их к покупкам. Маловероятно, чтобы он пропустил выставку у Воллара. Бывал он и у Дюран-Рюэля, где также мог видеть картины Сезанна, но в обоих случаях не польстился на них. И это неудивительно. Иван хотя и шел в ногу с самым передовым искусством, был дальтоником. Он восхищался Дега, мастером рисунка, даже если и не различал оттенки цвета, но каким образом мог при-

Дом С.И. Щукина в Москве. Фотография. 1913

влечь его Сезанн, строивший форму цветом? Тем не менее именно Иван Щукин скорее всего оказался тем первым русским, который заговорил о Сезанне. При его общительности и неутоленной жажде просветительства он вполне мог пересказать какие-то разговоры или обсуждения картин Сезанна своему старшему брату, всерьез принявшемуся за коллекционирование «французов».

Первая картина Сезанна появилась в России в 1903 году. То были «Фрукты». Сергей Иванович Щукин, чья галерея в Москве уже начала приобретать известность, присмотрел этот натюрморт в парижской Галерее Дюран-Рюэля, который долго не мог его продать. На следующий год в той же галерее он купил еще один натюрморт — «Букет цветов в вазе», и «Масленицу» («Пьеро и Арлекин»), входившие прежде в коллекцию Виктора Шоке, великого французского коллекционера, соратника импрессионистов и близкого друга Сезанна. Среди тридцати двух полотен мастера, принадлежавших Шоке, «Масленица (Mardi Gras)» стояла первым номером. Щукин заплатил за нее 4450 франков, что составляло тогда высокую цену.

Если не считать самых ранних шагов, когда Щукин еще коллекционировал полотна русских живописцев, которые затем продал, его собирательскую деятельность принято делить на три этапа: начальный (1898—1904), посвященный главным образом «охоте» на картины Клода Моне, второй (1904—1910), период Сезанна, Ван Гога и Гогена, и последний (1910—1914), связанный с именами Матисса, Дерена и Пикассо. В основном такое деление верно, хотя необходимы и уточнения, и они в первую очередь относятся к работам Сезанна, приобретение которых частично выходит за рамки «периода постимпрессионистов». Начальный этап означал прозрение, открытие импрессионизма, лучшее воплощение которого он увидел в творчестве Моне. На его картинах глаз Щукина «оттачивался» с поразительной быстротой. Но к 1903—1904 годам его интересы сместились в сторону тех мастеров, которые, пройдя через импрессионизм и воспользовавшись его колористическими открытиями, постарались внести в искусство очень важные коррективы. Собирательская работа Щукина шла волнами. Он не был человеком, приобретавшим картины всего лишь для украшения собственного дома, и всегда хотел быть активным участником художественного процесса. Привезя в Москву произведения импрессионистов, когда там о них никто ничего толком не знал, когда маститые русские живописцы, основатели Товарищества передвижных выставок, пренебрежительно отворачивались от них, он не просто заставил говорить о себе. Он хотел, чтобы его картины стали бродильным ферментом, призванным повлиять на развитие русского искусства. Но, не дожидаясь эффекта этого воздействия, он уходил вперед, увлеченный живописью более радикальной. Открывая вслед за импрессионизмом новые горизонты, он начал приобретать такие картины, которые и во Франции-то, кроме нескольких друзей-сподвижников, никто еще не умел оценить. Он уже предчувствовал, как эти полотна станут «возбуждать» отечественных художников.

Примерно к 1904 году Щукин начал осознавать, что импрессионизм уже не является последним словом французской живописи. Нет, он не разлюбил Моне, Ренуара, Дега, Писсарро, по-прежнему с гордостью показывал их картины многочисленным гостям, но перестал пополнять этот раздел своей коллекции. Видя уже тогда свое предназначение в том, чтобы знакомить русское общество с новейшими и наиболее актуальными явлениями европейской живописи, он решительно переключился на приобретение картин тех художников, которых начали именовать постимпрессионистами. Сезанна в то время даже признанные знатоки и ценители причисляли к импрессионистам, — ничего удивительного, ведь он выступил вместе с ними на их первой выставке. Но Щукин уже почувствовал особенности творческой позиции этого мастера и в дальнейшем стал делать для него исключение. Позже, открыв Матисса и Пикассо и отказавшись от дальнейшего приобретения картин Ван Гога и Гогена, он продолжал «держать глаз» на Сезанне.

В декабре 1910 года Щукин писал Матиссу: «Я привез фотографию “Игроков в карты” Сезанна (большая картина у Воллара[19]). Рассматривая ее, я думал, что, может быть, однажды Вы также сделаете картину с фигурами в одежде. Может быть, портрет Вашей семьи (мадам Матисс и трое Ваших детей). Что вы думаете? Я был бы так рад иметь картины, сочиненные Вами»[20].

Трудно сказать, почему Щукин не купил «Игроков в карты». Быть может, Воллар «загнул цену», а у московского мецената при всем его богатстве не всегда имелись свободные деньги: как правило, почти все средства он вкладывал в дело. Да и переплачивать не любил.

Оба, Матисс и Щукин, поклонялись Сезанну. Картины Мастера из Экса, которыми, к тому времени владел московский собиратель, были самого высшего качества. До-

Музыкальный салон в доме С.И. Щукина. Фотография. 1905—1910

статочно напомнить об «Автопортрете», приобретенном в 1908 году, и в особенности о «Масленице» — величайшем произведении Сезанна. Быть может, обращаясь к Матиссу с просьбой о «картине с фигурами», Щукин думал о современной версии фигурной композиции, которая, как «Игроки в карты» или «Масленица», развивала бы заветы «отца современного искусства» в его московской галерее. Матиссу импонировала в Щукине широта, можно даже сказать, всемирность взглядов на искусство, предполагавшая интерес к Востоку и древностям не меньший, чем к Западу и современности. «В Париже, — вспоминал художник, — его любимым времяпрепровождением было посещение луврской галереи египетских древностей: он открывал там параллели с крестьянами Сезанна. Он считал микенских львов бесспорными шедеврами всего искусства вообще»[21]. И Щукин, и Матисс видели в картинах Сезанна не только последнее слово европейской живописи, но и ощущали их кровную связь с основами мировой культуры.

Однако для Матисса предложение исполнить что-либо в стиле другого художника, пусть даже боготворимого Сезанна, было совершенно неприемлемо и звучало своего рода вызовом. Вероятно, еще и по этой причине в «Семейном портрете» художник прибег к заведомой плоскостности и орнаментальности, чуждым устремлениям Сезанна. Только учитывая это противостояние, понимаешь, почему «Семейный портрет» стал самой антисезанновской работой Матисса[22].

Последние картины Сезанна, украсившие щукинский особняк, свидетельствовали о более глубоком и сугубо личном подходе московского собирателя к живописи. Он выбирал картины более суровые и серьезные, где персонажи («Мужчина, курящий трубку», «Дама в голубом») не просто позируют, а как будто навсегда погрузились в себя, сделавшись «мыслящей природой».

После внезапной смерти жены Лидии, которая стала для него тяжелым ударом и заставила многое пересмотреть в жизни, Щукин решил сделать свою галерею общедоступной[23] . Значение этого шага трудно переоценить. Известные художники имели возможность приходить к нему и прежде, но теперь каждое воскресенье двери открывались для всех желающих.

Влияние галереи почувствовалось довольно быстро. Уже в 1908 году, когда она еще не имела ни окончательного своего вида, ни наиболее радикальных полотен в своем составе, первый ее историк П.П. Муратов справедливо отмечал: «Картинная галерея С.И. Щукина в Москве принадлежит к числу замечательнейших русских собраний... Галерея эта оказала самое решительное влияние на судьбу русской живописи в последние годы. Ей суждено было сделаться наиболее сильным проводником в России западных художественных течений, так ярко выраженных в

Зал в доме С.И. Щукина. Фотография. 1913

принадлежащих ей произведениях Клода Моне, Дега, Сезанна и Гогена»[24].

В этом перечне имен, к которым можно было бы прибавить и другие, Сезанн оказался в менее выгодном положении. Моне и Гогену были отведены отдельные, довольно просторные залы: первому — музыкальный салон, второму — столовая, так что в каждом помещении образовался уникальный декоративный ансамбль. Сезанн же не имел даже отдельной стены. Порой Щукин перевешивал полотна, о чем можно судить по нескольким фотографиям, сделанным в разное время, но, как ни странно, при всем колоссальном уважении, которое он питал к мастеру, расположение произведений оставалось не лучшим. «Букет цветов в вазе» какое-то время находился в простенке между окнами в бывшей домовой церкви, потом занял место в углу торцовой стены музыкального салона, рядом с роялем. Раньше там побывали «Фрукты». Эта картина в конце концов оказалась в гостиной, стены которой были сплошь завешаны работами сразу нескольких живописцев. Над «Фруктами» — «Черное с золотом» Матисса. Рядом с «Акведуком» — натюрморты Дерена. С «Дамой в голубом» соседствовали композиции Дени, Пюи, Фриеза, Дерена, Анри Руссо. Возле «Масленицы» и «Мужчины, курящего трубку» находились «Портрет доктора Рея» Ван Гога, «Дама в черном» Ренуара, «Портрет жены художника» Дени. В том же зале располагались еще работы Дега и Пюви де Шаванна. Все картины висели очень плотно, рама к раме, заходя на карниз, отделявший стены от сводчатого потолка.

Для нас, привыкших сегодня к музейным экспозициям с их приверженностью к исторической последовательности, к персональному показу, с непременными пространственными паузами между экспонатами, такая развеска выглядит по меньшей мере странной. Следует, однако, помнить, что, во-первых, развеска тех времен вообще отличалась гораздо большей плотностью даже в музейных залах, а не только в частных особняках, и что, во-вторых, дом Щукина был сравнительно невелик. Сейчас трудно представить, как вообще помещались под его крышей две с половиной сотни картин. Экспонировать же их в соответствии с нынешними нормами значило бы, как минимум, отправку в кладовые более трети коллекции. Любопытно, что в воспоминаниях тех, кто бывал в Щукинской галерее, нет жалоб на неудобство развески. Выставки рубежа веков приучили зрителей к таким «пасьянсам». Они, по-видимому, не мешали восприятию, а если и мешали, то не настолько, чтобы обращать на это большое внимание.

Впрочем, в другой московской галерее, Морозовской, появившейся вслед за Щукинской, картины Сезанна разместились на вполне музейный лад. Иван Абрамович Морозов (1871—1921) был последним в череде выдающихся русских коллекционеров XIX—XX веков. Как и С.И. Щукин, он получил образование за границей и, следовательно, имел возможности познакомиться с западноевропейской живописью. Ему рано был привит интерес к искусству. Вместе со старшим братом Михаилом он еще в ранней юности брал уроки живописи у Константина Коровина, наиболее видного русского импрессиониста. Пример брата, составившего одну из наиболее впечатляющих московских коллекций, сыграл решающую роль в его жизни. После ранней смерти Михаила в 1903 году Иван решил пойти по его стопам и приступил к созданию собственного собрания. Если Щукин ограничил круг своих интересов французской живописью, то Иван Морозов, действуя по примеру брата, увлеченно коллекционировал и полотна русских художников. Михаил Морозов наряду со Щукиным стал первооткрывателем Моне, Ренуара и Дега в России. До Сезанна он не успел дойти, но Гогена открыл раньше Щукина.

В 1903—1905 годы, когда закладывалась коллекция Ивана Морозова, его любимым художником был Сислей. Тогда же он приобрел такой шедевр Ренуара, как «Портрет Жанны Самари». Здесь как бы слышится «подсказка» Михаила, привезшего в Россию большой портрет французской актрисы кисти Ренуара. Картина, найденная младшим братом, — ярче и оригинальнее. Элемент соревновательности, пусть и не всегда отчетливо, рано проступает в его приобретениях. Позже объектом соперничества вкусов станет С.И. Щукин, а предметом соревновательности — живопись Сезанна.

Купив огромный старинный дом на Пречистенке (ныне здание Российской Академии художеств), И.А. Морозов в 1904—1906 годах подверг его интерьеры значительной перестройке с таким расчетом, чтобы они наилучшим образом подходили для развески картин. С окончанием работ он развернулся по-настоящему. Переломным стал 1907 год, когда Иван Абрамович решил «скомплектовать» галерею, где новая французская живопись была бы представлена не менее достойно, чем у С.И. Щукина. Он действовал смело и в то же время очень обдуманно, не концентрируясь на творчестве одного художника или группы. В поле его зрения теперь находилась вся французская живопись трех последних десятилетий — от родоначальников импрессионизма до Матисса, Дерена и Вламинка. По размаху покупок он нисколько не уступал Щукину, а порой даже превосходил его. Воллар заметил о нем: «Русский, который не торгуется».

1907 год принес И.А. Морозову первые полотна Сезанна. Известно, сколь большое значение для судеб французского, а затем и всего европейского искусства имела

Бывшая домовая церковь в доме С.И. Щукина. Фотография. 1913

Дом И.А. Морозова в Москве на Пречистенке (ныне здание Российской Академии художеств). Современная фотография

посмертная выставка Сезанна, устроенная в тот же год в Осеннем салоне. Одним из самых внимательных ее посетителей стал Морозов[25]. Тогда он купил четырех первых своих Сезаннов: «Дорогу в Понтуазе», «Равнину у горы Св. Виктории», «Гору Св. Виктории» и «Натюрморт с драпировкой». Преобладание пейзажей не случайно: Морозов всю жизнь отдавал предпочтение этому жанру, а в юности и сам довольно часто писал этюды на природе. Каждая из сезанновских картин отражает вкус Морозова и его натуру. «Гора Св. Виктории» как-то особенно набухает объемами и придвигается вперед. Ее массивность сродни той тяжеловесности, которая была свойственна самому Морозову, крупному и медлительному человеку (Матисс за глаза называл его медведем). Версия «Горы Св. Викто-

В.А. Серов. Портрет И.А. Морозова (1871—1921). 1910. ГТГ

рии», которую немного позже приобретет Щукин, напротив, отличается чрезвычайно подвижной ритмикой, соответствуя его кипучей, быстрой натуре. Нечто подобное можно почувствовать при сравнении двух «Курильщиков», щукинского и морозовского.

В морозовских Сезаннах всегда можно ощутить вкус к ясности и конструктивности. Один из самых замечательных примеров этого представляет собой «Большая сосна близ Экса», купленная Морозовым в 1908 году. Она вся сложена из отдельных блоков звучных красок. «Кладка» такой картины отдаленно напоминает мозаику, но преследует решение гораздо более сложных задач. Сезанну важно было сохранить глубину пейзажа и напомнить о бесконечном разнообразии растительного мира, нисколько не впадая в схематическую условность, которую несут стандартизованные квадратики мозаики. Морозов понял, что с Сезанна начинается новая эпоха пейзажного искусства, неотделимая от нового понимания пространства. Позже Н.Н. Пунин именно на примере «Сосны» объяснял пространственный постулат сезанновской живописи. Он предлагал мысленно резко потянуть за ветку сосны в картине И.И. Шишкина и у Сезанна. В первом случае сосна будет вырвана с корнями и землей, во втором — вместе с веткой будет вырван кусок неба. В сезанновской живописной целостности выразилось понимание целостности мироздания, и эта мудрая философия мастера открылась Морозову в числе первых. Никаких подтверждений этому не осталось, но долгие часы, проведенные им в закромах Галереи Воллара за созерцанием живописи Сезанна, лучше всяких слов свидетельствуют о том, что он открывал там для себя нечто исключительно важное.

Как превосходно уже тогда был поставлен глаз И.А. Морозова, доказывает «Натюрморт с драпировкой», входивший в группу из пяти близких композиций. Морозов выбрал (тогда еще была возможность выбирать) лучшую. Фрукты этого натюрморта — идеальный пример построения формы цветом. Желтые, оранжевые, фиолетовые мазки располагаются так, что из их совокупности рождается шар: не буквальное подобие конкретного апельсина, а его образ, драгоценный сгусток живописной материи.

Через пять лет, в 1912 году Морозов купил «Персики и груши». Этот холст, выставленный на почетном месте, как в красном углу, сделался его любимым натюрмортом. Его в первую очередь имел в виду в своем очерке Морозовской галереи С. К. Маковский, немало беседовавший с собирателем: «Душа Сезанна всего лучше, пожалуй, выразилась в картинах без всякого содержания — в nature-mortes. Изображая несчетное число раз все те же плоды и столовую утварь, бесконечно варьируя одну и ту же тему — яблок, груш или персиков, ярко пятнающих синюю белизну смятой скатерти, — свободный от композиционных задач, упоенный неутолимой жаждой “подражать природе”, он подходил к ней вплотную; зорко всматривался в ее, так сказать, простейшие видимости и старался закрепить кистью не столько предметность “мертвой природы”, и не столько вещество, но как бы самую структуру его очарований...»[26].

Мазок Сезанна, лишенный рассчитанной артистической самоуверенности, порой словно бы нащупывает форму в аморфной среде, ищет настойчиво, не всегда терпеливо. В «Голубом пейзаже» он буквально сражается с холстом за свое воплощение натуры. Пейзаж, ставший одной из любимых картин И.А. Морозова, служит прекрасным примером его настойчивых коллекционерских поисков. «Помню в одно из моих первых посещений галереи, — писал Маковский, — я удивился, заметив на стене, занятой сплошь работами Сезанна, пустое крайнее место. “Это место предназначается для «голубого Сезанна» (т. е. для пейзажа последней эпохи художника), — объяснил мне И.А. Морозов, — я давно его уже присматриваю, но никак не могу остановиться в выборе.” ...Больше года это сезанновское место оставалось незанятым, и только недавно новый великолепный “голубой” пейзаж, выбранный из десятков других, воцарился рядом с прежними избранниками»[27].

Дополняя первые поступления, шесть картин Сезанна, отобранные в Галерее Воллара в 1911—1912 годах, придали, наконец, морозовскому собранию ни с чем не сравнимую полноту. К приобретенным тремя-четырьмя годами раньше шедеврам ранней живописи («Девушка у пианино» и «Автопортрет»), к «Горе Св. Виктории» теперь прибавились высшие достижения зрелого периода: «Персики и груши», «Мост через Марну в Кретее» и «Мадам Сезанн в оранжерее» — лучший натюрморт, лучший пейзаж и лучший портрет сезанновского ансамбля.

Морозов мог долго примериваться, когда дело касалось величайших мастеров. Его глаз сделался очень отточенным, и все же он ощущал определенную неуве-

Зал Сезанна во Втором музее новой западной живописи. Москва. Фотография. 1923

ренность в себе. По свойствам характера он нуждался в совете друга-художника или маршана, которому бы безусловно доверял (первым среди них стал Воллар). Это не значит, что он всегда следовал советам. Совет был необходим как рекомендация при знакомстве, как начало долгих контактов с живописью. «Когда Морозов отправлялся к Амбруазу Воллару, — рассказывал Матисс, — он говорил: "Я хочу видеть очень хорошего Сезанна". Щукин, тот просил показать всех Сезаннов, какие выставлялись на продажу, и делал выбор сам»[28]. Оба метода были хороши, поскольку соответствовали особенностям личностей самих собирателей. Для Сезанна, где требовалась особая осмотрительность, метод И.А. Морозова, пожалуй, давал лучшие результаты. Во всяком случае морозовский ансамбль, состоявший из восемнадцати шедевров мастера, в начале XX века был лучшим по качеству (по количеству он уступал собранию Огюста Пеллерена). Иван Абрамович гордился им совершенно законно, и когда его спрашивали, кого из живописцев он любит больше других, называл Сезанна[29].

Морозовская галерея была далеко не так доступна, как Щукинская. Любопытствующие не допускались, но художникам дорога туда была хорошо известна. Собиратель, естественно, не отказывал и Константину Коровину, если тот просил принять студентов Училища живописи, ваяния и зодчества, где преподавал. Благодаря обширной публикации С.К. Маковского с каталогом и превосходными репродукциями в сдвоенном номере «Аполлона» (1912, № 3—4) собрание И.А. Морозова приобрело значительную известность у читающей публики. Сезанновская часть номера стала одной из важных ранних публикаций, посвященных мастеру. Любопытно, что она появилась в журнале, издававшемся в Петербурге, в своем художественном радикализме тогда уступавшем Москве. Но именно в то время разрыв начал быстро сокращаться, в немалой степени благодаря «Аполлону».

Именно в 1912 году журнал вместе с Французским институтом Санкт-Петербурга развернул в столице на два месяца огромную выставку «Сто лет французской живописи (1812—1912)». Воллар, видимо, вдохновленный последними приобретениями Морозова, готового платить самую высокую цену, прислал шестнадцать полотен Сезанна, так что петербургская экспозиция сделалась одной из наиболее значительных ранних выставок мастера за пределами Франции[30]. Однако новых покупателей ему заполучить не удалось. Вряд ли мог этому способствовать предпосланный каталогу текст видного парижского критика Арсена Александра. Стоит привести здесь отрывок из него, в котором выражалось мнение наиболее просвещенной и даже симпатизировавшей художнику критики и публики того времени. «Сезанн — почти всегда вдали от Парижа — всю жизнь провел в неустанной борьбе за средства выражения, соответствующие его воображению, которое было высоко, и его любви к природе, которая была глубока. Но он, может быть, не достиг того, чтобы эти средства выражения были действительно, до конца глубокими и разнообразными. Они остались как бы сырым материалом, который возбуждает в редчайшей степени пытливость художников; но долго еще его приемы будут сбивать с толку всех тех, кто полагал, по слову Уистлера, что в совершенном произведении искусства усилие должно уничтожать все следы усилия. Это мнение, собственно говоря, и воплощал собой Сезанн, и он своей самобытностью и своей значительностью обязан именно отчаянию, в котором пребывал, не будучи в силах осуществить это мнение... Он остается убедительным примером того, что в области искусства прекрасное отчаяние привлекает и волнует нас больше, чем ничтожная удовлетворенность»[31].

В начале 1910-х годов, в момент становления российского авангарда, обе русские столицы, в особенности Москва, имели неплохие шансы знакомства с живописью Сезанна. Оставались также возможности и за пределами страны.

При взгляде на «Груши» М.Ф. Ларионова (1907, ГРМ) в качестве возможного прототипа вспоминаются «Персики и груши» Сезанна. Однако предположение зависимости первого от второго было бы натяжкой. Ларионов написал свой натюрморт за пять лет до появления у Морозова картины Сезанна. В 1906 году молодой художник по предложению С.П. Дягилева отправился в Париж, где участвовал в Осеннем салоне. В тот приезд он вряд ли видел «Персики и груши», но скорее всего познакомился с натюрмортом Сезанна «Фрукты на столе» (1890—1895, Фонд Барнса, Мерион), находившимся тогда в Галерее Воллара. Композиционно эта картина неизмеримо ближе ларионовской вариации, в которой, слышатся также отзвуки «Фруктов» из собрания С.И. Щукина (использование обоев с лиственным узором, плоды на смятой салфетке). Замечательно, что даже в этой полуученической вещи, где Ларионов старательно следует за французским мэтром и в общем построении, и в выявлении объема каждой груши, он не может удержаться от привнесения явственно русской ноты: вместо обычной у Сезанна белой салфетки он вводит розовую ткань, отчего красочная гамма, напоминающая о простонародных, сельских вкусах — то ли русских, то ли бессарабских — не только лишается строгости образца, увиденного в Париже, но и обретает живость, немыслимую у Сезанна.

Характер живописи более позднего «Лагеря» Ларионова (1910—1911, ГРМ) опять-таки напоминает о Сезанне, в частности, о такой его работе, как «Голубой пейзаж» (более близких аналогий в русских собраниях нет), но такое сближение не должно обозначать, что именно здесь мы находим источник влияния. «Солдатский цикл» Ларионова был завершен еще до появления в Москве «Голубого пейзажа», и интересно в данном случае не сходство мотива. Уже освободившийся от недавней иконографической зависимости Ларионов строит теперь мпозицию, отталкиваясь от личных впечатлений. Палатки военного лагеря, солдат, улучивший минуту для отдыха и лениво развалившийся на склоне холма, напоминают о его собственной солдатчине, но бытовой мотив, ничего общего не имеющий с искусством Сезанна, неожиданно решается с помощью тех приемов огранки формы, которая свойственна поздним сезанновским пейзажам, писавшимся в окрестностях горы Св. Виктории. Русская интонация, кажется, намеренно подчеркнута в как будто бы французской речи.

Очень ранний пример московского сезаннизма дают «Яблоки и груши на белом» И.И. Машкова (1908, ГТГ), которые сам художник назызал «натюрморт французский светлый». Он стал результатом впечатлений, полученных во время первой поездки Машкова за границу в 1908 году. Через два года в «Синих сливах» (1910, ГТГ) он уже не копирует Сезанна, а берет от него лишь то, что ему подходит. А подходит ему сезанновская «ныряющая перспектива» (perspective plongeante), когда передняя часть стола разворачивается почти параллельно плоскости картины. Машков подсмотрел этот прием либо в «Блюде с яблоками» (ок. 1877, Художественный институт, Чикаго), либо в «Вазе с соломенной оплеткой, сахарнице и яблоках» (1890—1893, Музей Оранжери, Париж), где угол стола сходным образом подведен к верхнему срезу композиции так, чтобы отдать передний план круглящимся плодам. Эти плоды написаны с такой мощью и любовью к чистому цвету, что заставляют вспомнить о Матиссе раньше, чем о Сезанне. Недаром поклонник обоих мастеров И.А. Морозов по совету В.А. Серова купил картину Машкова с выставки парижского Осеннего салона 1910 года. Похвала Серова в этом случае стоила очень много. Мастеру, державшемуся русла реализма XIX столетия, нелегко давалось признание Сезанна, и уж совсем трудно было принять помолодому бесстрашные выводы, которые делались его собственными учениками из изучения Сезанна.

Годом раньше Серов ушел из Училища живописи, ваяния и зодчества и отверг уговоры вернуться. «"Идти опять и учить Ларионовых и Машковых, да ну их к черту, не могу", — ответил Серов .. Модернизм, проникший в его мастерскую... окончательно заставил его покинуть московскую Школу. Принятый по его личному ходатайству перед советом в его мастерскую Илья Машков и другие члены "Бубнового валета" неуважительно относились к советам и руководству Серова»[32].

На открывшуюся в Москве в декабре 1910 года выставку «Бубновый валет» Машков представил огромный «Автопортрет и портрет Петра Кончаловского» (1910, ГРМ)[33], изобразив себя и своего приятеля обнаженными борцами за исполнением романса. Картина пародийна, но этим ее смысл не исчерпывается. Черный юмор этого двойного портрета, как и всей бубнововалетской живописи, в том как раз и выражается, что к исходному творческому импульсу автор относится со смесью пиетета и сарказма. Чтобы не оставалось сомнений в природе импульса, Маш-

И.И. Машков. Автопортрет и портрет Петра Кончаловского. 1910. ГРМ

ков воспользовался традиционным символом источника знаний — книгой, и поместил в углу композиции сразу несколько томов, на корешках которых обозначено: «Сезанъ», «Искусства», «Египет», «Греция», «Италия», «Библия». Странно, что для расшифровки скрытого подтекста картины никто не воспользовался настойчивой подсказкой художника, указавшего здесь только одно имя собственное — Сезанн. Конечно, обнаженные персонажи портрета способны напомнить о «купальщиках» мастера, но пародия Машкова обращена в другую сторону. Двумя годами раньше в Москве появилась «Девушка у пианино» Сезанна. Широкая публика ее еще не видела, а Машков знал отлично и спародировал как всю композицию, так и отдельные детали. Слева он точно так же поместил открытое фортепиано, справа — ткань с цветочным орнаментом, но вместо кресла изобразил скатерть, орнаментацию же обоев на стене вверху заменили два декоративных натюрморта. В центре — две фигуры, но по обычаям пародийного передразнивания приличные девушки заменены малопристойными (с точки зрения нравов эпохи), почти голыми атлетами. Пародиен даже музыкальный адрес: у Сезанна — это «Увертюра к “Тангейзеру”» (второе название картины), у Машкова — на нотах, выставленных на фортепиано, обозначено нечто знойное, латиноамериканское (название пьесы «Bombita» означает стыд).

Огромные размеры холста и общий вызывающий характер живописи действовали так оглушительно (художники «Бубнового валета» называли такие вещи «пугачами»), что о Сезанне все как-то сразу забыли. В воспоминаниях современников встречаются любопытные подробности, которые могут служить дополнительными разъяснениями смысла этого произведения. В те времена в обществе любили разыгрывать «живые картины», и «валеты» не были исключением. Они охотно занимались спортом, и неудивительно, что оба персонажа изображены борцами. «”Чемпион западноевропейской живописи с установкой на Сезанна — Петр Кончаловский и чемпион нижегородско-французской живописи Илья Машков”, как представлял их Лентулов»[34]. Подчеркивая русскость Машкова, Лентулов, кажется, намеренно переставил слова в сделавшейся поговоркой цитате из «Горя от ума» — «смешенье французского с нижегородским».

Примечательно, что Машкову ближе оказался ранний «нутряной» Сезанн с его могучей энергией, плохо подчиняющейся узде. При взгляде на машковский «Портрет поэта» (1910, ГТГ) вспоминается самый первый дошедший до нас «Автопортрет» Сезанна (1861—1862, частное собр.) — не только из-за большого сходства персонажей, но еще больше из-за общности стилевых приемов, хотя очень трудно сказать, была ли у Машкова возможность познакомиться с тем «Автопортретом». Более вероятно, что он видел «Портрет Антони Валабрега» (1866, Национальная галерея, Вашингтон), который в начале века находился в Галерее Воллара.

На этот портрет явно ориентировался и Кончаловский в своем «Автопортрете в сером» (1911, ГТГ). Оглядка на Сезанна постоянно чувствуется в его сиенских пейзажах, написанных годом позже. Живопись Кончаловского той поры в первую очередь поражает мощью и энергией, но едкий Абрам Эфрос, пожалуй, не ошибался, следующим образом характеризуя эту демонстрацию силы: «Стоя среди изобилия его полотен, думаешь, чего здесь больше: напора творчества или разрядки мускульных сил? Не идет ли искусство Кончаловского слишком часто на простом расходовании скапливающейся энергии? Не отсюда ли порочность его живописного “материализма”, — то, что вместо крепчайшей вещественности Сезанна, вместо его мысли и глаза, охватывающих предмет со всех сторон и проникающих в его структуру и материю, здесь только иллюзия вещественности, скольжение по поверхности вещей и природы, а не живописный синтез их уразумения»[35].

Примечательно, что Кончаловский не ограничился заимствованием способа лепки живописной формы и ее упрощением. Почти с самого начала он вместе с другими «бубновыми валетами» проставлял чисто русские акценты, вводя в композиции многозначительные детали национального быта. Подобные акценты обязаны своим происхождением Москве, явно ощущавшей провинциальность по отношению к другим столицам, и прежде всего — к Петербургу, но не испытывавшей по такому поводу комплекса неполноценности. Она, если угодно, преодолевала комплекс, представляя провинциальность как источник здоровья и силы, а усилиями «Бубнового валета» Москва возвела это свое качество в ранг достоинств. «Автопортрет в сером» — столь же следует известному образцу, пришедшему из Парижа, столицы мировой моды, сколь и демонстрирует живопись сознательно неуклюжую, с нескрываемой усмешкой над маэстрией. В этом «Сезанне на скорую руку» преднамеренная уездность утверждается без всякой тени смущения. «Фирменный знак» такого самоутверждения — поднос, висящий на стене. В портетах и фигурных композициях Сезанна, в тех же «Курильщиках» или в «Крестьянине в синей блузе» на фоне видны собственные картины мастера. Кончаловский же в обе свои вариации «Автопортрета в сером» преднамеренно внес простонародный расписной поднос, как бы указывая на самоотождествление с фольклором.

Конечно, в портрете такой поднос — всего лишь второстепенная, хотя и не лишенная значения деталь, но в натюрмортах она задает тон, а порой определяет все построение. Очевидно, что огромное внимание, которое лидеры «Бубнового валета» Ларионов, Машков, Кончаловский, Куприн стали уделять натюрморту, жанру, влачившему в русском искусстве на протяжении всего предшествующего периода довольно жалкое существование, возникло не без вдохновляющего примера Сезанна, признанного «Пуссена натюрморта».

В свои постановки фруктовых натюрмортов французский мастер обычно включал тарелки, вазы или кувшины. У его последователей в России тоже встречаются тарелки или миски, но наиболее приметным «героем» их композиций в жанре неживой натуры, в особенности у Машкова, становится красочный поднос исконно русского происхождения. Хорошими примерами этой национальной разновидности жанра могут служить «Натюрморт с желтым кувшином и яблоками» Шевченко (1919, ГРМ) и «Большой натюрморт с искусственными цветами, красным подносом и деревянной тарелкой» Куприна (1919, ГРМ), где в каждом случае на втором плане фигурирует расписной поднос. Картина Куприна — произведение заведомо сезаннистское по постановке, но в то же время и безошибочно русское по включению предметов национального быта — сельского (деревянная тарелка) или мещанского (расписной поднос). Присутствие подобных предметов фольклорного искусства, становящихся подчас едва ли не культовыми образами в картинах Кончаловского и Машкова, а вслед за ними Куприна, Рождественского, Шевченко, не просто расширяло репертуарный диапазон русской живописи, внося в нее элемент отечественной экзотики, а и вело к невиданным прежде художественным модификациям. Четверть века спустя после первого выступления художников «Бубнового валета» А.М. Эфрос, как бы подводя итоги, писал: «... Их индивидуальность состояла в конце концов в том, что они не научились грассировать как природные французы, и у них остался российский говорок; он дал тяжесть, плотность, вес, грубость, но вместе с тем и свежесть их красочным массам; в этом состояла поправка “Бубнового валета” к сезанновскому закону живописи»[36].

В России проблема взаимоотношения национальных элементов с заимствованными, западными, никогда не ставилась так остро и парадоксально, как в деятельности художников «Бубнового валета». Согласно биологической практике к дичку прививается отросток окультуренного дерева. Следовательно, логично предположить в данном случае, что к своей, русской, основе будет приживляться продукт чужой земли. Суть, однако, в том, что в живописи «валетов» далеко не всегда ясно, что к чему приживляется. Во всяком случае, как это можно уже было видеть по «Грушам» Ларионова и «Яблокам и грушам на белом» Машкова, «в начале было слово» Сезанна, фольклор пришел потом, что диктовалось желанием молодых ищущих художников обрести более прочную, исконную опору. Симбиоз сезанновских и фольклорных элементов в последующих работах осуществлялся сложнее.

Весьма поучительно в этом плане обратиться к «курильщикам» Ларионова и Гончаровой. Первый — «Солдат (Курящий)» — датируется 1910—1911 годами, второй — «Курильщик» — 1911 годом. У Морозова «Курильщик» Сезанна появился в 1910-м. О времени покупки другого «Курильщика» Щукиным ничего неизвестно, но более чем вероятно, что в 1910 году такая картина у него была. Косвенным доказательством может служить «Солдат (Курящий)» Ларионова (ГТГ), который близко соотносится именно со щукинской версией. Оба бубнововалетских «курильщика», воспроизводя сезанновский мотив, твердо связывают его с русскими реалиями. Ларионов, возможно, написал свою картину еще до призыва в армию, что ничуть не помешало ему очень точно воспроизвести все особенности российской амуниции. Г.Г. Поспелов даже высказал предположение, что «Солдат (Курящий)» мог служить вывеской табачной лавки[37]. Так далеко, пожалуй, не стоит заходить: вывеску Ларионов написал бы проще и плоскостнее (в том стиле, в каком исполнен ряд его работ того времени). «Солдат (Курящий)» — это все-таки живопись со своим картинным, а не вывесочным пространством, но в том, что здесь существует генетическая связь с вывесками, сомневаться не приходится.

Низведение философических образов Сезанна на уровень балагана, райка, лубка и у Ларионова, и у Гончаровой предполагало, разумеется, не зубоскальство над первоисточником, а желание уйти от штампов уже складывавшегося нового академизма, то есть авангардного академизма с сезанновским патентом. Обоим русским художникам спасение виделось в обращении к простонародной, площадной культуре, к проверенным временем приемам художественных ремесел, к превращению образа в эмблему. Трактовка складок рубахи в «Курильщике» Гончаровой предельно лаконична, складка может быть задана одной уверенной проводкой кисти. Именно такая уверенная простота приема, нередко, впрочем, сочетающаяся с большой декоративной изощренностью, отличает работу «набивших руку» народных мастеров — делали ли они пряничные доски, городецкие расписные игрушки, хохломскую утварь или другие подобные вещи. Известно, что в каталоге собственной выставки 1913 года Гончарова назвала манеру своего «Курильщика» «стилем подносной живописи».

Однако в подобном «редактировании» Сезанна таилось отрицание всей глубины его живописи, с чем никогда не согласились бы ни один из основателей «Бубнового валета» Фальк, ни такие художники, как стоявший вне объединения Осмеркин. В «Старике» Фалька (1913, ГРМ) нет курительной трубки, но и композиция, и дух картины заставляют соотнести ее с «Курильщиком» Сезанна из щукинского собрания. Холст лишен броскости, свойственной «Курильщику» Гончаровой. В него нужно вживаться постепенно, погружаясь в модуляции живописной материи. Через сорок с лишним лет Фальк напишет о Сезанне: «Я хочу вам, французам, бросить упрек в том, что вы его еще недостаточно оценили. Вы поверили на слово его жалобам, что будто бы он не в силах воплотить (realiser) того, что он видел. Его видение мира было таким мощным, он прозревал такие тайны света и цвета, что имеющаяся в его руках техника его удовлетворить не могла. Воля гения побеждала, однако, косность материала: его холсты — живая цветовая ткань, пластические события возникают из глубин пространства, как бы роящегося цветовыми атомами. Его произведения — не подобия жизни, а сама жизнь в прекрасных драгоценных зрительно-пластических формах»[38].

В то время как другие коллеги по цеху все дальше уходили от реальности, уступая соблазнам кубизма, Фальк продолжал интерпретировать конкретность факта, будь то портрет или пейзаж. Сезанн изначально оставался для него якорем спасения, так что какой-нибудь заштатный российский городок оказывался его Овером или Понтуазом. Автор «Старой Рузы» (1913, ГРМ) не видел, вероятно, «Домов у дороги» Сезанна (ок. 1881, ГЭ, бывшее собр. Кребса), но знал, как написал бы подобный мотив Сезанн: не умаляя силы цвета, передавая всю сложность и неразрывную взаимосвязь пространственных отношений, подчиняя им «магические» объемы домов, составляющих пустую сонную улицу.

Какой разительный контраст составляет картине Фалька написанная одновременно «Москва» Лентулова (1913, ГТГ), или, как называл ее с восклицательной интонацией сам художник, «Москва-Москва!» Сезаннизм «Старой Рузы», добротный и надежный, вполне очевиден. Но в чем состоит сезаннизм «Москвы» с ее фантасмагорическим образом «сорока сороков» церквей, с ее феерической красочностью, которую Лентулов именовал цветодинамикой, и заведомой калейдоскопичностью? Тут и в помине нет размеренного перетекания одного плана в другой. Дома и соборы громоздятся, образуя какой-то фантастический и гигантский каменный карьер, а может быть, столь же фантастический пылающий костер. В воинствующей декоративности картины заключены качества, по сути дела, ориентальные. Этот особый ориентализм выражается в удивительной цветовой оркестровке, заставляющей слышать идущий волнами колокольный звон. Недаром Скрябин и Лентулов обсуждали соответствие звуков и красок. Узнавание деталей города происходит не без труда. Каждый дом или церковь становится блоком этой ритмически организованной структуры, в которой сплавляются два начала: сезанновское и антисезанновское. Но первое ощутить гораздо труднее, чем второе. Дело в том, что живопись Сезанна, даже взятая в каком-либо одном аспекте, скажем, в том, как трактуется глубина пространства, не может быть сведена к единственной формуле.

Достаточно сравнить два-три разных пейзажа. В собрании Морозова, например, находилась «Равнина у горы Св. Виктории», где натурный мотив, обрисованный ясно и просто, воспринимается легко и естественно: замечательная четкость чередования планов облегчает любому зрителю «вхождение» в этот провансальский ландшафт. Но мы помним, что под конец Морозов приобрел картину совершенно иного свойства — «Голубой пейзаж». Произошло это за год до написания «Москвы». Лентулов, недавно вернувшийся из Парижа, где работал бок о бок с Леже, Метценже и Глезом и познакомился с живописью Робера Делоне, написал картину, которую можно, конечно, сравнивать с произведениями орфистов, но не потому, что он им подражает, а лишь потому, что, как и они, оперирует чистым цветом. Однако то, как он действует, заставляет вспомнить не их работы, а «Голубой пейзаж» с его совершенно иной тональностью, картину, которая не столько изображает уголок природы, сколько с поразительной активностью выражает состояние художника, так что вся цветовые пятна приходят в движение, подчиняясь единому и энергичному ритму. Картина как ритм или, если можно так выразиться, как цветоритм — вот что нашел Лентулов у Сезанна, восприняв этот творческий ход в качестве руководства к действию.

Сезанновская ритмика и сдвиги формы ферментировали развитие кубизма. При этом многие русские художники, причем не только те, что принадлежали к «Бубновому валету» или «Ослиному хвосту», обратились к пристальному изучению творчества Сезанна, когда кубизм уже существовал. Они знакомились почти одновременно с постсезанновскими выводами родоначальника кубизма Пикассо и с теми уроками, которые могло им дать наследие Мастера из Экса. Такое двойное воздействие, уже отмечавшееся исследователями, не только придавало развитию русского авангарда особый динамизм, но и оставляло его открытым и для других впечатлений. Собственно говоря, этим путем еще раньше прошел Пикассо, умудрявшийся соединять принципы живописи Сезанна и негритянской пластики. Он, так же как и Дерен, стремился дойти до первоистоков изобразительной культуры, находя их в упрощенной геометрии первобытной Африки. С другой стороны, оба почитали Таможенника Руссо с его бесхитростностью. Немецкие экспрессионисты, чьи картины включались в выставки «Бубнового валета», искали оздоровления творчества в обращении к романским прообразам. Матисс, первую картину которого Щукин приобрел потому, что она была написана вослед Сезанну[39], обратил свои взоры к Востоку. Россия обладала своими первоистоками: древней иконописью, народными промыслами, лубком.

Татлинская «Натурщица» (1913, ГТГ), один из наиболее крепких и динамичных образов искусства раннего русского авангарда, порождает немало художественных ассоциаций, не учитывая которые нельзя понять не только эту, казалось бы, очень простую картину, но и весь пафос авангардного движения той поры. Из наследия Сезанна в число прообразов татлинской ню можно включить «Леду с лебедем» (ок. 1880, Фонд Барнса, Мерион), которую отличает господство голубого цвета и выгнутость линий тела обнаженной женщины. В более поздней версии — «Обнаженная женщина (Леда II)» (1885—1887, Музей фон дер Хейдта, Вупперталь) — контуры тела обретают большую чистоту и выразительность. Нельзя исключить, что Татлин познакомился с этой картиной во время поездки в Германию и во Францию в 1913 году. Но что совершенно точно — он видел у Щукина «Купание» Пикассо (1908, ГЭ), одно из наиболее ранних произведений кубизма, приемами которого воспользовался с нажимом, вполне естественным у художника, вышедшего из народа и заново обратившегося к приемам народного ремесла. Безымянные мастера, готовившие доски для печатных лубков, выработали предельно простые и эффективные приемы, когда лезвие ножа быстрым движением оставляло на поверхности доски «цельнокроенные» линии. Для мастера авангарда такого рода линеарность русского лубка могла послужить неплохой основой в его собственных стилистических поисках. Но главным ориентиром и одновременно вызовом для него оставался Пикассо, в тот момент уже признанный «чемпион» авангарда. Пикассо же, в свою очередь, несомненно, знал упомянутые работы Сезанна. В 1913 году кубизм был уже на излете, но Татлин, хорошо знакомый со всей его эволюцией, считал, по всей видимости, что творческий потенциал раннего кубизма еще не исчерпан. Возвращаясь к его начальной фазе, он приходил к Сезанну, опосредованному через Пикассо.

О начальной, сезанновской, фазе кубизма напоминает «Июнь. Лес» (1918, ГТГ) Ю.П. Анненкова. Художник петербургской ориентации, к тому же прошедший парижскую выучку, инстинктивно уклонялся от сочных и тяжеловесных московских приемов трактовки мотива. Анненков — не столько живописец, сколько график, а этот род искусства получил истинное развитие именно в Петербурге. Изящная огранка древесных крон выдает руку мастера, привыкшего иметь дело с полем книжного листа. Не сразу увидишь в этой картине наследницу «Большой сосны близ Экса», тем не менее у ее геометризма — именно такая родословная.

Человеком, исповедовавшим в русском искусстве абсолютную веру в геометрию, был К.С. Малевич. Его отношение к Сезанну, заставившему европейских живописцев думать о «цилиндре, шаре и конусе» — тема, заслуживающая отдельной книги. В отличие от Фалька или Кончаловского, у него нет вещей по-настоящему сезаннистских, но в то же время слишком многие его работы так или иначе напоминают об этом мастере. «Река в лесу» и «Купальщицы» (ГРМ)[40] ассоциируются с водно-купальными композициями Сезанна, но совершенно отличны от них по стилю и духу. В первой из них ситуация сезанновских «Больших купальщиц» оказывается перевернутой, словно вся сцена рассмотрена через бинокль на удаление. Фигуры стали маленькими и настолько отодвинуты в глубину, что их не сразу и заметишь. Картина импрессионистична по краскам и свободе мазка, но слишком уравновешенна и конструктивна, чтобы можно было назвать ее всего лишь импрессионистическим произведением. Во второй композиции пейзажный фон (река, берега, деревья) почти тот же, но передний план отдан белым гигантшам с маленькими головами. Здесь соединяются три стиля: импрессионизм, к которому Малевич время от времени возвращался; воспоминания о поразивших его символистских сценах на выставке «Голубой розы»; и наконец, отзвуки впечатлений от «Купальщиц» Сезанна. Последнее далеко не очевидно. Сезанновские героини излучают энергию и написаны крупными протяженными мазками. Три грации Малевича застыли как статуи и, лишенные всякой «телесности», кажутся садово-парковой скульптурой. Общее с Сезанном — это не только предельная композиционная устойчивость, но и отказ от стремления передать физическую привлекательность тела, которое становится чисто живописной субстанцией, существующей в трехмерном пространстве.

Эхо сезанновского мотива слышится в «Аргентинской польке» Малевича (1911) — композиции, преднамеренно грузной и несколько пародийной, восходящей не только к изображениям городского и сельского танца у Ренуара, но и к «Масленице» Сезанна.

Из всех картин Мастера из Экса эта породила наибольшее количество откликов. О ней не раз заговаривали в Московском училище живописи, ваяния и зодчества. «Черт знает что! — передавал И.Э. Грабарь слова В.А. Серова. — Вот не люблю Сезанна, — противный, а от этого карнавала, с Пьеро и Арлекином, у Щукина, не отвяжешься. Какие-то терпкие, завязли в зубах и хоть бы что»[41]. А Я. Тугендхольд рассказывал, что вначале Серов назвал «Пьеро и Арлекина» «деревянными болванами», но со временем «признался, что эти деревянные болваны не выходят у него из головы»[42].

Картина Сезанна не выходила из головы и у такого ученика Серова, как Александр Шевченко, много лет спустя после знакомства с ней написавшего ее вариацию «Братья Сирано — жонглеры» (1920, ГРМ). Карнавалов, подобных западноевропейским, Россия не знала, и, естественно, что арлекинада Шевченко, как и двойной автопортрет В.И. Шухаева и А.Е. Яковлева, где персонажи одеты Арлекином и Пьеро, принадлежит театру и эстраде, а кроме того цирку, пользовавшемуся в те времена исключительной популярностью. У Шевченко циркачи представлены отдыхающими за кулисами. Гитара, которую держит один из них, возможно, намекает на песенки чрезвычайно модного тогда Александра Вертинского, подчас выступавшего в образе Пьеро. Транскрипция Шевченко в целом очень близка оригиналу, добавлен лишь сочиненный «под Сезанна» натюрморт. Картина написана в тот момент, когда ее автор стал профессором ВХУТЕМАСа. Пройдя эволюцию от импрессионизма до умеренного кубизма, он сделал затем шаг назад, к Сезанну, стараясь нащупать и для себя, и для своих учеников твердые, классические принципы построения формы.

Такой шаг в свое время сделала и Любовь Попова. После кубистических разломов формы, испробованных в Париже, она вернулась в Москву, где обрела, наконец, истинную уверенность в себе. Впоследствии она пришла к полной геометрической отвлеченности, но в тот момент (1913 год), с которого сама художница начинала список своих работ, при всей предельной геометризации она еще не отрывалась от реального образа. Не случайно, в одном из персонажей «Композиции с фигурами» (1913, ГТГ) ощутима автопортретность. Кубизм Поповой наделен той энергией, которая вообще была свойством ее натуры и которая выражалась в первую очередь в пространственном динамизме ее живописи. Среди предшественников художницы решительнее всего активизировал пространство Сезанн. В «Композиции с фигурами», этом неожиданном парафразе «Масленицы», молодой художнице удалось сохранить философскую глубину и то дыхание «большого стиля», из которого она извлекла формулу монументальности. Попова нисколько не стремилась приблизиться к зрителю, присочиняя какое-то подобие сюжета, как то сделал Шевченко. Конечно, в «Масленице» есть элементы рассказа, правда, звучащие под сурдинку. На них-то и попытался сосредоточиться профессор ВХУТЕМАСа и один из тогдашних руководителей зарождавшегося советского искусства. Не то, чтобы он приспосабливался ко вкусам начальства, но вольно или невольно уступал социальному заказу.

В то самое время, когда российский авангард, казалось бы, торжествовал победу, над ним начали быстро сгущаться тучи. «Крестьянин в картузе» С.В. Герасимова (1925, ГРМ), эта комбинация «Автопортрета» и «Курильщика» Сезанна, показывает, как в середине двадцатых годов живопись, избравшая себе в качестве ориентира «новейших французов», постепенно отступала к позициям передвижнического реализма и нарочитой народности — процесс, на который оказывала активное воздействие советская идеология. Герасимовский крестьянин ассоциируется с председателем ВЦИКа М.И. Калининым, номинальным президентом советского государства в течение четверти века. При покладистом характере и мужицкой хитрости, позволивших ему пережить многих коммунистических вождей, гордых своей полуобразованностью, куда более малограмотный Михаил Иванович самой внешностью подходил для вывески режима, всячески декларировавшего свою народность.

К.С. Петров-Водкин. Селедка. 1918. ГРМ

Еще более очевидный пример идеологически ориентированного сезаннизма дает натюрморт В.И. Малагиса «Траурный» (1924, ГРМ). Его детали — газета «Правда» с правительственным сообщением о смерти В.И. Ленина, ноты большевистского реквиема «Вы жертвою пали...», пропагандистски недвусмысленны. Вполне ясен символизм других подробностей. Лимон — воплощение солнца, хлеб — исконный знак тела Христова и его жертвы (кстати, на обороте холста — изображение Распятия, предшествовавшее натюрморту). Предметы размещены на черной траурной скатерти с широкой красной каймой. Конструкция картины сезанновская, но «отредактирована» на новый лад. Газета и нотный лист играют ту же роль цветового пятна, что смятая белая салфетка у Сезанна. Молодой художник, искренне выражая свою скорбь, хочет говорить со зрителем современным языком и обращается к формулам французского мастера, с которыми трудно уживается политическое содержание. Единственный способ преодоления этого противоречия заключался в том, чтобы избавиться от «модернистских» приемов, с подозрением воспринимавшихся партийными вождями. Малагис сделал это позже, переключившись на традиционно реалистические портреты.

Натюрморт «Траурный», хотя и являет собой довольно добротную живопись, не случайно оказался в музейном запаснике: теперь такой холст интересен как отражение поворота, происходившего в советском искусстве. В свете этого поворота нельзя не вспомнить натюрморты другого петроградского живописца — К.С. Петрова-Водкина, и наверное, в первую очередь его «Селедку» (1918, ГРМ). Это не просто комбинация эстетически выразительных и соединимых предметов. Селедка, кусок черного хлеба и две картофелины — скудный паек времен гражданской войны, выглядевший в глазах многих людей той поры настоящим пиршеством. Позднее эта картина трактовалась историками советского искусства как выражение оптимизма. На самом деле в этой, говоря словами Петрова-

Водкина, «острой беседе живописца с натурой» нет ни оптимизма, ни тем более пессимизма. Всегда сохраняя верность православию, он видел один из тягчайших грехов в унынии. Его «беседа», запечатлевшая чудесность обыденных вещей, таит в себе глубину философского подхода.

Что сближало Петрова-Водкина с Сезанном? Не столько «сферическая перспектива», родственная «ныряющей» перспективе Сезанна, сколько глубокое понимание смысла живописи, благоговение перед предметами, созданными природой. Его яблоки не имитируют сезанновские. На примере этих плодов особенно хорошо видно, как важны для русского художника магические свойства света; для французского Мастера свет в сравнении с цветом был безусловно вторичен. Удивление перед красотой предмета у Петрова-Водкина наивнее, а потому и поэтичнее, чем у Сезанна. Порой ему недостает чувства меры и вкуса Сезанна, но в натюрмортах, где он свободен от выражения сиюминутных коллизий, от необходимости рассказывать или как-то выражать отношение к событиям, где сужение поля зрения делает его по-настоящему мудрым, он истинно велик.

Задолго до «Селедки» или «Яблок» (1917, ГРМ), еще не став тем живописцем, который с редчайшей проникновенностью выразил духовное состояние России на историческом переломе, Петров-Водкин писал после посещения выставки Сезанна в Париже: «...По-моему таких художников, как Дегас, Гоген, Сезанн, чтоб их почувствовать верно и сильно, надо видеть в массе их работы, и тогда это так мощно действует — это единство направления души в их вещах, оно-то и дает общую сумму от религии данного автора»[43].

1. Любые выставки, на которых до сих пор демонстрировались произведения Сезанна, либо носили монографический характер, либо так или иначе представляли творчество мастера в контексте французского искусства его времени.
2. «Золотое руно». Москва, 1908.
3. Выставка, развернутая в Мраморном дворце и приуроченная к столетию Русского музея (март 1998 г.). Музей художественной культуры существовал в Петрограде в 1918—1926 гг. После закрытия его коллекции были переданы Русскому музею. Руководство Музея художественной культуры безуспешно добивалось передачи ему картин из собраний С.И. Щукина и И.А. Морозова с тем, чтобы экспонировать их рядом с работами русских авангардистов.
4. Одним из бесспорных достоинств картин Сезанна из собраний С.И. Щукина и И.А. Морозова служит, наряду с высочайшими живописными качествами, их абсолютная подлинность и сохранность. Показательно в этом смысле, как заблуждался, например, даже такой сезаннист и признанный знаток его живописи, как Р.Р. Фальк, когда говорил: «Сезанн в наших собраниях представлен случайно: здесь много незаконченных вещей, а там, в Париже, на двух выставках Сезанна я видел очень и очень законченные вещи...» (Фальк Р.Р. Французские художники XIX века // Фальк Р.Р. Беседы об искусстве: Письма: Воспоминания о художнике. М., 1981, с. 41). «Очень и очень законченные вещи» нередко дописывались другими, например, Э. Шуффенекером, как это выяснилось впоследствии. Делалось это ради того, чтобы придать картинам более «товарный» вид. Излишняя законченность и возникшая от этого не свойственная Сезанну тяжеловесность была заметна, в частности, в некоторых поздних его натюрмортах на последней большой ретроспективе художника, прошедшей в Париже, Лондоне и Филадельфии в 1995—1996 гг. Остается только лишний раз удивиться проницательности и «глазу» как Щукина, так и Морозова, привозивших безусловные шедевры.
5. В 1995—1996 гг. эти картины из двух бывших немецких собраний — Отто Кребса и Бернхарда Келера — экспонировались на выставке «Неведомые шедевры», а в последнее время показываются в отдельной галерее Эрмитажа.
6. Одним из главных шедевров собрания И.А. Морозова был портрет «Мадам Сезанн в оранжерее». В 1933 г. картина была продана советским правительством (сейчас находится в Музее Метрополитен, Нью-Йорк).
7. Письмо Гогена Камилю Писсарро. Июль 1881 г. // Correspondance de Paul Gauguin. Ed. V. Merlhès. Paris, 1984, p. 21.
8. Larguier L. Le Dimanche avec Paul Cézanne // Doran P. M., ed. Conversations avec Cézanne. Paris, 1978, p. 14—15. Эти высказывания Сезанна стали известны лишь в 1925 г., когда впервые была издана книга Ларгъе.
9. Matisse H. Entretien avec Jacques Guenne // L'Art vivant. N 18, 15 septembre 1925. Цит. по: Matisse Henri. Ecrits et propos sur l'art. Paris, 1972, p. 84.
10. Brassai G. Picasso and Company. New York, 1966, p. 79.
11. Петров-Водкин К.С. Хлыновск. Пространство Эвклида. Самаркандия. Л., 1970, с. 393.
12. Стернин Г.Ю. Зарубежное искусство в России // Стернин Г.Ю. Русская художественная культура второй половины XIX—XX века. М., 1984, с. 103.
13. «А если говорить о человеке, в нем были черствость, сухость, эти черты довольно часто встречаются у французов. Думаю, эти душевные свойства окрасили и живопись Сезанна», — слова Р.Р. Фалька в передаче И.Г. Эренбурга. Цит. по: Фальк. Указ. соч., с. 185.
14. Впервые фотофиксацией пейзажных мотивов Сезанна занялся Эрл Лоран (Loran Erle. Cézanne's Country // Arts. April 1930, p. 532—552), затем Джон Ревалд и Лео Маршутц (Rewald J. and Marschutz L. Plastique et réalité: Cézanne au Chateau Noir // Amour de l'art. Janvier 1935, p. 15—21; Rewald J. The Last Motifs at Aix. Cézanne. The Late Work. New York, 1978, p. 83—106). В недавно вышедшей монографии Павел Махотка сделал ряд новых сличений картин и местности (Machotka P. Cézanne: Landscape into Art. New Haven—London, 1996).
15. Слова Сезанна в записи Гаске. 26 сентября 1897 г. Gasquet J. Ce qu'il m'a dit // Doran P.M., ed. Conversations avec Cézanne. Paris, 1978, p. 108.
16. Paul Cézanne. Correspondance recueillie, annotée et prefacée par John Rewald. Paris, 1978, p. 324.
17. Mes Confidences // Conversations avec Cézanne; p. 102—103. Впервые эта анкета была опубликована Шаппюи (Chappuis A. The Drawings of Paul Cézanne: A Catalogue Raisonné. 2 Vols. Greenwich Conn., 1973; p. 40–52).
18. Петров-Водкин. Указ. соч., с. 357.
19. Теперь эта картина хранится в Фонде Барнса, Мерион.
20. Недатированное письмо, относящееся, вероятно, к началу декабря 1910 г. Kostenevich A. La correspondance de Matisse avec les collectionneurs russes // Kostenevich A., Semionova N. Matisse et La Russie. Moscou—Paris, 1993, p. 168.
21. Teriade E. Matisse Speaks // Art News Annual, No. 21, 1952.
22. С другой стороны, Матисс очень любил именно «Игроков в карты». Американская журналистка Дороти Дадли, посетившая Матисса в Ницце в 1933 г., отметила, что мастерскую художника украшала репродукция «Игроков в карты» (неясно только, какой версии).

23. В ночь на 4 января 1907 г. Щукин написал завещание, по которому коллекция должна была сделаться частью Третьяковской галереи. Вскоре он открыл свой дом для регулярных бесплатных посещений.
24. Муратов П.П. Щукинская галерея // Русская мысль. 1908. № 8, с. 116.
25. В архиве ГМИИ хранится экземпляр каталога посмертной выставки Сезанна с пометками И.А. Морозова.
26. Маковский С. Французские художники из собрания И.А. Морозова // Аполлон. 1912. № 3—4, с. 11.
27. Там же, с. 5—6.
28. Matisse. Op. cit., p. 119.
29. Fénéon F. Les Grands collectionneurs. Ivan Morosoff // Bulletin de la vie artistique. 1920, p. 356.
30. К сожалению, каталог выставки оставляет желать лучшего. В нем отсутствуют не только размеры картин, но и их точные названия. Три картины обозначены просто как «Пейзаж». Легко догадаться, что «Гора» — это «Гора Св. Виктории», но какая именно из вариаций, сказать невозможно. Из семнадцати работ Сезанна, представленных на этой выставке, Ревалд в недавнем каталоге *raisonné* идентифицировал только четыре.
31. Выставка «Сто лет французской живописи (1812—1912)», устроенная журналом «Аполлон» и Institut Français de St. Pétersbourg. Каталог. СПб., 1912, с. 63.
32. Милорадович С.Д. Встречи в Училище живописи, ваяния и зодчества // Валентин Серов в воспоминаниях, дневниках и переписке современников, т. 2. Л., 1971, с. 87—88.
33. Из-за больших размеров (208 x 270) картина не включена в состав экспозиции.
34. Лентулова М.А. Художник Аристарх Лентулов. Воспоминания. М., 1969, с. 26. Борьба была главным и поистине народным развлечением, устраивавшимся в цирках того времени. Слова Лентулова звучат как объявление перед схваткой, а формула «смешенье французского с нижегородским» со времен А.С. Грибоедова служила для обозначения поверхностного усвоения русской провинцией элементов западного стиля.
35. Эфрос А.М. Выставка П. Кончаловского // Эфрос А.М. Мастера разных эпох: Избранные историко-художественные и критические статьи. М., 1979. С. 244. Статья впервые опубликована в 1933 г.
36. Эфрос А.М. Мартирос Сарьян (Тридцатилетие творчества), с. 266.
37. Поспелов Г.Г. «Бубновый валет». Примитив и городской фольклор в московской живописи 1910-х годов. М., 1990, с. 46.
38. Фальк. Указ. соч., с. 13—14.
39. В 1906 г. С.И. Щукин приобрел картину Матисса «Посуда на столе» (1900, ГЭ). Сезаннистские свойства первых картин Матисса, появившихся в собрании Щукина, отмечал и П.П. Муратов в очерке о его галерее, опубликованном в 1908 г.
40. Малевич датировал их 1908 г., но ряд современных авторов сдвигает эту датировку на двадцать лет позже.
41. Грабарь И.Э. Моя жизнь. Автомонография. М.; Л., 1937, с. 168.
42. Тугендхольд Я. Французское собрание С.И. Щукина // Аполлон. 1914. № 1—2, с. 6.
43. Из письма Петрова-Водкина Л.А. Радищеву от 15 февраля 1908 г. Петров-Водкин К.С. Письма. Статьи. Выступления. Документы. М., 1991, с. 113.

Каталог произведений Поля Сезанна

1. Девушка у пианино. Увертюра к «Тангейзеру». Ок. 1869
Jeune fille au piano. L'ouverture de «Tannhauser» **R. 149***

Холст, масло. 57,8 x 92,5
Государственный Эрмитаж, Санкт-Петербург
Инв. № ГЭ 9166

Картина написана в Жа-де-Буффан. Тот же декор обоев послужил фоном для исполненного в Жа-де-Буффан позднейшего «Автопортрета в соломенной шляпе» (1878—1879, Музей современного искусства, Нью-Йорк, R. 384), а кресло представлено в более раннем «Портрете Луи-Огюста Сезанна, отца художника за чтением «L'Evénement» (1866, Национальная галерея, Вашингтон, R. 101).

Относительно того, кто изображен на картине, полной ясности нет. Высказывалось предположение, что ее персонажи — мать и старшая сестра Сезанна Мари. Однако, сравнивая с картиной исполненный примерно тогда же «Портрет матери художника» (1869—1870, Художественный музей, Сент-Луис, R. 148), Ревалд в своем каталоге усомнился в том, что женщина за вязанием представляет мать мастера, равно как и его сестру, выразив также колебания в отождествлении с сестрой «пианистки», хотя в устном разговоре согласился с тем, что персонаж справа — это Мари, а девушка за пианино — младшая сестра художника Роза.

Второе название картины напоминает о музыке Вагнера, которую Сезанн очень любил и которая в те годы была знаменем авангардного искусства. В письме к Генриху Морштатту, музыканту, укрепившему художника в привязанности к Вагнеру, Сезанн писал в мае 1868: «Я с удовольствием прослушал недавно увертюры к "Тангейзеру", "Лоэнгрину" и "Летучему голландцу"». Интерес к Вагнеру, несомненно, возник раньше. Опера немецкого композитора была поставлена в Париже весной 1861. Тогда же Бодлер опубликовал о нем статью, с которой Золя, очевидно, познакомил Сезанна, именно в то время впервые появившегося в Париже. Оперу встретили в Париже враждебно. Комментарий Бодлера, сказавшего в связи с этим, что всякое великое произведение не может не вызывать споров, Сезанн воспринимал с явным сочувствием. Ему не могли не импонировать слова Бодлера, сказанные о вагнеровском «Тангейзере»: «Метод совершенной конструкции, дух порядка и меры, напоминающий об архитектуре античных трагедий» (Baudelaire Ch. Richard Wagner et «Tannhauser» // L'Art romantique, Paris, 1968, p. 277).

Работа над «Увертюрой к "Тангейзеру"» была начата в 1866. В августе того же года друг художника Антуан Марион писал Морштатту, что Сезанн «за одно утро наполовину написал великолепный холст... Он будет назван «Увертюра к "Тангейзеру"» (sic!). Эта живопись принадлежит будущему, как сама музыка Вагнера... Вот эта работа. Девушка за пианино; белое на синем; все на первом плане. Пианино написано широким мазком, повернутый в профиль старик-отец сидит в кресле; в глубине комнаты находится мальчик, слушающий музыку с глуповатым видом. В целом впечатление свирепой и подавляющей силы».

Летом 1867 Марион написал Морштатту, вернувшемуся в Германию, что Сезанн начал несколько больших холстов, один из которых посвящен «Увертюре к "Тангейзеру"», но в более светлых тонах. Еще в одном письме, от 6 сентября 1867, Марион детальнее рассказывает о второй версии: «Он вернулся к знакомому тебе сюжету «Увертюра к "Тангейзеру"», однако в совершенно других и совсем светлых тональностях, все эти фигуры отличаются большой законченностью. Светловолосая головка девушки очень красива и написана с удивительной силой. Мой профиль получился очень похожим, вся картина написана без прежней резкости цвета и какой-то отталкивающей дикости. Пианино написано опять-таки прекрасно, как и в прежней версии, а драпировки, как обычно, великолепно правдивы...» (R. Vol. I, p. 124—125).

По-видимому, на второй версии сказалось воздействие картины Мане «Мадам Мане за фортепиано» (1867, Музей Орсэ, Париж). В целом работа над композицией велась в направлении большей простоты и лаконичности.

Обе первые версии исполнялись на других холстах: рентгеноскопия эрмитажной картины не показала следов иных композиций. Две первые версии не сохранились. По-видимому, Сезанн был не удовлетворен и уничтожил их.

Датировка картины вызывает определенные затруднения. Сын художника давал ее довольно расширительно: 1865—1870. Вентури первоначально высказался за 1869—1871, затем за 1867, Ревалд за

* Литера R. означает ссылку на полный каталог живописных произведений Сезанна (см. список литературы); цифра за ней соответствует порядковому номеру произведения (*примечание научного редактора*).

1869—1870, Анри Луаретт в каталоге последней ретроспективы мастера (1995—1996 Париж—Лондон—Филадельфия, № 17) определил время исполнения точнее — ок. 1869.

Происхождение: пост. в 1948 из ГМНЗИ. Ранее: собр. Максима Кониля, Монбриан; с 18 декабря 1899 Галерея Воллара; с 1908 собр. И.А. Морозова (приобр. у Воллара за 20 000 франков); с 1918 МНЗЖ-2; с 1923 ГМНЗИ

Выставки: 1926 Москва, № 2; 1936 Париж, № 8; 1955 Москва, с. 56; 1956 Ленинград-I, с. 54; 1956 Ленинград-II, № 2; 1974 Ленинград, № 44; 1974—1975 Москва, № 42; 1988—1989 Лондон—Париж—Вашингтон, № 44; 1994—1995 Нью-Йорк, № 28; 1995—1996 Париж—Лондон—Филадельфия, № 17

Литература: Маковский 1912, с. 10—11, 23; Venturi 1936, No. 90; Barr A. Cézanne d'après les lettres de Marion à Morstatt. 1865—1868 // Gazette des Beaux-Arts, janvier 1937, p. 37—57; Rewald 1939, p. 104; 4; Сезанн 1975, № 2; Костеневич 1989, № 49, 50

А. К.

2. Сцена в интерьере (В комнатах). 1869–1871
Femmes et fillette dans un intérieur **R. 154**

Холст, масло. 91 x 72
На обороте подрамника ярлык выставки «Salon d'Automne 1907»
и отдельно название картины «Femme à la crinoline»
Государственный музей изобразительных искусств им. А.С. Пушкина, Москва
Инв. № 3409

Несмотря на раннюю датировку Вентури (1860–1861) и Дориваля (1861), картину следует датировать 1869–1871, как и другие холсты по мотивам журналов «L'Illustrations des Dames» и «La Mode Illustrée», изображающие дам в платьях с кринолинами: «Прогулка» (1871, R. 153) и «Беседа» (1870–1871, R. 152).

В пользу более поздней даты свидетельствуют манера исполнения картины и наличие отдельных деталей, сближающих ее с полотнами Сезанна конца 1860 — начала 1870-х. Красный жакет одной из дам трактован как аналогичная по цвету блуза Золя в картине «Поль Алексис за чтением рукописи Эмилю Золя», датируемой 1867–1869. Сходным образом исполнен и падающий тяжелыми складками занавес у левого края обеих картин. Композиция полотна с изображением Золя и Поля Алексиса вызывает ассоциации с картинами Доу, Вермера и Питера де Хоха. На аналогии с живописью старых мастеров напрашивается и «Сцена в интерьере». Изображение ребенка, прильнувшего к аквариуму с рыбками, восходит к изображениям детей у Шардена. Девочка в центре, пропорциями отличающаяся от других персонажей картины, действует в собственном изолированном пространстве. К ней обращены взгляд дамы в красном жакете и лицо ушедшей в себя молодой золотоволосой женщины в платье с воланами. Подобный сюжет также мог быть навеян картинами П. де Хоха, на которых встречаются две женщины с маленькой девочкой в интерьере. Одна из его «Сцен в интерьере у очага» находилась в Музее Гране в Эксе, и ее, безусловно, хорошо знал Сезанн. Он не копировал старых мастеров, но оригиналы XVII столетия, которые могли быть использованы в качестве источников, обогащали и усложняли как содержание, так и композиционную структуру таких на первый взгляд непритязательных по сюжету картин, как «Сцена в интерьере». Картинки из журналов мод и старые фотографии послужили лишь иконографическими прототипами персонажей, изображение которых имело более глубокие личные и историко-художественные корни. Среди картин рубежа 1860–1870-х именно «Сцену в интерьере» отличают необычность композиционного решения и историко-живописные аллюзии.

Ревалд датировал картину ок. 1870, сообщив, что на обороте фотографии этой картины из архива Воллара сыном Сезанна проставлена дата — 1872. Ревалд обратил внимание и на тот факт, что в лондонском издании воспоминаний Воллара (1924) под репродукцией с этой картины имеется подпись: «По старой фотографии», якобы указывающая на еще один несохранившийся прототип картины.

Происхождение: пост в 1948 из ГМНЗИ. Ранее: Галерея Бернхейм-Жен; Галерея Воллара; с 1913 собр. И.А. Морозова (приобр. за 35 000 франков); с 1918 МНЗЖ-2; с 1923 ГМНЗИ

Выставки: 1909 Берлин, №13; 1910 Флоренция, № 2 (?); 1926 Москва, № 1; 1956 Ленинград-II, № 1; 1960 Москва, с. 34; 1985 Венеция–Рим, № 1; 1993 Вена, № 1; 1996 Япония, № 41

Литература: Vollard 1923, il.; Venturi 1936, No. 24; Dorival 1948, p. 19, 133, pl. 5; Сезанн 1975, № 1; Bessonova, Barskaya 1985, n. 74, p. 348; Каталог ГМИИ 1995, с. 392

М. Б.

3. Квартал Фур в Овере-на-Уазе (Пейзаж в Овере). Ок. 1873
Le Quartier du Four à Auvers-sur-Oise R. 198

Холст, масло. 46,3 x 55,2
Художественный музей, Филадельфия
Инв. № 1967. 30. 16

В начале 1873 Сезанн переехал из Понтуаза в Овер, городок, расположенный в нескольких километрах выше по течению Уазы. Этот шаг он сделал не без воздействия Поля Гаше, причастного к Батиньольской группе и делившего время между Парижем и Овером. Сезанн, искавший недорогое и удобное убежище для себя, годовалого сына и Ортанс (Гортензия; полное имя Мари-Ортанс) Фике, союз с которой он всячески скрывал от своего отца, обосновался по соседству. В доме Гаше он писал цветочные натюрморты, попробовал силы в гравюре, пылким пропагандистом которой тот всегда оставался, а главное, он нашел там настоящую моральную поддержку. Сам художник-любитель, этот молодой врач-гомеопат, эксцентрик с социалистическими убеждениями, был также коллекционером, пристрастившимся к новой, антиакадемической живописи. Как и Сезанна, его притягивал Писсарро, а наряду с ним и другие живописцы, которых вскоре назовут импрессионистами. В Овере обитал также Добиньи, который, говорят, пришел в восхищение, когда увидел, как Сезанн работает на натуре. Именно пейзажи — виды долины Уазы, дороги и пригорки Овера, дом доктора Гаше писал по преимуществу художник, в постоянном и непосредственном общении с природой освобождавшийся от своей былой романтической возбужденности.

В пейзажах Овера ощутимо проявилось воздействие жившего в Понтуазе Писсарро — в высветлении палитры, в большей, по сравнению с предшествующим периодом, мягкости и деликатности письма. Картины Писсарро подсказывали и композиционные решения. Примерно в то время, когда создавался «Квартал Фур в Овере», Сезанн скопировал «Вид Лувесьена» Писсарро (1872, R. 184). Эта копия явно предшествовала «Виду Овера сквозь деревья» (ок. 1873, прежде Художественно-исторический музей, Магдебург, исчезла во время второй мировой войны, R. 199), где в отдалении изображены дома южной части городка, расположенные вдоль железной дороги. По-видимому, следующим шагом стал «Квартал Фур», когда, пройдя пустынное поле и миновав железную дорогу, Сезанн настолько приблизился к домам, что уже не мог бы писать ландшафт с размеренным чередованием планов и проходящей посередине линией горизонта. Эта линия близко подходит к верхнему срезу рамы, ни о какой размеренности при взгляде в упор не может быть и речи. Вентури полагал даже, что в этой картине планы вообще плохо определены, что, разумеется, неверно. Их соединение динамизировано и подчиняется конструкции нового типа. В маленьком пейзаже Сезанн поставил новую и чрезвычайно важную проблему, далеко обогнав свое время. В чередовании домов перспектива туго сжимается, взгляд мгновенно пробегает пространство от ближнего плана, обозначенного желто-охристой стеной в нижней части холста, до дальнего поля, которое оказывается поразительно близким.

Сравнение «Квартала Фур» с аналогичными изображениями косогоров у Писсарро позволяет увидеть, наряду с чертами общности, важные творческие расхождения. Сезанн, который, кажется, хотел бы действовать как импрессионист, не столько отражает мотив, сколько «редактирует» его самым конструктивным образом. Картина буквально выстроена из прямоугольников и ромбов, которыми обозначены стены и крыши домов.

Происхождение: пост. в 1967 из собр. Сэмюэла Уайта и Веры Уайт. Ранее: собр. Теодора Дюре, Париж; с 1924 Галерея Бернхейм-Жен; с 1928 собр. Сэмюэла Уайта III, Ардмор, Пенсильвания

Выставки: 1934 Филадельфия, № 45; 1939 Нью-Йорк, № 1; 1947 Нью-Йорк, № 6; 1982 Льеж—Экс-ан-Прованс, № 4; 1983 Филадельфия, № 2; 1986 Вашингтон, № 6

Литература: Bulletin de la vie artistique, 1925, 1 mars, p. 109; Faure E. Cézanne. Paris, 1936; Venturi 1936, No.157; Kendall 1988, p. 53

А. К.

4. Автопортрет. Ок. 1873
Portrait de l'artiste à la casquette

R. 219

Холст, масло. 53 x 39,7
Государственный Эрмитаж, Санкт-Петербург
Инв. № ГЭ 6512

Начиная с Вентури, картину относили к 1873—1875, времени наиболее тесных контактов Сезанна с Писсарро. Ревалд датировал ее ок. 1875. Простотой и прочностью построения работа Сезанна, действительно, близка «Автопортрету» Писсарро (1873, Музей Орсэ, Париж). В 1874 Писсарро написал портрет Сезанна (прежде собр. Роберта фон Хирша, Базель). Однако датировать эрмитажный холст тем же годом на основании только внешнего сходства модели вряд ли целесообразно, ибо в течение нескольких лет художник выглядел примерно одинаково и всегда старше своего возраста. Дуглас Купер предложил более убедительную датировку — 1872—1873. По его мнению, данный «Автопортрет» создан до того, как Сезанн начал работать вместе с Писсарро. Свое суждение он подкреплял указанием на то, что вся картина написана мастихином. «Автопортрет», вероятно, исполнен вскоре после того, как в начале 1873 художник перебрался в Овер.

Происхождение: пост. в 1930 из ГМНЗИ. Ранее: Галерея Воллара (приобр. до 1904); с 1904 собр. Хавемейер, Нью-Йорк; в 1909 Галерея Дюран-Рюэля, Париж (помещена на комиссию Луизин Хавемейер при посредничестве Мери Кассат, приобр. Дюран-Рюэлем за 7500 франков); с 1909 собр. И.А. Морозова (приобр. в Галерее Дюран-Рюэля за 12 000 франков); с 1918 МНЗЖ-2; с 1923 ГМНЗИ

Выставки: 1926 Москва, № 5; 1938 Ленинград, № 312; 1956 Ленинград-I, с. 55; 1956 Ленинград-II, № 5; 1966—1967 Токио—Киото, № 55; 1972 Ленинград, № 390; 1974 Ленинград, № 45; 1979 Япония, № 23; 1985 Венеция—Рим, № 2; 1986 Квебек, № 1; 1986 США, № 1; 1988 Япония, № 23; 1993—1994 Эссен—Москва—Санкт-Петербург, № 26

Литература: Mauclair C. L'Impressionnisme. Son histoire, son esthétique, ses maîtres. Paris, 1904, p. 177; Маковский 1912, с. 23; Venturi 1936, No. 289; Сезанн 1975, № 4; Костеневич 1989, № 52

А. К.

5. Дорога в Понтуазе (Поместье Матюрен в Понтуазе). Ок. 1875
Le Clos de Mathurin à Pontoise — R. 310

Холст, масло. 58 х 71
Государственный музей изобразительных искусств им. А.С. Пушкина
Инв. № 3410

Пейзаж написан в Понтуазе в период совместной работы Сезанна и Писсарро в середине 1870-х. Впервые Сезанн приехал в Понтуаз к Писсарро весной 1872, вместе с Ортанс Фике и новорожденным сыном Полем. Незадолго до отъезда в Понтуаз Сезанн усиленно работал над этюдами на природе. Под влиянием старшего друга его палитра в пейзажах с видами Понтуаза и расположенного неподалеку Овера посветлела, очистилась от темных коричневых и черных тонов. Чтобы лучше понять технические приемы Писсарро, Сезанн сделал копию его картины «Вид Лувесьена» (1872, R. 184). Писсарро объяснял Сезанну как изгнать с палитры черные краски, охру и т. д. В начале сентября 1872 он с гордостью докладывал в письме А. Гийеме: «...Наш друг Сезанн превосходит все наши ожидания; я видел... его картины, поразительные по силе и энергии» (Писсарро Камиль. Письма. М., 1974, с. 54). В начале 1873 Сезанн поселился в Овере , где жил до лета 1874. Позже он работал в Понтуазе весной и летом 1877.

На картине изображен квартал с улицей Эрмитаж в Понтуазе. Постройки на возвышенности вдоль дороги представляют собой здания бывшего монастыря Ле Матюрен, в период работы Писсарро и Сезанна в Понтуазе принадлежавшие уже светскому лицу — писателю и политику Мариа Дерему. Р. Бретелл уточнил, что пейзаж Сезанна изображает продолжение улицы Эрмитаж — отрезок дороги под названием Сент-Антуан (см. каталог выставки: Camille Pissarro. 1830–1903. London–Paris–Boston, 1980, p. 106). Тот же вид Понтуаза запечатлен на картине Писсарро «Поместье Матюрен, Понтуаз» (1875, частное собр., Швейцария). Разница между двумя пейзажами состоит лишь в выборе точки обзора: Писсарро установил свой мольберт дальше и выше от дороги, и его вид получился более панорамным. Картина Сезанна в сравнении с пейзажем Писсарро представляет более укрупненный, приближенный план.

Возникает вопрос, когда работал над данным видом Сезанн? Если допустить, что оба художника писали этот вид одновременно в 1875, но с разного расстояния, это означает, что Писсарро поставил свой мольберт сзади и выше Сезанна. Такую возможность опровергает Ревалд, напомнивший о нелюбви Сезанна к тому, чтобы кто-то смотрел на его холст из-за спины в процессе работы. Правильнее предположить, что Сезанн видел пейзаж Писсарро и решил позднее повторить в Понтуазе его мотив, выбрав иную, более понравившуюся ему точку обзора. Скорее всего Сезанн работал над пейзажем в том же 1875, но вслед за Писсарро, а не вместе с ним. Часто предлагаемая дата — 1877 (Вентури ок. 1877, Ревалд 1875—1877) — вряд ли достаточно убедительна, ибо к 1877 этап относительного ученичества (в том числе, и прямое влияние живописной техники Писсарро) у Сезанна был уже позади. Что касается пейзажа «Поместье Матюрен в Понтуазе», то для него характерны наряду с работой кистью следы мастихина; такими приемами Сезанн пользовался в пейзажах, исполненных до 1871. К тому же виды Понтуаза, несмотря на то, что Сезанн проживал некоторое время в этом городке, в 1877 у него чрезвычайно немногочисленны.

Происхождение: пост. в 1948 из ГМНЗИ. Ранее собр. Ж. Вио, Париж; 4 марта 1907 распродажа собр. Ж. Вио в Галерее Дюран-Рюэля, Париж (№ 12); Галерея Бернхейм-Жен; собр. принца Ваграмского, Париж; Галерея Дрюэ, Париж; с 1909 собр. И.А. Морозова (приобр. в Галерее Дрюэ за 13 000 франков; с 1918 МНЗЖ-2; с 1923 ГМНЗИ

Выставки: 1903 Вена, № 58; 1926 Москва, № 6; 1956 Ленинград-II, № 3; 1958 Брюссель, № 54; 1960 Москва, с. 34; 1974—1975 Москва, № 44; 1975 Токио—Осака—Нагоя, № 79; 1983 Лугано, № 3; 1986 США, № 2; 1993—1994 Эссен—Москва—Санкт-Петербург, № 24

Литература: Hülzer A. über Künstlerische Ausdrucksmittel und deren Verhältnis zu Natur und Bild // Die Kunst, Dezember 15, 1904, S. 136, il.; Duret 1906, p. 185; Маковский 1912, с. 23; Rivière 1923, p. 170, 210; Venturi 1936, No. 172; Rewald J. Camille Pissarro. His Work and Influence // The Burlington Magazine, June 1938, p. 285–286; Сезанн 1975, № 5; Bessonova, Barskaya 1985, N 80, p. 350; Каталог ГМИИ 1995, с. 392

М. Б.

6. Жа-де-Буффан, бассейн. Ок. 1876
Jas de Bouffan, le bassin

R. 278

Холст, масло. 46,1 x 56,3
Государственный Эрмитаж, Санкт-Петербург (бывшее собр. О. Кребса в Хольцдорфе)
Инв. № ЗКР 530

Жа (или Жас)-де-Буффан, в переводе с провансальского Жилище ветров, — название поместья в окрестностях Экса, приобретенного отцом художника в 1859. Виноградники усадьбы представлялись банкиру выгодным помещением капитала. Исторические постройки, стоявшие на этой земле, заботили его меньше, хотя обладание ими, несомненно, льстило его самолюбию. В Жа-де-Буффан сохранился трехэтажный дворец времени Людовика XIV, служивший некогда резиденцией губернатора Прованса. Летом семья Сезаннов приезжала сюда по воскресеньям, пока не обосновалась более прочно. Жа-де-Буффан, действительно открытый всем ветрам, служил превосходным прибежищем в летний зной. Правда, обветшалые комнаты особняка давно не ремонтировались и стояли закрытыми, но в нескольких помещениях на втором этаже были устроены спальни. Сезанн, старавшийся оберегать свою независимость, обосновался отдельно, на третьем этаже. Отвоеванную им гостиную старого дома он превратил в мастерскую, где, запершись, работал часами напролет.

Сезанн глубоко любил Жа-де-Буффан, в течение сорока лет остававшийся той гаванью, где находил покой его неугомонный, по временам бурный дух. Несколько изображений дома относятся к более позднему времени, к 1880-м.

Одним из первых объектов живописи в Жа-де-Буффан стал для Сезанна большой бассейн, в котором можно было купаться. Бассейн окружали цветущие кусты, каштаны, раскидистые липы, орешник, украшали каменные львы и дельфины. В ранних видах этой части поместья, довольно драматических по настроению и темных по колориту, внимание сфокусировано на деревьях. Таков, в частности, «Бассейн в Жа-де-Буффан» (ок. 1866, нынешнее местонахождение неизвестно, R. 62). Несколько раньше написаны два этюда со скульптурой льва на фоне каштанов (1865—1866, Художественная галерея, Колумбус, украден в 1966, R. 64; а также собр. Грене, Люксембург, R. 65), но не той, что занимает центральное положение в картине, хранящейся в Эрмитаже (рядом с бассейном находилось еще одно такое же изваяние). Через несколько лет были написаны «Каштаны и бассейн в Жа-де-Буффан» (ок. 1870—1871, Галерея Тэйт, Лондон, R. 158). Новое обращение к мотивам Жа-де-Буффан приходится на середину 1870-х годов (R. 267—271). Совместная работа с Писсарро в Овере и Понтуазе в 1873—1874 многому научила Сезанна, прежде всего, преимуществам пленэрной живописи и чистоте палитры. Писсарро, которого Сезанн считал свои учителем, советовал ему и в Эксе больше писать под открытым небом.

Использование опыта работы в Овере и Понтуазе можно почувствовать и в картине из бывшего собр. Кребса, и это одно из обстоятельств, заставляющих принять здесь датировку Ревалда. Близкой датировки — 1875—1876 — придерживались также Вентури и Гоуинг, оспаривая датировку, данную сыном художника (1885). В сравнении как с более ранними, так и с более поздними изображениями Жа-де-Буффан впечатление от натуры передано более непосредственно, почти импрессионистически. Сам бассейн и его окружение предстают наиболее привлекательным образом, так, что видна не только сочная зелень, задающая ключ общему колористическому решению, но и архитектурно-скульптурное убранство: немного комическое изваяние льва из желтого песчаника, задорно взметнувшего хвост дельфина, каменные пилоны ворот, остаток какого-то старого сооружения с парными колоннами. Голубой забор, воздвигнутый Луи-Огюстом Сезанном, чтобы оградить свою собственность, или деревянные планки калитки не воспринимаются как нечто чужеродное рядом со старыми скульптурами или постройками.

Необычная для Сезанна подробность: в картине запечатлено заполнение бассейна водой. Импрессионисты, сосредоточенные на скоротечном и преходящем, стремились не упускать таких подробностей, как струящаяся вода. Показывая потоки из двух труб, а также сдвинутые течением отражения, Сезанн, кажется, уступал соблазнам импрессионизма: обычно он предпочитал изображать зеркальную гладь застывшей воды (таков, в частности, более поздний «Бассейн в Жа-де-Буффан зимой», 1878, собр. Куэллар, Цюрих, R. 350). Однако и изображения водоема, относящиеся к середине 1870-х, стоят на грани использования приемов импрессионизма и их настойчивой корректировки. Именно большей структурностью в соединении с редкой деликатностью в отображении натуры «Жа-де-Буффан, бассейн» отличается от большинства других обращений к тому же мотиву.

Край бассейна, стволы деревьев, скульптура дельфина, ворота и часть обветшавшей постройки образу-

ют весьма прочную систему композиционных опор, организующую пейзаж. Фланги обеспечили парные колонны слева и дельфин справа. Однако композиция не строится по центрическому принципу, и неудивительно, что изваяние льва стушевалось в картине, его даже не сразу заметишь. Пробегающие из края в край холста линии бортика бассейна, которым вторят линии забора и горизонта, задают очень сильные горизонтальные тяги. С ними координируются вертикали колонн, ворот, стволов деревьев. Но дело не только в сумме уравновешивающих друг друга горизонталей и вертикалей. Дело в особой организации пространства. В верхней части картины образуются два взаимоперекрывающихся квадрата, основанием которых служит линия воды. Краем левого квадрата становится ствол тополя, правого — пилон ворот. Вольно или невольно Сезанн смещает ворота от центра влево, иначе композиция утратила бы восхитительную устойчивость. Все элементы композиции структурированы во взаимосвязях столь ненавязчиво, что кажутся всего лишь запечатлением натуры.

Происхождение: пост. в 1945. Ранее: собр. Поля Сезанна, сына художника; с 21 июня 1913 Галерея Бернхейм-Жен (приобретена у Поля Сезанна); с 4 апреля 1914 Галерея Пауля Кассирера, Берлин; собр. Нейман, Бармен; с 19 апреля 1924 Галерея Танхейзера, Люцерн; с 15 февраля 1926 Галерея Бернхейм-Жен; Галерея Танхейзера, Берлин; собр. Отто Кребса, Хольцдорф

Выставки: 1900 Париж, № 88; 1914 Бремен, № 74; 1926 Париж, № 44; 1927 Нью-Йорк, № 7; 1995 Санкт-Петербург, № 46

Литература: Duret T. Paul Cézanne // Kunst und Künstler, 1907, S. 101; Riviere 1923, p. 57, 216; Venturi 1936, No.167; Костеневич 1995, с. 176—181

А. К.

7. Букет цветов в вазе. Ок. 1877
Bouquet de fleurs dans un vase

R. 315

Холст, масло. 55,2 х 46
Слева внизу подпись: *P. Cézanne*
Государственный Эрмитаж, Санкт-Петербург
Инв. № ГЭ 8954

Вентури поместил картину в группу натюрмортов, которую он датировал 1873—1875. Обычно считалось, что эта группа исполнена в Овере, где в 1873—1874 Сезанн жил у доктора Поля Гаше и часто встречался с Писсарро. Однако, указывая в своей датировке 1875, Вентури не исключал, что натюрморты могли быть написаны не в Овере. Часть 1874 и 1875 Сезанн провел в Париже и в Эксе. На 1874—1875 настаивал Купер. В архиве Воллара сохранилась датировка, данная сыном художника — ок. 1875. Теодор Рефф отодвинул датировку к 1877, с чем согласился и Ревалд. Рефф предположил, что «Букет цветов в вазе» был показан на третьей выставке импрессионистов весной 1877 под названием «Etude de fleurs» и исполнен незадолго до нее. Гипотеза Реффа основывается на том, что картины, посланные на эту выставку, были подписаны красной краской. Сезанн вообще подписывал свои работы очень редко, и такая подпись, в самом деле, служит не только особой приметой, но и веским аргументом.

Стиль исполнения произведений всей группы цветочных натюрмортов, составленной некогда Вентури, неодинаков. С композиционной и живописной точек зрения ближе всего к эрмитажной картине «Ваза с цветами на цветистом ковре» (ок. 1877, частное собр., Париж, R. 316), где воспроизведена та же ваза. Среди натюрмортов данной группы оба эти холста отличаются наибольшей законченностью и той особой пастозностью, которая импонировала Виктору Шоке (1821—1891), крупнейшему коллекционеру эпохи, поддержавшему Сезанна: он приобрел обе картины.

Происхождение: пост. в 1948 из ГМНЗИ. Ранее: собр. Виктора Шоке, Париж; Галерея Жоржа Пети, Париж (аукцион вдовы Шоке 1—4 июля 1899, № 29); Галерея Дюран-Рюэля, Париж; с 1904 собр. С.И. Щукина; с 1918 МНЗЖ-1; с 1923 ГМНЗИ

Выставки: 1926 Москва, № 4; 1956 Ленинград-I, с. 55; 1956 Ленинград-II, № 4; 1960 Москва, с. 34; 1965 Бордо, № 55; 1965—1966 Париж, № 57; 1974 Ленинград, № 46; 1974—1975 Москва, № 43; 1978 Гавр; 1983 Дрезден, № 26; 1983 Лугано, № 2; 1984 Ленинград—Москва, № 90; 1986 США, № 3; 1986 Квебек, № 3; 1987 Япония, № 20

Литература: Искусство, 1905, № 2, с. 7; Каталог Щукина 1913, № 209; Venturi 1936, No. 182; Reff T. Cézanne's Constructive Stroke // Art Quaterly, No. 3, Autumn 1962, p. 255; Сезанн 1975, № 3; Костеневич 1989, № 51

А. К.

8. Мадам Сезанн в полосатой юбке. Ок. 1877
Madame Cézanne à la jupe rayée

R. 324

Холст, масло. 72,5 х 56
Музей изобразительных искусств, Бостон
Инв. № 44. 776

Никто не позировал Сезанну так часто, как его жена. Каталог Ревалда насчитывает двадцать шесть ее живописных портретов. В большинстве своем они приходятся на 1880-е. Наиболее раннее дошедшее до нас изображение жены художника относится приблизительно к 1872. Если вспомнить, что Сезанн познакомился с ней в начале 1869 и что она была натурщицей, легко предположить, что существовали, но не дошли до нас какие-то картины с мадемуазель Фике.

Ортанс Фике (1850—1922) была на 11 лет младше Поля Сезанна. Ей, дочери скромного банковского служащего, довольно рано пришлось самой зарабатывать на жизнь: она работала брошюровщицей и время от времени занималась позированием. Это была крупная привлекательная девушка с темными глазами и правильным овалом лица. Сближение Ортанс и Сезанна явилось скорее ее победой, чем его. Он всегда находился во власти неискоренимых комплексов по отношению к женщинам и почти патологически боялся физических контактов. Связь с Ортанс не принесла и не могла принести ему полного удовлетворения. Разницу в интеллектуальном уровне, возможно, могло бы в какой-то степени компенсировать живое ощущение искусства, подлинная любовь к живописи, а еще больше глубина чувств, но как раз всего этого и недоставало Ортанс Фике. Рождение единственного сына в 1872 и постоянная необходимость отстаивать право на свою семейную жизнь, в течение семи лет прятать ее от собственного отца, грозившего лишить Поля денежного пособия, по-видимому, способствовали сохранению союза художника с женщиной, далеко не во всем ему соответствовавшей.

Основываясь на изучении фона портрета, исследователи относят его исполнение к 1877. Именно в то время были написаны натюрморты с изображением обоев в парижской квартире на улице Уэст. Эти желто-зеленоватые обои с синими крестовидными медальонами послужили также фоном еще одного портрета Ортанс — «Мадам Сезанн за шитьем» (ок. 1877, Национальный музей, Стокгольм, R. 323).

На знаменитой выставке Сезанна в Осеннем салоне 1907 портрет привлек значительное внимание. Известное письмо Р.М. Рильке жене Кларе (от 22 октября 1907), целиком посвященное этой картине, превосходно выражает эстетику Сезанна, как ее понимал молодой австрийский поэт:

«Сегодня Салон закрывается. Уже и сегодня, в последний раз возвращаясь оттуда домой, я пытался вспомнить фиолетовые, зеленые или голубые тона, которые, как мне кажется, я был обязан увидеть лучше и запомнить навсегда. Уже и сейчас великая цветовая гармония женщины в красном кресле, хотя я так часто и с таким неотступным вниманием стоял перед ней, так же мало повторима в моем сознании, как большое многозначное число. А ведь я заучивал в отдельности каждую его цифру! В моих чувствах память об этой картине не покидает меня даже во сне; кровь моя описывает во мне ее контур, но все слова проходят где-то стороной, и я не могу их вызвать. Писал ли я о ней? — Перед землисто-зеленой стеной, на которой изредка повторяется кобальтово-синий узор (крест с вынутой серединой) поставлено красное низкое кресло, затянутое мягкой обивкой; округло вздутая подушка спинки, понижаясь, еще раз круглится и падает вперед к подлокотникам, наглухо закрытым, как рукав безрукого человека. Левый подлокотник и свисающая с него кисть цвета киновари выступают на фоне уже не стены, а широкой, зелено-голубой полосы, которая, образуя с ними резкий контраст, идет вдоль нижнего края картины. В это красное кресло, которое и само по себе есть уже личность, посажена женщина; руки ее сложены на коленях; полосатое платье лишь слегка намечено мелкими зелено-желтыми и желто-зелеными пятнышками, вплоть до края серо-стального жакета, скрепленного спереди синим шелковым бантом, переливающимся зелеными бликами. Соседство всех этих красок использовано для простой моделировки светлого лица; даже коричневый цвет кругло уложенных над висками волос и коричневый отблеск зрачков реагируют на свое окружение. Кажется, что каждая точка картины знает обо всех остальных. Так явно участвует она во всем, так очевидна в ней игра сил притяжения и отталкивания, так заботится она о равновесии целого и в конце концов сообщает это равновесие действительности. И если об этой картине говорят: вот красное кресло (а это первое и окончательнейшее красное кресло во всей мировой живописи), то это кресло может быть красным только потому, что в нем содержится проверенное сочетание цветов, которое, каким бы оно ни было само по себе, усиливает и поддерживает в нем красные тона. Кресло — и в этом вся сила его выразительности — написано настолько соч-

нее и гуще, чем та легкая человеческая фигура, которую оно объемлет, что на холсте возникает что-то вроде воскового слоя; и все же краска не имеет никакого преимущества перед предметом, который переведен в свой живописный эквивалент с таким совершенством, что, как бы точно он ни был схвачен и изображен, его мещанская реальность теряет всю свою косность в вечном существовании произведения искусства...» (Рильке Р.М. Ворпсведе. Огюст Роден. Письма. Стихи. М., 1971, с. 235—237).

В 1916 Хуан Грис, пользуясь репродукцией, выполнил рисунок по картине (воспр. R. 324), не повторяя ее буквально, а опираясь на опыт раннего кубизма, несколько геометризуя все детали.

Происхождение: пост. в 1944 по завещанию Р. Трита Пэйна, Бостон. Ранее: Галерея Воллара; собр. Эджисто Фаббри, Флоренция; Галерея Поля Розенберга, Париж; собр. Сэмюэла Кортолда, Лондон; собр. Р. Трита Пэйна, Бостон

Выставки: 1907 Париж, № 53; 1910 Париж, № 18; 1920 Венеция, № 7; 1934 Филадельфия, № 14; 1936 Париж, № 46; 1939 Бостон, № 10; 1939 Нью-Йорк, № 5; 1962 Нью-Йорк, № 8; 1970 Нью-Йорк, № 62;1979 Бостон, № 44; 1993 Тюбинген, № 14; 1995—1996 Париж—Лондон—Филадельфия, № 47

Литература: Faure 1911, p. 122; Venturi 1936, No. 292; Rilke R. Uber zwei Bilder von Paul Cézanne // Die Kunst, 1938, S. 31; Gowing 1956, p. 188; Kendall 1988, p. 92; Rewald 1989, p. 25, 306

А. К.

9. Равнина у горы Св. Виктории. 1878–1879
La Montagne Sainte-Victoire vue de chemin de Valcros R. 398

Холст, масло. 58 x 72
Государственный музей изобразительных искусств им. А.С. Пушкина, Москва
Инв. № 3412

На картине запечатлен вид горы Св. Виктории со стороны дороги Валькро, которая вела от поместья Сезанна в Жа-де-Буффан к холму с имением Бельвю; в том месте, где начинался подъем на холм, открывался вид на долину перед горой Св. Виктории с очертаниями горы Сангл правее на заднем плане, который в письме к Золя в 1878 Сезанн назвал «потрясающим». К кубической постройке, обозначающей на картине средний план, имеется карандашный рисунок (Художественный музей, Базель, Chappuis, 894). Ревалд обратил внимание на то, что неподалеку, в двух километрах к востоку проходила железная дорога на Марсель, по которой часто ездил Сезанн. «Прекрасный мотив» с горой Св. Виктории и ее отрогами открылся Сезанну из окна поезда на Марсель в апреле 1878, о чем он сообщил Золя (письмо от 14 апреля 1878, см.: Сезанн 1972, с. 74).

В палитре Сезанна при работе над этой картиной преобладают охристые тона. Небо и нижний план пейзажа написаны свободными, широкими и стремительными мазками, в то время как в изображении среднего плана использованы мелкие продолговатые мазки, уложенные параллельными рядами. Б. Терновец назвал этот прием «осторожной манерой наложения краски». Последнее обстоятельство не позволяет датировать пейзаж серединой 1880-х, как это делали Вентури и вслед за ним Барская (см. каталог выставки: 1956 Ленинград, с. 18), ибо к этому времени Сезанн отказался от манеры письма диагонально направленными мелкими параллельными мазками. Картина написана, бесспорно, одновременно с «Видом горы Св. Виктории» (Фонд Барнса, Мерион, R. 397), на котором запечатлена та же долина перед горой, но с другой точки зрения. Идентична и манера исполнения обоих пейзажей, которые вслед за Ревалдом следует датировать более ранним периодом — 1878—1879 — и считать первыми изображениями излюбленного на протяжении всей жизни Сезанна мотива горы Св. Виктории. Важно отметить, что с этой картины, купленной вместе с «Натюрмортом с драпировкой» (см. № 36) началось приобретение полотен Сезанна И.А. Морозовым для его галереи в 1907.

Происхождение: пост. в 1948 из ГМНЗИ. Ранее: Галерея Воллара; с 1907 собр. И. А. Морозова (приобр. у Воллара за 13 000 франков); с 1918 МНЗЖ-2; с 1923 ГМНЗИ

Выставки: 1904 Париж, № 7; 1926 Москва, № 8; 1956 Ленинград-II, № 8, 1972 Прага, № 5; 1989 Хельсинки, № 2; 1990 Нью-Йорк—Чикаго, № 32

Литература: Meier-Graefe J. Impressionisten: Guys, Manet, Van Gogh, Pissarro, Cézanne, mit einer Einleitung über den Wert der französischen Kunst. Münich, 1907, S. 191; Маковский 1912, с. 23; Denis 1914, S. 211; Venturi 1936, No. 423; Novotny 1938, p. 201; Сезанн 1975, № 8; Bessonova, Barskaya 1985, Nr 81, p. 349–350; Каталог ГМИИ 1995, с. 392—393

М. Б.

10. Вид на Марсельский залив из Эстака. Ок. 1878—1879
Le Golfe de Marseille vu de l'Estaque **R. 390**

Холст, масло. 59,5 x 73
Справа внизу подпись: *P. Cézanne*
Музей Орсэ, Париж
Инв. № RF 2761

Вентури датировал картину 1883—1885, Ривьер — 1883, большинство исследователей позднейшего времени (Купер, Гоуинг, Рэтклифф и Ревалд) — 1878—1879.

Эстак — рыбачья деревня в восьми километрах на северо-запад от Марселя, которая в последние десятилетия века стала превращаться в маленький морской курорт. Правда, здешние виллы перемежались с маленькими предприятиями, выделявшимися высокими трубами. Одна из них, послужившая художнику своего рода точкой отсчета всего пространственного построения картины, видна в нижней ее части. Эстак расположен на самом берегу моря, и в многочисленных написанных там картинах Сезанн охотнее всего обращался к видам залива. Впервые побывав в Эстаке в 1864, Сезанн неоднократно возвращался туда в последующие годы. Он оставался там во время франко-прусской войны. Мать Сезанна обычно снимала дом в возвышенной части Эстака, откуда открывался прекрасный вид на залив.

В 1870-х, когда железная дорога соединила Экс с Эстаком, находившимся лишь в тридцати километрах к югу, ничто не мешало Сезанну совершать туда экскурсии, а затем и оставаться там на сравнительно долгое время. 24 сентября 1878 он писал Золя: «Я буду в Эстаке всю зиму. Я здесь работаю. Мама уехала неделю тому назад на сбор винограда, варку варенья и подготовку к переезду на зиму в Экс... Я остался один в Эстаке, езжу ночевать в Марсель и возвращаюсь утром» (Cézanne 1978, p. 173—174).

Выбор Эстака был не случаен по нескольким причинам. Ортанс Фике с сыном Полем находились на юге. Художник всеми силами старался скрыть свою связь от бдительного отца, перехватывавшего его корреспонденцию. Ортанс жила в Марселе, куда Сезанн весной и летом просил Золя посылать ей по 60 франков. Еще в марте он сообщал своему другу-писателю: «Я согласен, что не должен сам отказываться от родительского пособия. Но ловушки, которые мне ставят на каждом шагу и в которые я до сих пор не попадался, означают, что по поводу денег и того, как я должен их тратить, будут большие разговоры. Более чем вероятно, что я буду получать от отца только 100 франков, хотя он обещал мне 200, когда я был в Париже. Следовательно, мне придется прибегнуть к твоей помощи, тем более что малыш болеет уже две недели. Я стараюсь быть очень осторожным, чтобы отец не получил точных доказательств» (Cézanne 1978, p. 161). Из Эстака Сезанну легко было добраться и до Марселя и до Экса.

С другой стороны, Эстак привлекал художника своими видами. Еще в 1876 он написал для Виктора Шоке пейзаж «Море в Эстаке» (Фонд Рау для Третьего мира, Цюрих, R. 279), который он назвал «этюдом с натуры» и показал на следующий год на третьей импрессионистической выставке. Как раз начав «Море в Эстаке», Сезанн писал Писсарро: «Воображаю, что места, где я теперь нахожусь, чудесно бы Вам подошли... Я начал писать два маленьких морских мотива для месье Шоке, который мне об этом говорил. Это как игральная карта. Красные крыши и синее море... Здесь есть мотивы, над которыми можно было бы работать три или четыре месяца, так как их растительность не меняется. Это маслины и вечнозеленые сосны. Солнце здесь такое ужасающе яркое, что видишь предметы силуэтами, и не только черно-белыми, но синими, красными, коричневыми, лиловыми. Может быть, я ошибаюсь, но мне кажется — это антипод объемности» (Cézanne 1978, p. 152).

Приступив через два года к «Виду на Марсельский залив из Эстака», Сезанн избрал сходный мотив, но трактовал его увереннее и обобщеннее. Он избрал более высокую точку зрения, отчего море, играя теперь более важную роль, сделалось цветовым противовесом охрам и зеленым тонам переднего плана. Вероятно, сам Сезанн был удовлетворен пейзажем и во всяком случае считал его законченным, ибо подписал, что делал очень редко. С другой стороны, подпись могла служить знаком того, что картина, с согласия автора, переходит в другие руки. Ее купил Гюстав Кайботт — событие, в то время очень редкое для Сезанна. Возможно, произошло это в 1879. Двумя годами раньше оба живописца вместе участвовали в третьей импрессионистической выставке.

Этой картине суждено было играть довольно важную роль в последующих событиях истории французского искусства. В составе коллекции Кайботта она была завещана государству. Шестьдесят семь работ должно было перейти в Люксембургский музей, что встретило яростное противодействие салонно-акаде-

мических кругов. В результате изнурительных переговоров Ренуара и брата Кайботта, выполнявших волю покойного, с Консультативным комитетом национальных музеев было отобрано тридцать восемь картин. Отбор производился Леонсом Бенедитом, хранителем Люксембургского музея. Из пяти полотен Сезанна остались только два, в том числе и «Вид на Марсельский залив». Таким образом пейзаж стал первой работой мастера, оказавшейся в государственном музее, хотя повешен был как нельзя хуже — под самым потолком.

Происхождение: пост. в 1986 из Музея Же-де-Пом, Лувр. Ранее: с 1879 собр. Гюстава Кайботта, Париж; с 1896 Люксембургский музей, Париж (по завещанию Кайботта в 1894); с 1929 Лувр (в 1940—1985 Музей Же-де-Пом, отделение Лувра)

Выставки: 1912 Париж, № 108; 1915 Сан-Франциско, № 18 (?); 1916 Питтсбург, № 17; 1955 Лион, № 16; 1974 Париж, № 25; 1982 Льеж—Экс-ан-Прованс, № 10; 1984 Лос-Анджелес, № 127; 1990 Эдинбург, № 14

Литература: Meyer-Riefstahl R. Das Luxembourg-Museum in Paris // Die Kunst unserer Zeit, 1909, S. 26; Venturi 1936, No. 428; L'Estaque au temps des peintres. 1870—1914. L'Estaque; Marseilles, 1985, p. 52

А. К.

11. Фрукты. 1879—1880
Fruits

R. 427

Холст, масло. 46,2 x 55,3
Государственный Эрмитаж, Санкт-Петербург
Инв. № ГЭ 9026

Вентури поместил этот холст в группу натюрмортов с предметами на фоне обоев с лиственными узорами, определив хронологические рамки для всей группы как 1879—1882. Он указал, что такие обои были либо в Мелене, где Сезанн жил в 1879—1880, либо в Париже на улице Уэст, там художник снова поселился в 1881—1882. Позднейшие исследователи попытались скорректировать такой прием группировки картин, считаясь с тем, что обои как геометрического, так и лиственного орнамента, воспроизводившиеся Сезанном в то время, могли находиться не только на улице Уэст. Ривьер, Стерлинг, Гоуинг и другие авторы стремились сузить временные рамки исполнения натюрмортов на фоне обоев. Данная картина написана, всего вероятнее, ок. 1879—1880. Этой датировки придерживался и Ревалд, назвавший картину «Молочник, графин и миска». Близок к ней натюрморт «Молочник и яблоки» (Музей современного искусства, Нью-Йорк, R. 426), где в центре тоже изображена смятая салфетка, слева — молочник, а фоном служат лиственные обои.

В архиве Галереи Дюран-Рюэля имеются сведения, что картина была приобретена нью-йоркским отделением фирмы у Сары Халловелл. Эта подруга Мери Кассатт действовала в качестве пропагандиста импрессионистической живописи в Америке, приобретая ее для передовых собирателей. Она часто ездила в Париж и, по всей вероятности, купила два натюрморта у папаши Танги ок. 1891 («Фрукты» и «Молочник и яблоки»). До своей смерти (1893) Танги был единственным торговцем, кто продавал картины Сезанна. Воллар начал делать это только с 1895. Следует предположить, что шаг, сделанный Сарой Халловелл, оказался слишком смелым, и ни один американский собиратель не заинтересовался тогда натюрмортами Сезанна, что и заставило ее предложить картины нью-йоркскому отделению Галереи Дюран-Рюэля. До той поры фирма избегала иметь дело с сезанновской живописью. Матисс в 1945 припомнил именно эти два натюрморта Сезанна, напрасно пропутешествовавшие в Соединенные Штаты. «У Дюран-Рюэля я видел два прекрасных натюрморта Сезанна, бисквит, молочник и фрукты на мертвенно-синем фоне. На них указал мне папаша Дюран, когда я принес показать ему натюрморты, которые я написал. “Видите эти картины Сезанна, которые я не могу продать, — сказал он. — Пишите лучше интерьеры с фигурами, как этот или тот”» (Matisse H. De la couleur // Verve, vol. IV, № 13, novembre 1945). Матисс не уточнял время, когда имел место этот разговор с Дюран-Рюэлем, но уместно предположить, что это было примерно в 1899—1902.

Происхождение: пост. в 1948 из ГМНЗИ. Ранее: ок. 1891 собр. Жюльена Танги, Париж; собр. Сары Халловелл, Париж и Чикаго; с 1894 Галерея Дюран-Рюэля, Нью-Йорк; с 1895 Галерея Дюран-Рюэля, Париж; с 1903 собр. С.И. Щукина; с 1918 МНЗЖ-1; с 1923 ГМНЗИ

Выставки: 1926 Москва, № 3; 1956 Ленинград-I, с. 55; 1956 Ленинград-II, № 6; 1966—1967 Токио—Киото, № 56; 1974 Ленинград, № 48; 1979 Япония, № 4; 1986 Квебек, № 4; 1986 США, № 4; 1987 Лугано, № 15; 1988 Япония, № 24; 1993—1994 Эссен—Москва—Санкт-Петербург, № 29

Литература: Duret 1906, p. 175; Каталог Щукина 1913, № 208; Тугендхольд 1914, с. 18; Venturi 1936, No. 337; Сезанн 1975, № 6; Костеневич 1989, № 53, 54; Rewald 1989, p. 11–14

А. К.

12. Яблоки, персики, груши и виноград. 1879—1880
Pommes, pêches, poires et raisins

R. 432

Холст, масло. 38,5 x 46,5
Государственный Эрмитаж, Санкт-Петербург (бывшее собр. Б. Келера в Берлине)
Инв. № ЗК 1580

В период сезанновского импрессионизма (1872—1877) появилось значительное количество натюрмортов, распадающихся на две группы: букеты цветов (меньшую) и композиции с фруктами (большую). Картины второй группы, изображающие фрукты на тарелке, такие, как «Абрикосы и вишня на тарелке» (1877—1879, частное собр., R. 341) и «Персик и гроздь винограда» (1877—1879, Фонд Барнса, Мерион, R. 342), несомненно, подготавливали натюрморт из бывшего собр. Келера. Вместе с тем, Сезанн следовал здесь и той разработке мотива, которая была свойственна работам Фантен-Латура, подобным «Персикам и винограду» (1863, Музей и Художественная галерея, Пейсли, Великобритания).

Синяя каемка тарелки создает великолепную оправу для фруктов, придавая большую звучность зеленым, желтым, оранжевым оттенкам плодов. При этом листья в рисунке обоев вводятся в картину в качестве элемента художественной игры. Сезанн не стремился изображать обои как настоящие: не сразу понимаешь, отпечатаны ли эти листья в виде орнамента на бумаге, наклеенной на стену, или они имеют отношение к фруктам. Выделена лишь одна веточка с четырьмя листьями, «подтянутая» к плодам. Листья — яблочные, но не зеленые, а голубовато-серые. Таким образом Сезанн, отделяя фон от десертного блюда, позволяет ему участвовать в «спектакле».

Обычно художник размещал предметы своих натюрмортов на столе или на сундуке, иногда, как в данном случае, на простой струганой доске. Рядом с картиной из бывшего собр. Келера следует поставить исполненные явно одновременно две небольшие работы, где фигурируют наряду с плодами те же доска, тарелка с синей каемкой и лиственные обои: это принадлежавшая Октаву Мирбо «Синяя тарелка» (1879—1880, Галерея Фудзи, Токио, R. 433) и «Синяя тарелка и фрукты» (1879—1880, Национальная галерея, Прага, R. 356).

Синего цвета первоначально было гораздо больше: сквозь охристые мазки доски, на которой стоит тарелка, кое-где просвечивает синяя основа. Можно сказать, что картина написана по синему подмалевку примерно такого же цвета, как кайма тарелки. Пользуясь современными ему фабричными красками, Сезанн не мог действовать наподобие старых мастеров, добивавшихся неповторимых эффектов за счет лессировок, прозрачных наложений краски, но в меру возможностей нового времени использовал их опыт и прибегал к предварительным цветовым подготовкам. «Полнота мысли в красках, — говорил Сезанн перед луврским “Браком в Кане Галилейской” Веронезе. — Он прописывал свой холст сперва одним цветом, как они все делали в ту эпоху, охватывая сразу всю картину, похожую в этот момент на землю, которую еще не осветили лучи восходящего солнца... Теперь художники сразу кладут на холст густой слой краски, кладут грубо, как каменщики, и воображают, что это очень сильно, очень искренне. Теперь забыта наука подготовок, и в картинах нет той текучести и силы, которую давали нижние слои. Моделировать, нет, — модулиролвать. Нужно модулировать» (Гаске Ж. Сезанн // Сезанн 1972, с. 277).

Натюрморт датировался по-разному различными исследователями. Сын художника на фотографии, хранящейся в архиве Воллара, поставил 1875—1880. Вентури передвигал датировку к 1879—1882. Ривьер, Стерлинг, Гоуинг и Ревалд стремились сузить время исполнения натюрмортов с обоями. Датировка, которую, подытоживая мнение этой группы знатоков творчества Сезанна, давал Джон Ревалд — 1879—1880 — представляется наиболее убедительной.

Происхождение: пост. в 1945. Ранее: Галерея Дрюэ, Париж; с 20 апреля 1909 Галерея Бернхейм-Жен; с 20 марта 1911 собр. Б. Келера, Берлин

Выставки: 1912 Кельн, № 128; 1995 Санкт-Петербург, № 47

Литература: Kandinsky V., Marc F., eds. Der Blaue Reiter Almanac. München, 1912, S. 55; Venturi 1936, No. 345; Костеневич 1995, с. 182—185

А. К.

13. Тающий снег в лесу Фонтенбло. 1879—1880
Neige fondante à Fontainebleau

R. 413

Холст, масло. 73,6 x 100,6
Музей современного искусства, Нью-Йорк
Инв. № 373. 61

Обращение к пейзажным мотивам леса Фонтенбло происходило у Сезанна не без воздействия его предшественников — барбизонцев и Гюстава Курбе. Характерно, что именно тогда, когда импрессионизм стал понемногу приобретать сторонников, отход Сезанна от этого направления выразился в сознательном шаге назад, к тем позициям, на которых стояли будущие импрессионисты еще до возникновения этого направления. Когда в середине 1860-х Моне, Сислей и Писсарро писали заросли леса Фонтенбло, они шли по стопам барбизонцев. Характерные примеры — «Дуб Бодмера. Лес Фонтенбло». (1865, Музей Метрополитен, Нью-Йорк) Клода Моне или «Аллея каштанов близ Сен-Клу» (1865, Городская художественная галерея, Саутхэмптон) Сислея, подчиненные той же композиционной схеме, которой спустя полтора десятилетия следовал и Сезанн в своем «Тающем снегу». Моне, однако, уже в 1870-х не обращался ни к этому, ни к другим подобным темным мотивам, изначально ограничивавшим господство света.

В то время как импрессионисты все решительнее освобождались от связей со своими непосредственными предшественниками-реалистами, Сезанн словно бы преднамеренно возвращался к ним. Ему импонирует оглядка на старых мастеров у Теодора Руссо, чью картину «Лесная чаща» (Музей Орсэ, Париж) он помнил еще по Салону 1867. Еще ближе ему Курбе с его пейзажами заснеженного леса. «Он внес в искусство XIX века лирику природы, запах мокрых листьев и мха, журчание дождя, лесную тень, солнечные лучи среди деревьев. Море. И снег — никто так не писал снег. Я видел у вашего друга Марьетона дилижанс в снегах, большой пейзаж, белый, плоский, в сероватых сумерках, спокойный, совсем беззвучный. Безмолвие зимы — это было великолепно», — так запечатлены слова Сезанна в книге Гаске (Gasquet 1921. Цит. по: Conversations avec Cézanne 1978, p. 143).

В 1879 Сезанн обосновался в Мелене, откуда часто ездил в Париж. В окрестностях Мелена он нередко писал пейзажи, и иногда считалось, что именно там создан «Тающий снег». Зима 1879—1880 была довольно суровой и снежной, и неудивительно, что картина с изображением заснеженного леса воспринимается как результат пребывания Сезанна в Мелене. На самом деле пейзаж написан не с натуры, а по фотографии, возможно в Париже, куда художник перебрался 20 декабря 1879: причиной послужило отсутствие угля для отопления. Фотография, которой воспользовался Сезанн, сохранилась, и сравнение с ней хорошо показывает, что он меньше всего хотел действовать как копиист, хотя и сохранил все композиционные основы черно-белого отпечатка. Однако он опустил все мелкие подробности, отчего пейзаж стал монументальнее и величественнее. Фотография была удобна художнику, потому что она позволяла ему «сочинить» колорит картины.

О том, что «Тающий снег» написан по фотографии, было известно при жизни художника. Когда картина проходила на распродаже Дориа в 1899, Морис Дени заметил в «Дневнике», что Сезанн «писал пейзажи (тот, что на распродаже Дориа) по фотографиям» (Denis M. Journal. Paris, 1957, t. 1, p. 167). Сразу после этого аукциона в Париже много говорили о Сезанне и его картине, цена которой достигла рекордной для того времени суммы — 6750 франков — и была приобретена Клодом Моне. Впрочем, Моне, по всей вероятности, сознательно поднимал цену, чтобы возбудить интерес к живописи мастера, которую он ставил чрезвычайно высоко. Три года спустя Мери Кассатт написала своей приятельнице Луизин Хавемейер, что пейзаж, которым владеет Моне, «подавляет все, что находится вокруг».

16 мая 1881 Сезанн писал Виктору Шоке о картине: «Я узнал, что у картины размером в 40, которую Вам должен был передать месье Танги, нет рамы. Я был бы Вам очень признателен, если бы Вы послали за рамой для этой картины. Заранее благодарю Вас и прошу извинить меня за новое беспокойство, которое я Вам доставляю» (Cézanne 1978, p. 199).

Шоке очень высоко ценил «Тающий снег», но еще больше любил «Дом повешенного» — картину, принадлежавшую тогда графу Дориа, которая с его помощью была допущена на Всемирную выставку 1889. Вероятно, тогда же или немного позже Виктору Шоке удалось уговорить Армана Дориа обменять «Тающий снег» на «Дом повешенного».

Происхождение: пост. в 1961 (дар Андре Мейера и его жены). Ранее: с 1881 собр. Виктора Шоке, Париж; с 1889 собр. графа Армана Дориа, замок Орруи; 4—5 мая 1899 распродажа собр. Дориа, Галерея Жоржа Пети, Париж; с 1899 собр. Клода Моне, Живерни (приобр. за 6200 франков); с 1926 собр. Мишеля Моне, Живерни;

Галерея Поля Розенберга, Париж; Галерея Дюран-Рюэля, Париж; Галерея Вильденстайна, Париж; собр. Альфреда Дабера; собр. Андре Мейера, Нью-Йорк

Выставки: 1910 Париж, № 34; 1920 Венеция, № 11;1934—1935 Балтимор, № 3; 1939 Лион, № 124; 1948 Нью-Йорк, № 2; 1950 Нью-Йорк; 1962 Вашингтон, с. 18; 1982 Льеж — Экс-ан-Прованс, № 9; 1983 Базель, № 11

Литература: Duret 1906, p. 131; Rivière 1923, p. 207; Venturi 1936, No. 336; Beucken J. de. Un Portrait de Cézanne. Paris, 1955, p. 219—220; Coke V. The Painter and the Photograph. Albuquerque, 1965, p. 11; Rewald 1989, p. 37

А. К.

14. Дома в Провансе. Долина Рио близ Эстака. Ок. 1880
Maisons en Provence — La vallée de Riaux près de l'Estaque **R. 438**

Холст, масло. 64,7 x 81,2
Национальная художественная галерея, Вашингтон
Инв. № 2655

Изображая в центре картины нечто, созданное руками человека, — голые стены домов, почти сросшихся с первозданной природой Прованса, — Сезанн, как всегда, уклонился от того, чтобы показывать в пейзаже присутствие своих современников. Ему не нужен был даже стаффаж. Символические «Купальщики» или «Купальщицы» здесь, конечно же, не в счет. Пейзажи юга привлекали художника как естественное и наиболее выразительное воплощение мощи и незыблемости природы, уверенно противостоящей любым вторжениям в нее и подчиняющей себе все, что угодно, включая и строительную деятельность жителей этого края.

Своей поразительной конструктивностью картина вызывала особенно пристальный интерес в посткубистический период, в частности, в то время, когда она показывалась на венецианской Бьеннале 1920. Анализируя ее, Роджер Фрай писал: «...Поверхность возделана последовательными слоями мелких штриховых мазков краски, насыщенной до чудесной эмалеподобной плотности и прозрачной глубины. И тут опять-таки та же самая экономия форм, почти исключительно господствующих прямоугольных очертаний. Тут также мощная логика чередования планов, которые в каждой части картины разворачиваются в непрерываемой последовательности, непреодолимо воздействуя на воображение зрителя своим отходом в глубину в любой точке и заставляя нас схватывать значение всего взаимодействия их движений...

Процесс, благодаря которому такая картина создается так-то и так-то, можно описать следующим образом: действительные предметы, находящиеся перед глазами художника, вначале лишаются всех тех специфических отличий, по которым обычно мы ощущаем их конкретное существование — они сведены к чистым элементам пространства и объема. В этом абстрактном мире эти элементы абсолютно скоординированы и организованы чувствующим разумом художника, они достигают логической согласованности. Эти абстракции он затем снова возвращает в конкретный мир реальных вещей, не придавая им специфических отличий, а лишь выражая их непрерывно варьируемой и меняющейся текстурой. Они сохраняют свою отвлеченную понятность, доступность человеческому разуму и вновь обретают эту реальность настоящих вещей, которой лишены всяческие абстракции...» (Fry R. Cézanne. A Study of His Development. New York, 1927, p. 58–59).

Место, изображенное на картине, было опознано Ревалдом и Гоуингом в 1990. Этот дом, находящийся в долине Рио, близ Эстака, во времена Сезанна считался местом, где родился выдающийся скульптор XVIII столетия Пьер Пюже. То, что оно являлось провансальской достопримечательностью, доказывает хотя бы включение в издание «La Provence artistique et pittoresque» гравюры Жан-Батиста Олива, показывающей место рождения Пюже (выпуск от 18 февраля 1883). Сезанн глубоко почитал своего земляка и говорил, что когда его охватывала тоска по дому, он отправлялся в ту галерею Лувра, где находились статуи Пюже и ощущал там дыхание мистраля.

Происхождение: пост. в 1973 (дар Поля Меллона и его жены). Ранее: Галерея Воллара; собр. Эджисто Фаббри, Флоренция; Галерея Поля Розенберга, Париж; собр. Вирджинии Харрисон, Нью-Йорк; собр. Мариуса де Зайаса и его жены, Стэмфорд, Коннектикут; 14 октября 1965, распродажа в Галерее Парк-Бернет, Нью-Йорк, № 92; с 1965 собр. Поля Меллона, Аппервиль, Вирджиния

Выставки: 1910 Париж, № 17; 1920 Венеция, № 11; 1920 Филадельфия, № 57; 1921 Базель, № 13; 1937 Нью-Йорк, № 1; 1952 Чикаго—Нью-Йорк, № 55; 1966 Вашингтон, № 69; 1986 Вашингтон; 1990 Эдинбург, № 33; 1995—1996 Париж—Лондон—Филадельфия

Литература: Denis M. Cézanne // Kunstbladet, 1909–1910, S. 251; Faure 1911, p. 128; Fry R. Cézanne. A Study of His Development. New York, 1927, p. 58–59; Venturi 1936, No. 397; Gowing L. and Rewald J. Les Maisons provencales. Cézanne and Puget // Burlington Magazine, September 1990, p. 118

А. К.

15. Дома у дороги. Ок. 1881
Maisons au bord d'une route

R. 486

Холст, масло. 60 х 73,5
Государственный Эрмитаж, Санкт-Петербург (бывшее собр. О. Кребса в Хольцдорфе)
Инв. № ЗКР 502

Изображение дороги, скрывающейся за поворотом, возникает уже в раннем творчестве Сезанна, начиная от «Поворота дороги в Провансе» (ок. 1866, Музей изобразительных искусств, Монреаль, R. 85) и «Рю-де-Соль на Монмартре (1867—1868, частное собр., Нью-Йорк, R. 131). Художник особенно часто обращался к такому мотиву в годы своего импрессионизма — в картинах, писавшихся в Овере и Понтуазе в 1872—1873. С молодых лет Сезанн много ходил пешком и не изменял этой привычке и позже, то добираясь из Овера в Понтуаз, чтобы встретиться и поработать с Писсарро, то отправляясь в поздние годы к горе Св. Виктории.

Незадолго до того, как была исполнена картина «Дома у дороги», Сезанн писал Эмилю Золя: «Конечно, ты прав: мое пребывание в Понтуазе не помешает мне повидаться с тобой, напротив, я даже замышляю отправиться в Медан по дорожке собственными ногами и думаю, что выдержу эту нагрузку» (из письма от 20 мая 1881, Rewald 1939, p. 246).

Мотив поворота дороги играл особенно важную роль в творчестве художника на рубеже семидесятых и восьмидесятых годов. Этот образ уже и раньше позволял ему выразительно и просто запечатлевать собственные впечатления и служил эффективным способом динамического построения картины. Дорога естественным образом скрепляет различные планы. Причем Сезанн, при всех заботах о воспроизведении пространства, избегал слишком глубокой перспективы. Изгиб дороги как раз и давал удобную возможность ограничиться в построении пейзажа передним и срединным планами. Как бы увлекая зрителя прогуляться в глубь пейзажа, картина начиналась дорогой, нередко расходящейся на всю ширину холста. Дальше она будет быстро сужаться. Как и в натюрмортах, здесь используется прием «ныряющей перспективы». Но очень далеко дорога не убегает. Она то чуть ли не утыкается в дом (например, в знаменитом «Доме повешенного», Музей Орсэ, Париж, R. 202), то теряется, огибая его («Дом доктора Гаше в Овере», 1872—1873, Музей Орсэ, Париж и Художественная галерея Йельского университета, Принстон, R. 192, 193). Хотя все подобные пейзажи безлюдны, они принадлежат сфере человеческой деятельности. Небольшие дома и голые каменные ограды вдоль проезжей части (Сезанн охотно писал их в Понтуазе) дают почувствовать, какие люди обитают за такими стенами.

Скорее всего «Дома у дороги» писались в Понтуазе, хотя документальных подтверждений этому нет. В качестве натурного объекта назывался также и Шантийи-Гувье, что в данном случае менее вероятно, ибо достоверных свидетельств о том, что Сезанн действительно работал в этом городке, не существует. Вероятно, та же самая дорога воспроизведена в несколько меньшем полотне с вертикально построенной композицией (частное собр., Тель-Авив, R. 487), которое Ревалд считал вариацией картины из бывшего собр. Кребса: в его каталоге обе работы фигурируют как «Maisons au bord d'une route I» и «Maisons au bord d'une route II». По словам Ревалда, во втором случае художник просто прошел несколько дальше по той же дороге, чтобы написать следующий поворот.

Наряду с «Домами у дороги», Сезанн написал еще два пейзажа, близкие как по стилю исполнения, так и по мотиву: считается, что они исполнены в Понтуазе — «Поворот дороги (1881, Музей изобразительных искусств, Бостон, R. 490) и «Дома и ели» (1881, Музей Кригера, Вашингтон, R. 502). Настойчивое изображение этой части городка можно объяснить соответствием натурных объектов творческим устремлениям художника, отчетливо проявлявшимся ок. 1881. Ритмика композиций того периода отличалась большей ясностью, а рисунок — большей чистотой и целостностью. Четкие линии дороги, каменных оград, стен и крыш домов подсказывали поиск более простых и чистых структур в живописи.

Данный пейзаж Сезанна фигурирует в портрете Эсселя работы Вюйара, написанном в 1905, где он оказался частью фона, из чего следует, что тогда он принадлежал известному французскому коллекционеру Эсселю.

Вентури датировал картину 1879—1882, Ривьер — ок. 1880, Ревалд — ок. 1881.

Происхождение: пост. в 1945. Ранее: Галерея Бернхейм-Жен; собр. Эссель, Париж; с 18 июля 1907 Галерея Пауля Кассирера, Берлин; с 24 ноября 1907 собр. Теодора Беренса, Гамбург; собр. баронессы фон Кениг, Берлин; Галерея Танхейзер, Берлин: собр. Отто Кребса, Хольцдорф

Выставки: 1904 Берлин; 1906 Париж, № 326; 1920 Париж, № 10; 1921 Берлин, № 7; 1995 Санкт-Петербург, № 48

Литература: Bernard E. Erinnerungen an Paul Cézanne // Kunst und Künstler, 1908, September, p. 523; Meier-Graefe 1910, S. 69; Venturi 1936, No. 330; Костеневич 1995, с. 186—189

А. К.

16. Автопортрет. Ок. 1881
Portrait de Cézanne d'après Renoir

R. 446

Холст, наклеенный на дерево, масло. 55,5 x 45,5
Государственный Эрмитаж, Санкт-Петербург (бывшее собр. О. Кребса в Хольцдорфе)
Инв. № ЗКР 513

Среди автопортретов Сезанна, а их больше двух десятков, этот занимает совершенно особое место, поскольку, в отличие от остальных, написан без помощи зеркала. В данном случае художник исполнил вариацию своего портрета, сделанную Ренуаром. Еще Вентури отмечал уникальность картины, хотя его характеристика оставляет желать лучшего: «Единственная в своем роде, потому что это копия или по меньшей мере имитация портрета Сезанна, сделанного Ренуаром пастелью».

При всем несходстве темпераментов и различии творческих индивидуальностей живописцев связывала глубокая дружба. «Я встретился с Сезанном в 1863 году, —- вспоминал Ренуар. — В то время у меня была маленькая мастерская, которую я делил с Базилем. Тот однажды явился с двумя молодыми приятелями и сказал: "Я привел дух первоклассных новобранцев". Это были Сезанн и Писсарро». Тогда же Сезанн и Писсарро, занимавшиеся в академии Сюиса, познакомились не только с Ренуаром, но и с Моне, и с Сислеем. Так были заложены основы будущего союза, показавшего свои работы на первой выставке импрессионистов в 1874.

Пастельный портрет Сезанна Ренуар написал через шесть лет в своей парижской мастерской на улице Норвен (1880, частное собр., Лондон). Позже, в 1902, Ренуар воспользовался этой пастелью, чтобы повторить ее в литографии, а еще позже Гино сделал по его указаниям скульптурный медальон по этому портрету (1915—1917).

То, что Ренуар проставил на портрете дату, позволяет с большим или меньшим приближением датировать и его вариацию, вскоре исполненную Сезанном. Правда, мнения исследователей слегка различаются. Вентури считал, что портрет написан в 1880—1881, а Ревалд — в 1881—1882.

Создавая свою вариацию, Сезанн позаимствовал понравившуюся ему пастель либо у самого Ренуара, либо, что более вероятно, у Виктора Шоке, по заказу которого она и была исполнена. Ревалд предположил, что Сезанн получил пастель у Ренуара в обмен на одну из своих картин, а сделав свою «копию», отдал «оригинал» Шоке.

Сохранив размеры и композицию портрета, Сезанн наделил его иным, более суровым духом. В живописном отношении сезанновская картина также весьма существенно отличается от пастели: в ней отсутствуют сладкозвучные, в частности, розовые тона, определившие колорит ренуаровской работы. Им на смену пришла более прозаическая светлая охра. Взамен мягких касаний пастельных мелков, порождающих однородную поверхность, в работе Сезанна появились «рубленые», отрывистые, энергичные, крупные мазки, динамика которых усилена их диагональной направленностью. Живопись в целом отличается большей лапидарностью и обобщенностью. Вместо отдельных прядей волос в пастели — целостный массив пятна в сезанновской картине маслом.

Исследовательница творчества мастера Н.В. Яворская точно охарактеризовала разницу в решении портретных проблем обоими живописцами. Слова, сказанные ею о портретах Виктора Шоке, полностью подходят к двум версиям сезанновского портрета: «...Пушистые волосы, изображенные у Ренуара, у Сезанна обрели определенную форму, исчезла мягкость моделировки лица. Психологическая значимость портрета тоже другая. У Ренуара дан объективный образ, более жизненный и оптимистический, но и более внешний, у Сезанна — более строгий, значительный, энергичный. У Ренуара легко вообразить, что изображенный человек сделает другой жест, по-другому повернет голову, у Сезанна это трудно себе представить» (Яворская Н.В. Сезанн в кругу своих современников // Сезанн 1972, с. 17).

Передача пространства и объема делает два портрета антиподами. Сезанн «перевел» Ренуара на свой язык, решая только его заботившую проблему воспроизведения объема цветом. Его картина становилась не только вариацией, но и воспоминанием. Собственный череп он трактовал как шар, образуемый оттенками охристых, зеленоватых и серо-голубых тонов, иными словами, опирался на опыт своих автопортретов, непосредственно предшествовавших вариации (1878—1880, Коллекция Филипс, Вашингтон, R. 383; 1879—1880, собр. Оскара Рейнхарта, Винтертур, R. 416).

В нижней части картины, на груди, — зареставрированный старый прорыв сложной конфигурации, общей длиной до 30 сантиметров, появившийся, возможно, еще когда картина находилась в мастерской Сезанна. Известно, что художник относился к своим произведениям довольно небрежно, нередко теряя к

ним интерес после того, как работа заканчивалась. Хуже того, случалось, что он вымещал на них свое неудовлетворение или раздражение. Прорыв холста, причиной которого послужил резкий удар по нему, и вызвал необходимость сдублировать картину на доску. Трудно сказать, когда это произошло. Скорее всего — еще до перехода в руки Камиля Писсарро, ее первого владельца. После смерти Писсарро она стала собственностью еще одного выдающегося человека — Октава Мирбо (1848—1917) — романиста, драматурга, художественного критика, защищавшего новое искусство.

Зная о глубоко дружеских отношениях между двумя живописцами, можно предположить, что портрет был подарен автором Писсарро, сделавшись весомым прибавлением к целой коллекции портретов Сезанна, исполненных Писсарро в 1874 (карандашный рисунок, офорт и портрет маслом). Этот дар мог произойти летом 1881, когда Сезанн жил в Понтуазе по соседству с Писсарро.

Происхождение: собр. Камиля Писсарро; собр. Октава Мирбо, Париж; 24 февраля 1919 распродажа собр. Октава Мирбо; собр. г-жи Мирбо; с 4 ноября 1920 Галерея Бернхейм-Жен; с 3 января 1924 собр. Георга Каспари, Мюнхен: Галерея Хуго Перлса, Берлин; собр. Отто Кребса, Хольцдорф

Выставки: 1920 Париж, № 21; 1925 Берлин, № 4; 1995 Санкт-Петербург, № 49

Литература: Catalogue de la Vente d'Octave Mirbeau. 24 février 1919. Galerie Durand-Ruel, Paris, № 2; Ades A. Mirbeau, critique d'art et collectionneur // La Renaissance, 1919, No 2, p. 55; Venturi 1936, No. 372; Rewald J. Sources d'inspiration de Cézanne // Amour de l'art, mai,1936, p. 189—195; Vollard A. Recollections of a Picture Dealer. Boston, 1936, p. 188; Костеневич 1995, с. 190—193

А. К.

17. Купальщицы у палатки. 1880—1885
Baigneuses devant une tente R. 553

Холст, масло. 63 x 84
Государственная художественная галерея, Штутгарт
Инв. № 2550

Определение времени создания картины вызывает значительные разногласия. Ревалд высказался за 1883—1885, указав в скобках: «Возможно, раньше». 1883—1885 первоначально придерживался Вентури, но впоследствии передвинул датировку к 1885—1888. С другой стороны, наиболее ранние попытки установления датировки не заходили так далеко. Воллар считал, что картина написана в 1878, Ривьер — в 1879, сын художника — в 1880 (указание на фотографии картины в архиве Воллара).

Регулярная разработка темы «купальщиков и купальщиц» началась с эпохой импрессионизма, но большая часть таких произведений приходится на конструктивный период, к которому и относится штутгартская композиция. Закономерно, что у художника, считавшего, что искусство — это гармония, параллельная натуре, построения с купальщиками и купальщицами мало связаны с конкретной натурой.

Самые ранние изображения обнаженного женского тела приходятся еще на романтический период сезанновского творчества. Первая дошедшая до нас картина — маленькая «Стоящая обнаженная женщина, вытирающая волосы» (ок. 1869, частное собр., R. 114), которая, как полагают, некогда принадлежала Камилю Писсарро, — настолько же является результатом поклонения Рубенсу, насколько выражением пылкого эротизма художника. Центральная фигура штутгартской работы, исполненной в совершенно ином духе, восходит к этой «Стоящей обнаженной». Несколько маленьких картин с возлежащим на берегу обнаженным мужчиной и тремя купальщицами, относящиеся к 1870—1871 (R. 159, 160, 161), — не только отзвуки традиционного мотива «Суда Париса», но и романтические фантазии личной неудовлетворенной любовной страсти. В середине 1870-х Сезанн пишет многофигурные композиции (главным образом с пятью фигурами), в которых купальщики или купальщицы действуют по отдельности. В них уже нет прежней необузданной страстности. Обнаженные женщины в таких картинах, как «Купальщицы» (1874—1875, Музей Метрополитен, Нью-Йорк, R. 256) и в ряде других (1876—1878, R. 362—366) предстают не предметами вожделения, а объектами живописи, наряду с деревьями, рекой или дорожкой вдоль берега. Они написаны импрессионистически ярко, постепенно становясь не столько действующими лицами некой сцены, сколько элементами живописной конструкции, всякий раз подчиняясь общему пирамидальному построению.

В самом конце 1870-х — начале 1880-х Сезанн обратился к многофигурным композициям с пятью купальщиками (два варианта: 1879—1880, Институт искусств, Детройт, R. 448; 1880—1882, частное собр., R. 449). Одновременно были написаны картины с обнаженными персонажами обоих полов: «Купальщики и купальщицы» (ок. 1880, Музей Охара, Курасики, R. 459) и варианты «Любовной битвы» (1879—1880, частное собр.; Национальная галерея, Вашингтон, R. 455, 456). Сосуществование двух различных подходов к теме отражает попытки обрести равновесие в борьбе с собственными эмоциями. «Любовная битва» не только по названию, но и по сути своей отражает напряжение в душе художника, подверженность эротическим фантазиям, хотя эротизм этих сцен далеко не столь явный, как в работах, исполненных десятилетием раньше. Напротив, обе версии «Пяти купальщиков» — сфера, где эротизму не находится места.

Есть искушение поставить «Купальщиц у палатки» рядом с только что упомянутыми «Пятью купальщиками». По духу, внутреннему спокойствию и стремлению к тому равновесию, которое подкупало Сезанна в искусстве классиков, эти работы очень близки. Вполне возможно, что одновременно или сразу вслед за «Пятью купальщиками» художник вознамерился исполнить в том же духе «женский» вариант этого мотива. Однако это могло быть сделано и в самом начале 1880-х, и ближе к середине десятилетия. Рубеж датировке ставят такие полотна, как «Пять купальщиц» (ок. 1885, Художественный музей, Базель, R. 554).

В работе над картиной Сезанн воспользовался своими старыми рисунками, исполненными в середине 1860-х в академии Сюиса (Chappuis, 201—203). Эти рисунки принадлежали Писсарро и, следовательно, художник мог воспользоваться ими только в 1881, когда они работали вместе в Понтуазе. Ближайшая аналогия фигуре, сидящей посередине, — акварель «Обнаженная женщина» Сезанна (R. W. 141).

В 1910, когда впервые вышла в свет монография о Сезанне (это была книга Юлиуса Мейер-Грефе), для обложки была избрана картина «Купальщицы у палатки». Мюнхенский издатель Рейнхард Пипер попросил своего друга художника Франца Марка сделать рисунок по картине, что оказалось весьма нелегким делом.

22 ноября 1910 Марк писал Пиперу: «Прилагаю ... наконец-то полученные плоды тяжелых усилий. Возможно, Вы удивитесь, если я признаюсь Вам, что сделал не меньше восемнадцати попыток запечатлеть образы Сезанна. Я сделал полный композиционный анализ, но главная трудность заключалась в том, что Вы хотели иметь "фронтиспис" (рисунок был помещен на обложке. — *А. К.*), который быстро привлекал бы внимание. Надеюсь, вы оцените конечный результат. Его суть состоит в том, чтобы игнорировать широкие и чисто живописные качества, которых почти невозможно достичь в черно-белом воспроизведении, для того, чтобы сфокусировать внимание на группе женщин с палаткой, и таким образом сосредоточиться на ней так, чтобы глазу не требовалось ничего больше. В конце концов я воспользовался абсорбирующей японской бумагой, чтобы смягчить жесткость перового штриха. Почти невозможно пользоваться на сезанновский лад четкой линией пера» (Piper R. Briefwechsel mit Autoren und Kunstleren. 1903—1953. Munchen, 1979, S. 121—122).

Происхождение: пост. в 1959 из собр. Рагнара Молтцау, Осло. Ранее: Галерея Воллара; Галерея Танхейзера, Мюнхен; с 1913 собр. Класа Фареуса, Стокгольм; собр. Вальтера Хальворсена, Осло; собр. Рагнара Молтцау, Осло

Выставки: 1895 Париж; 1904 Париж; 1917 Стокгольм, № 4; 1925 Лондон, № 12; 1931 Париж, № 5; 1937 Париж, № 252; 1954 Осло, № 15; 1956 Копенгаген, № 13; 1956 Мюнхен, № 37; 1956 Цюрих, № 50; 1964—1965 Мюнхен, № 23; 1989 Базель, № 45; 1993 Тюбинген, № 34

Литература: Meier-Graefe 1910, S. 29; Rivière 1923, p. 207; Venturi 1936, No. 543; Krumrine M.-L. Cézanne's Bathers: Form and Content // Arts, May 1980, p. 118; Katalog der Staatsgalerie Stuttgart, 19. Jahrhundert. Stuttgart, 1982, S. 49

А. К.

18. Автопортрет. Ок. 1885
Portrait de l'artiste

R. 445

Холст, масло. 45 х 37
Справа внизу подпись коричневой краской: *P. Cézanne*
Государственный музей изобразительных искусств им. А.С. Пушкина
Инв. № 3338

Одна из лучших картин зрелого периода живописи Сезанна, воспринимавшаяся его учениками и наследниками творческих принципов как программное произведение.

Судя по внешнему облику художника, «Автопортрет» относится к первой половине 1880-х. В отношении более точной датировки мнения исследователей расходятся. Свободная лепка лица пятнами зеленоватого цвета, к которому примешаны контрастные охристые тона, может свидетельствовать о начале 1880-х. Известны более ранние датировки портрета: А. Барская датировала его 1879; Б. Терновец, Н. Яворская и И. Гентон — 1880. Вентури поместил «Автопортрет» между 1879 и 1882. На фотографии картины из архива Воллара рукой сына Сезанна поставлена дата 1880. Ревалд датировал «Автопортрет» ок. 1882, хотя отметил, что московский портрет написан после «Автопортрета в белом колпаке» (1881—1882, Мюнхен, Новая пинакотека, R. 510) и отличается от последнего степенью «концентрации» внимания на изображении головы с утрированными геометрическими линиями черт лица — носа и бровей, неожиданно привнесшими в облик художника нечто «монголоидное». Сходные физиогномические особенности встречаются еще в одном «Автопортрете» (ок. 1885, частное собр., R. 586), на котором голова художника повернута на зрителя в сложном ракурсе из-за плеча. Он носит характер этюдной штудии и, по всей вероятности, исполнен одновременно с «Автопортретом» из собр. Щукина. Ревалд согласился с Вентури в датировке этюда 1883—1885. Датировать «Автопортрет» из собр. Щукина, следует не ок. 1882, но ок. 1885.

Этот «Автопортрет» Сезанна явился результатом длительной работы художника, заключавшейся не только в поисках выразительности образа (на всех автопортретах начала 1880-х художник выглядит поразному), но и новой живописной системы. Композиционные истоки восходят к «Автопортрету» конца 1870-х (1879—1880, собр. Оскара Рейнхарта, Винтертур, R. 416): на нем мы впервые встречаем энергичное волевое лицо художника в трехчетвертном повороте с «ассирийскими» чертами и устремленным на зрителя взглядом, заполняющее почти все живописное поле. По характеру письма этот «Автопортрет» близок натюрмортам Сезанна второй половины 1870-х, в период отхода от импрессионизма. Следующим по времени считается «Автопортрет на фоне оливковых обоев» (1880—1881, Национальная галерея, Лондон, R. 482). В нем внимание художника сконцентрировано на живописном контрасте лица и фона с геометрическим ромбовидным орнаментом. Принципиально изменился характер трактовки головы: мелкие, аккуратно положенные рядом друг с другом мазки уступили место свободно лепящим форму широким прямоугольникам краски. В этом портрете все подчинено живописному модулю — формообразующей единице красочной материи Сезанна. Трехчетвертной поворот головы смотрящего на зрителя художника повторяется в следующем «Автопортрете в белом колпаке» (1881—1882), где художник сопоставляет себя со старыми мастерами, например, с известным образом Шардена. Серию портретов первой половины 1880-х завершает «Автопортрет» из собр. Щукина. Иконографически он развивает тип портрета с трехчетвертным разворотом головы и приподнятым волевым подбородком, как в «Автопортрете» из Винтертура. В лице художника утрированы «ассирийские» черты: резко очерчены схематичные линии носа, бровей и зрачков. Лоб, лицо и борода написаны столь многослойно, что местами живопись напоминает рельеф. За счет корпусности письма почти незаметны параллельные продолговатые прямоугольные мазки охры и зеленой краски, лепящие голову. Несмотря на скрытость авторского живописного модуля под толстым слоем краски, в этом портрете очевидно преобладание живописной структуры над образностью, на что очень чутко отреагировал в самом начале столетия К. Малевич, имевший возможность изучать «Автопортрет» Сезанна в галерее С.И. Щукина уже с 1908.

Летом 1919, работая над текстом эссе «О новых системах в искусстве», где чуть ли не на каждой странице автор обращался к искусству Сезанна, Малевич посвятил «Автопортрету» отдельный пассаж: «Его "Автопортрет" в собрании С.И. Щукина в Москве лучшая живописная работа, он не столько видел лицо портрета, сколько вложил в его формы живописное, которое не столько видел, сколько чувствовал. Кто чувствует живопись, тот меньше видит предмет, кто видит предмет, тот меньше чувствует живописное» (Малевич 1995, с. 167).

Спустя десять лет Сезанн стал героем статьи Малевича «Форма, цвет и ощущение» для журнала «Совре-

менная архитектура». В этой статье «Автопортрет» Мастера из Экса подвергнут тщательному анализу: «Есть великолепный по выражению живописного ощущения автопортрет Сезанна. В анатомическом смысле автопортрет не совпадает с действительностью ни по линии формы, т. е. анатомии, ни по оцветке лица. Следовательно, его автопортретом и нельзя назвать. Форма натуры и воспроизведение различны, остается только характер или признаки некоторых черт лица. Точно так же еще в большей степени будет расхождение с цветовой стороной. В данном случае лицо покрыто такой цветной маской, что вряд ли она могла соответствовать действительности и дать ощущение тела... Итак, действительность служила Сезанну формой для выражения его живописных ощущений, в то же время не являясь формой ощущения. Лицо Сезанна было случайной формой, которой он не придал важности академического значения «как таковости», он взял как случай для выражения живописного ощущения...» (Малевич 1995, с. 316—317). Малевич считал, что предмет, натюрморт, портрет у Сезанна лишь предлог или мотив для выражения «живописного» элемента, так же как аналогичные сюжеты у Матисса — предлог для выражения «цветописного» элемента.

Происхождение: пост. в 1948 из ГМНЗИ. Ранее: Галерея Воллара; с 1908 собр. С.И. Щукина; с 1918 МНЗЖ-1; с 1923 ГМНЗИ

Выставки: 1895 Париж; 1926 Москва, № 7; 1955 Москва, с. 55; 1956 Ленинград-I, с. 55; 1956 Ленинград-II, № 7; 1974 Ленинград, № 49; 1974—1975 Москва, № 45; 1987 Лугано, № 14; 1989 Хельсинки, № 3; 1993—1994 Эссен—Москва—Санкт-Петербург, № 27; 1996 Милан, № 35; 1996 Гаага, № 4

Литература: Каталог Щукина 1913, № 207; Тугендхольд 1914, с. 4, 45; Vollard 1914, p. 58; Venturi 1936, No. 368; Сезанн 1975, № 7; Bessonova, Barskaya 1985, Nr 82, p. 350; Каталог ГМИИ 1995, с. 392

М. Б.

19. Портрет мадам Сезанн. Ок. 1885
Portrait de madame Cézanne

R. 532

Холст, масло. 46 х 38,3
Художественный музей, Филадельфия
Инв. № 1963. 181. 6

Этот портрет Ортанс Фике, несомненно, принадлежит к наиболее привлекательным ее изображениям. Здесь нет той несколько тяжеловесной натюрмортности, которая свойственна, например, чикагской картине «Мадам Сезанн в желтом кресле» (см. № 26). Портрет явно написан быстро, и художник не только не устал от своей модели, но, редкий случай, сохранил расположение к ней. По-видимому, этот холст принадлежит к той поре, когда, сравнительно незадолго до заключения брака, свершившегося в 1886, между фактическими супругами установились добрые взаимоотношения. По-человечески привлекательной Ортанс выглядит и в двух других изображениях, исполненных, по всей видимости, в то же время: в «Эскизе портрета мадам Сезанн» (собр. Олпорт, Оксфорд, R. 533) и в картине «Мадам Сезанн в полосатом платье» (Художественный музей, Иокогама, R. 536), наряду с данным портретом обе работы отнесены Ревалдом к 1883—1885.

Зная неуживчивый характер Сезанна, его раздражительность и склонность к отшельничеству, трудно было бы ожидать безоблачных отношений между супругами. По-своему, по-женски, Ортанс, по-видимому, была умна, если считать за ум умение поддерживать равновесие в наиболее трудных ситуациях. В их взаимоотношениях всегда сохранялась какая-то дистанция. Каждый год они значительное время жили порознь. Ортанс вообще не любила скучного для нее юга и при малейшей возможности устремлялась в Париж. Даже когда Сезанн вынудил жену перебраться в Экс в 1891, он обеспечил ее отдельным жилищем, тогда как сам оставался с матерью и старшей сестрой.

Очень необычна верхняя часть картины. По первому впечатлению — это свисающая сверху драпировка. Рефф не без оснований увидел в этой детали элементы пейзажа, начатого и брошенного «на полуслове». Вероятно, идея написать пейзаж предшествовала мысли о портрете, обратившись к которому, Сезанн переосмыслил пятна, оказавшиеся вверху холста и, добавив несколько мазков, заставил их выглядеть закруглениями занавеса. Обычно, когда художник снова использовал холст с каким-то прежним своим произведением, в котором он разочаровался, он либо смывал прежнее изображение, либо закрашивал его.
В данном случае он не стал этого делать, потому что предшествующая живопись была не только достаточно отвлеченной, но и могла вызывать ассоциации с краями тяжелого занавеса, наподобие той драпировки с лиственным орнаментом, которой художник воспользовался немного позже в «Пьеро и Арлекине» из ГМИИ (см. № 25).

Картина исполнена без какой-либо предварительной рисуночной подготовки. Сезанн, как правило, вообще к ней не прибегал, сразу рисуя кистью. Однако одновременно с этим портретом он исполнил целую группу карандашных рисунков, изображающих Ортанс (Chappuis, 299, 398, 520, 720, 736, 826, 827).

Как и во многих других случаях, датировка данного портрета устанавливается приблизительно, в значительной мере исходя из представлений о возрасте, которые дает внешний облик модели. Вентури датировал картину 1883—1887, затем 1883—1886; фотография в архиве Воллара была аннотирована сыном художника 1890—1895, что странно, поскольку мадам Сезанн не выглядит здесь на сорок—сорок пять лет. Стилистически и технологически картина близка пейзажам Гарданны, писавшимся ок. 1885.

Происхождение: пост. в 1963 по завещанию Луиса Стерна, Нью-Йорк. Ранее: Галерея Воллара; собр. Огюста Пеллерена, Париж; Галерея Поля Розенберга, Париж; собр. Д.К. Келекиана, Париж; 30—31 января 1922 распродажа собр. Д.К. Келекиана, Нью-Йорк, № 112; собр. Лили Блисс, Нью-Йорк; Музей Метрополитен, Нью-Йорк (по завещанию Лили Блисс); 11 мая 1944 распродажа в Галерее Парк-Бернет, Нью-Йорк, № 82; собр. Сэма Солца, Нью-Йорк; собр. Луиса Стерна, Нью-Йорк

Выставки: 1921 Нью-Йорк, № 13; 1940 Детройт; 1944 Ричмонд; 1947 Нью-Йорк, № 27; 1963 Нью-Йорк, № 7; 1974 Токио, № 34; 1983 Филадельфия, № 12

Литература: Lawton F. Paul Cézanne // Art Journal, 1911, p. 60; Faure E. Paul Cézanne. Paris, 1926, pl. 11; Venturi 1936, No. 526; Larguier L. Paul Cézanne ou le drame de la peinture. Paris, 1936, p. 31; Reff T. A New Cézanne Exhibition // Burlington Magazine, March 1960, p. 118; Rewald 1989, p. 327

А. К.

20. Марсельский залив. Вид из Эстака. Ок. 1885—1886
Le Golfe de Marseille vu de l'Estaque

R. 626

Холст, масло. 80,2 x 100,6
Художественный институт, Чикаго
Инв. № 1933. 1116

Ревалд считал эту картину последним пейзажем, написанным Сезанном в Эстаке. Он датировал ее ок. 1885, Вентури считал вначале, что картина написана в 1886—1890, а впоследствии склонялся к 1890, Рэтклифф датировал ее то концом 1883—началом 1884, то началом 1885. Ришел, считая, что Сезанн работал в Эстаке и после 1885, отнес эту работу к 1886.

Воплотив в себе великолепие средиземноморской природы, этот холст, самый крупный из всех эстакских пейзажей, стал, пожалуй, наиболее гармоничным и значительным изображением городка, оставившего заметный след в творчестве Сезанна.

В мае 1883 Сезанн снял в Эстаке в квартале Шато-Бови близ вокзала небольшой домик с садом. «Отсюда, — писал он Золя, — открываются прекрасные виды, но это не вполне живописные мотивы. Все же если подняться на закате солнца на вершину холма, то расстилающаяся внизу панорама Марселя и островов, вся залитая вечерним светом, очень эффектна и декоративна» (Cézanne 1978, p. 210). Освещение в пейзаже из чикагского музея, конечно, не вечернее, но послеполуденное. В сравнении с более ранним видом Марсельского залива из Музея Орсэ (см. № 10) ему свойственна определенная декоративность, большая цветовая насыщенность и одновременно большая конструктивность.

По-видимому, одновременно с пейзажем из чикагского музея Сезанн работал над одноименной композицией чуть меньшего размера (Музей Метрополитен, Нью-Йорк, R. 625), где точка зрения несколько смещена. Художник поднялся выше на холм, чтобы написать ее.

В Эстаке Сезанн бывал наездами. Он вернулся сюда в конце 1883 и находился до 22 февраля 1884, однако не похоже, чтобы чикагский пейзаж представлял зимнее время года. Новое появление художника в Эстаке пришлось на март 1885.

Считается, что отход Сезанна от излюбленного эстакского мотива с домами на переднем плане и Марсельским заливом на среднем связан с разочарованием художника в самом Эстаке, быстро превращавшемся из некогда рыбацкой деревни в современный городок. В 1902 Сезанн писал своей племяннице Поль Кониль, что прекрасно помнит «прежде такой живописный берег Эстака. К несчастью, то, что называется прогрессом, на самом деле только нашествие двуногих, которые не успокаиваются, пока не превратят все в отвратительные набережные с газовыми фонарями или — еще хуже — с электрическим освещением. В какие ужасные времена мы живем!» (Cézanne 1978, p. 290).

К этому нужно прибавить и еще одно обстоятельство. После того, как Сезанна «привели» в 1886 к алтарю для бракосочетания с Ортанс Фике, ему уже не нужно было прятаться в Эстаке от отца, умершего в том же году.

Происхождение: пост. в 1933 из собр. Мартина Райерсона и его жены (по их завещанию). Ранее: Галерея Воллара; собр. Корнелиса Хогендейка, Амстердам; с 1920 Галерея Поля Розенберга, Париж; с 1920 собр. Райерсона, Чикаго

Выставки: 1911 Амстердам; 1929 Нью-Йорк, № 18; 1933 Чикаго, № 309; 1934 Филадельфия, № 26; 1952 Чикаго—Нью-Йорк, № 50; 1971 Вашингтон—Чикаго—Бостон, № 21; 1984—1985 Лос-Анджелес—Чикаго—Париж, № 129; 1990 Эдинбург, № 45; 1995—1996 Париж—Лондон—Филадельфия, № 114

Литература: Jourdain F. Cézanne. Paris, 1914, pl. 42; Venturi 1936, No. 493; L'Estaque au temps des peintres. 1870—1914. L'Estaque; Marseilles, 1985, p. 49; Kendall 1988, p. 133

А. К.

21. Портрет мадам Сезанн. Ок. 1886–1887 Portrait de madame Cézanne

R. 576

Холст, масло. 46,8 x 38,9
Художественный музей, Филадельфия
Инв. № 1967. 30. 17

Сезанн исполнил два погрудных изображения своей жены в черном расшитом жакете на холстах одинакового размера. Трудно сказать, в какой последовательности они создавались. На втором портрете (собр. Хайнца Бергрюэна, Лондон, временно на хранении в лондонской Национальной галерее, R. 580) мадам Сезанн изображена анфас. Из двух портретов филадельфийский, несомненно, более удался художнику. Его расчистка, произведенная в филадельфийском Художественном музее несколько лет назад, выявила особое, поистине сезанновское соединение деликатности и смелости, выразившееся в очень быстрой для нередко медлительного художника работе. Исполнение — легкое, уверенное, почти без поправок, в чем-то напоминающее живопись акварелью. Грунт холста не везде прикрыт краской, наподобие того, как белый лист бумаги при работе акварелью, просвечивая, придает цвету особенную красоту и светоносность.

Ревалд датировал филадельфийский портрет 1886—1887. На его фотографии в архиве Воллара проставлена другая дата — 1885, которой придерживается такой крупный знаток искусства мастера, как Джозеф Ришел, один из устроителей ретроспективы Сезанна 1995—1996.

Существует также рисунок, где мадам Сезанн запечатлена в том же жакете, но анфас (ок. 1887, Музей Бойманс—ван Бенинген, Роттердам, Chappuis, 1065).

Происхождение: пост. в 1967 по завещанию Сэмюэла Уайта, Ардмор, Пенсильвания. Ранее: Галерея Воллара; собр. Анри Матисса, Ницца; Галерея Поля Розенберга, Париж; Галерея Рейда и Лефевра, Лондон; с 1925 собр. Сэмюэла Уайта III, Ардмор

Выставки: 1922 Париж, № 12; 1923 Лондон—Манчестер, № 13; 1939 Нью-Йорк, № 7; 1947 Нью-Йорк, № 37; 1947 Филадельфия, № 23; 1952 Чикаго—Нью-Йорк, № 44; 1983 Филадельфия, № 13; 1993 Тюбинген, № 40

Литература: Faure E. Toujours Cézanne // Amour de l'art, décembre 1920, p. 269; Fontainas, Vauxcelles 1922, p. 231; Venturi 1936, No. 521; Raynal M. Cézanne. Genèva, 1954, p. 72; Kendall 1988, p. 168; Rewald 1989, p. 200

А. К.

22. Акведук. 1886—1887
L'Aqueduc

R. 695

Холст, масло. 91x72
Государственный музей изобразительных искусств им. А.С. Пушкина, Москва
Инв. № 3337

Пейзаж написан в долине реки Арк, недалеко от Жа-де-Буффан. Начиная с рубежа 1870—1880-х Сезанн неоднократно писал панорамные виды долины. Он подолгу работал здесь в 1880-е, пользуясь имением Бельвю, приобретенным зятем Сезанна, Максимом Конилем. Сезанн писал долину Арк в разное время года и суток, и на всех других пейзажах запечатлен панорамный вид сверху, с холма за имением Бельвю на долину с виадуком, с соснами, обрамляющими пейзаж слева, и силуэтом горы Св. Виктории на горизонте (1882—1885, «Гора Св. Виктории. Вид с холма Бельвю», Музей Метрополитен, Нью-Йорк, R. 511; ок. 1882, «Вид с холма Бельвю на гору Св. Виктории», частное собр., R. 512; 1886—1887, «Вид горы Св. Виктории с большой сосной», Коллекция Филлипс, Вашингтон, R. 598; ок. 1887, «Вид горы Св. Виктории с большой сосной», Институт Курто, Лондон, R. 599; ок. 1890, «Гора Св. Виктории», Музей Орсэ, Париж, R. 698). Пейзаж из собр. ГМИИ, напротив, написан внизу, за холмом Бельвю. Сезанн установил мольберт перед деревьями в долине Арк, сквозь которые хорошо видна горизонталь виадука, пересекающая окрестные холмы. Это единственный пример, когда Сезанн, работая над данным мотивом, предпочел вертикальную композицию и отказался от панорамности.

Стремительные, длинные, завихряющиеся на концах мазки, которыми написаны кроны деревьев, контрастно выделяющие их на интенсивно голубом небесном фоне, частично скрыты под толстым слоем лака, которым покрыл картину Анри Матисс в 1911, приехав к Щукину в Москву. Сам факт, что Матисс принял активное участие в экстренном вмешательстве в дело спасения поврежденного в отдельных местах холста, свидетельствует о значении, которое он придавал этому пейзажу Сезанна, обнаруженному им в доме Щукина.

На обороте фотографии из архива Воллара сохранилась надпись, сделанная рукой сына Сезанна: *Aix 1886*. Действительно, по характеру стремительных мазков, введению черных контуров и акцентированию живописных, а не натурных контрастов «Акведук» не мог быть исполнен раньше 1886. Вентури датировал пейзаж 1886—1887; Ревалд предложил более позднюю дату: ок. 1890.

Происхождение: пост. в 1948 из ГМНЗИ. Ранее: Галерея Воллара; собр. С.И. Щукина; с 1918 МНЗЖ-1; с 1923 ГМНЗИ

Выставки: 1904 Париж, № 15; 1926 Москва, № 21; 1936 Париж, № 103; 1939 Москва, с. 46; 1955 Москва, с. 56; 1956 Ленинград-I, с. 55; 1956 Ленинград-II, № 10; 1966—1967 Токио—Киото, № 57; 1972 Прага, № 6; 1972 Оттерло, № 1; 1973 США, № 2; 1987 Лугано, № 16; 1989 Хельсинки, № 5; 1990—1991 Япония, № 29; 1997 Касама, № 18

Литература: Roger-Marx C. Le Salon d'Automne // Gazette des Beaux-Arts, décembre 1904, p. 463–464; Каталог Щукина 1913, № 206; Тугендхольд 1914, с. 17; Vollard 1914, pl. 45; Venturi 1936, No. 477; Сезанн 1975, n 10; Bessonova, Barskaya 1985, N° 89, p. 352; Каталог ГМИИ 1995, с. 394

М.Б.

23. Каштаны и ферма в Жа-де-Буффан. 1886–1887 Maronniers et ferme du Jas de Bouffan R. 567

Холст, масло. 72 х 91
Государственный музей изобразительных искусств им. А.С. Пушкина, Москва
Инв. № 3413

Поместье Жа-де-Буффан изображено с конца каштановой аллеи, откуда открывается вид на ферму и каменную стену справа, опоясывающую имение. Главный трехэтажный дом XVIII столетия скрыт и едва просматривается за листвой каштанов. С той же точки зрения Сезанн писал поместье в середине 1870-х, вскоре после возвращения домой из Овера и Понтуаза (ок. 1876, «Каштаны и ферма в Жа-де-Буффан», частное собр., R. 268). В середине и второй половине 1880-х тот же вид снова стал объектом творческих исканий художника.

С прогулками по аллее, откуда открывался вид на ферму, были связаны воспоминания юности, нашедшие отражение в «Каштанах и ферме в Жа-де-Буффан» (ок. 1885, частное собр., R. 538). В остальных видах фермы художника интересовал уже не столько сам мотив, сколько пространственная и живописная конструкция произведения. На одноименной картине из Фонда Нортона Саймона, Пасадена (ок. 1884, R. 595) главное внимание уделено стереометрическим объемам фермы. Деревья по краям обрамляют вид подобно кулисам; их ветви напоминают завершения сосновых крон на пейзажах долины реки Арк того же времени. Пересечение вертикалей и горизонталей составляет структурную основу холста. В картине «Ферма в Жа-де-Буффан» (ок. 1887, Фонд Барнса, Мерион, R. 596) художник выходит из аллеи, оставляя за спиной каштаны, чтобы открыть пространственную зону в правой части холста с горизонталью низкой каменной стены, фактически комбинируя в одной композиции две разные точки обзора. Акцент ставится теперь не на линейной структуре, а на единстве живописной поверхности. Пейзаж написан широкими, заходящими одна за другую полупрозрачными плоскостями зеленого цвета разных оттенков. Широкий открытый передний план отодвигает горизонталь построек высоко вверх так, что их объемы не нарушают общего впечатления плоскостности холста. Картина «Дом и ферма в Жа-де-Буффан» (ок. 1887, Национальная галерея, Прага, R. 600) предлагает зрителю вид самих построек. Деревья отсутствуют; главный дом, здания фермы и каменная стена «наезжают» на передний план массой своих объемов.

В пейзаже «Каштаны и ферма в Жа-де-Буффан» (ок. 1887, музей Школы рисунка, Род-Айленд, R. 611) художник отходит назад, чтобы приоткрылся вид на маленький круглый фонтанчик, отсутствующий на московской картине. По сравнению с другими видами фермы этот пейзаж написан легко, а в изображении древесных крон оставлены незакрашенными участки грунта. Главный дом за деревьями и постройки фермы — структурный костяк композиции. Вертикали и горизонтали пересекаются строго под прямым углом; в линейную игру включена каштановая аллея, превращенная в геометрический прямоугольник, устремляющийся вверх от круглого фонтана и пересекающийся под прямым углом с горизонтальной линией террасы дома. Живой ландшафт подчинен некой конструктивной решетке.

Московская картина, несомненно, является важным звеном в цепи чередований одного и того же мотива. В ней, как и в пейзаже из Род-Айленда, в поле зрения художника остается тот же вид с существенными изменениями в левой нижней части холста. Живописный эффект, как и прежде, основан на контрасте геометрических объемов построек с дробными мазками древесных крон. Листва на пейзаже из московского собр. более тщательно проработана кистью и отличается богатством и разнообразием оттенков — от багряно-красного до небесно-голубого. Между участками цветных корпусных мазков оставлены пустоты незакрашенного грунта, как в картине из Род-Айленда. Разница в плотности и пестроте мазков в обоих пейзажах объясняется, видимо, тем, что один из них (род-айлендский) написан весной, а другой (московский), осенью, скорее всего одного и того же года, причем в разное время суток (во втором пейзаже чувствуется вечернее, предзакатное освещение). Основное композиционное отличие московского полотна наблюдается в левой нижней части, в том месте, где каштановая аллея зрительно пересекается с террасой дома: аллея возникает неожиданно, как бы сама собой, плавной двухцветной дугой уносясь вверх. Сознательное нарушение законов перспективы нельзя объяснить тем, что Сезанн в данном случае не справился с мотивом: мы имеем дело со «сдвигом», с осознанной авторской поправкой к природному ландшафту.

Пейзаж исполнен осенью либо 1886, либо 1887, если датировать связанную с ним картину из Род-Айленда весной 1886 или 1887. Мотив с фермой прорабатывался Сезанном и в рисунках, ни один из

которых не является подготовительным к живописным разработкам (Chappuis, 608, 880).

Происхождение: пост. в 1948 из ГМНЗИ. Ранее: Галерея Воллара; с 5 июня 1911 собр. И.А. Морозова (приобр. за 28 000 франков; с 1918 МНЗЖ-2; с 1923 ГМНЗИ

Выставки: 1926 Москва, № 9; 1939 Москва, с. 46; 1955 Москва, с. 56; 1956 Ленинград-I, с. 55; 1956 Ленинград-II, № 9; 1979 Япония, № 5; 1989 Хельсинки, № 4; 1993 Вена, № 3; 1996 Милан, № 36; 1996 Гаага, № 5

Литература: Маковский 1912, с. 23; Venturi 1936, No. 462 Novotny 1938, S. 199, N 42; Сезанн 1975, № 9; Bessonova, Barskaya 1985, N° 75, p. 348; Каталог ГМИИ 1995, с. 392, 393

М. Б.

24. Берег Марны. 1888
Bords de La Marne

R. 623

Холст, масло. 65,5 х 81,3
Государственный Эрмитаж, Санкт-Петербург
Инв. № ГЭ 6513

Фотография картины в архиве Воллара аннотирована сыном художника: *Marne 1888*. Этот факт, кстати, позволяет считать, что первоначально картина находилась в Галерее Воллара. Живя в Париже летом 1888, Сезанн написал несколько пейзажей берегов Марны близ Кретея, неподалеку от места впадения реки в Сену. Поездки на Марну давали Сезанну возможность соединить две пейзажные темы, особенно привлекавшие его тогда: деревья и воду.

Тот же участок берега с виллой запечатлен примерно с той же точки зрения в пейзаже с тем же названием («Bords de La Marne II», частное собр., R. 624). В еще одном пейзаже — «Дом на берегу Марны» (Белый дом, Вашингтон, R. 622) — Сезанн избрал несколько более дальнюю точку зрения. Вилла, которая в приходной книге Галереи Воллара названа «Маленьким замком на воде» (в обозначении «Берега Марны II», принадлежавшего некогда этому маршану), лучше всего видна в эрмитажной картине.

Ревалд в своем каталоге дал всем трем видам одинаковую, но несколько более расширительную датировку: 1888—1890. Существует также акварель этого мотива (Venturi 1936, No. 935).

Происхождение: пост. в 1930 из ГМНЗИ. Ранее: Галерея Воллара; с 1906 собр. Хавемейер, Нью-Йорк; в 1909 Галерея Дюран-Рюэля, Париж (помещена на комиссию Луизин Хавемейер при посредничестве Мери Кассат, приобр. Дюран-Рюэлем за 7500 франков); с 1909 собр. И.А. Морозова (приобр. в Галерее Дюран-Рюэля за 18 000 франков); с 1918 МНЗЖ-2; с 1923 ГМНЗИ

Выставки: 1926 Москва, № 16; 1956 Ленинград-I, с. 55; 1956 Ленинград-II, № 12; 1969 Будапешт, № 5; 1974 Ленинград, № 50; 1981 Мехико, № 3; 1984 Токио—Нара, № 1; 1985 Венеция—Рим, № 4; 1988 Сидней—Мельбурн, № 28

Литература: Маковский 1912, с. 23; Dreyfus A. Paul Cézanne // Zeitschrift für bildende Kunst, 1913, S. 202; Vollard A. Paul Cézanne. Paris, 1919, p. 86; Venturi 1936, No. 630; Сезанн 1975, № 12; Костеневич 1989, № 55

А. К.

25. Пьеро и Арлекин (Масленица). 1888—1890*
Mardi Gras

R. 618

Холст, масло. 102 x 81
Государственный музей изобразительных искусств им. А.С. Пушкина, Москва
Инв. № 3335

Персонажи картины имеют реальных прототипов. Сын Сезанна сообщил Вентури, что весной 1888 он позировал для фигуры Арлекина в мастерской, арендованной художником в Париже на улице Валь-де-Грас. Для второй фигуры позировал друг юности Поля-младшего, сын сапожника Луи Гийом, ранее уже послуживший Сезанну моделью для портрета («Портрет Луи Гийома», ок. 1880, Национальная галерея, Вашингтон). Французское название картины — «Марди Гра» — означает последний день масленичных карнавалов перед наступлением поста. Сохранились рисунки с натуры к голове Поля в треугольной шляпе Арлекина (Лувр, Париж, Chappuis, 938; Музей изящных искусств, Базель, Chappuis, 939), а также Луи Гийома в костюме Пьеро (Музей изящных искусств, Базель, Chappuis, 940).

Одновременно с картиной Сезанном были исполнены три холста с изображением фигуры Арлекина (частное собр., Япония, R. 619; Национальная галерея, Вашингтон, R. 620; 1888—1890, частное собр., R. 621), законченная акварель (1888—1890, частное собр., R. W. 295) и тщательно проработанный карандашный рисунок (Художественный институт, Чикаго, Chappuis, 941). Три этюда маслом отличаются более свободной, текучей манерой письма, а также преобладанием розовых и синих оттенков на фоне, в то время как московская картина написана корпусными слоями краски и тщательно проработана; в ее палитре отдано предпочтение серым и зеленым тонам. Три упомянутых холста с фигурой Арлекина столь самостоятельны, что возникает вопрос, являлись ли они лишь подготовительными штудиями? Складывается впечатление, что в процессе работы над московской картиной художник отвлекался, варьируя образ и позу Арлекина и имея дело не с живой моделью, но с переодетым манекеном, как это предположил Шаппюи (Chappuis, v. 1, p. 221). Акварель с Арлекином (R. W. 295) можно считать подготовительной штудией к фигуре персонажа в московской картине, тогда как рисунок (Chappuis, 941) ближе к полотнам с одиноким Арлекином. В отличие от «Масленицы» на всех изображениях Арлекина (кроме R. 620) он держит свою волшебную палочку в левой, а не в правой руке.

Сохранились рисунок (R. W. 296) и картина маслом «Занавес» (Фонд Абегг, Риггисберг, R. 654): именно из-за этого занавеса появляются фигуры в «Масленице». Джозеф Ришел в каталоге последней ретроспективы Сезанна (см. каталог выставки: 1995—1996 Paris—London—Philadelphia, p. 276) связал с московской картиной и законченную акварель «Портьера» (Лувр, Париж, R. W. 193), хотя на ней изображена совсем другая ткань североафриканского или ближневосточного происхождения. Занавес из той же ткани, что и на картине «Масленица», изображен на портрете «Мадам Сезанн в желтом кресле» (1888—1890, Музей Метрополитен, Нью-Йорк, R. 655). В своей приходной книге Воллар назвал эту ткань «ковром, превращенным в портьеру, приподнятым с одной стороны... Этюд к арлекину и пьеро» (R. 654, v. I, p. 423). То есть Сезанн использовал один из ковров в мастерской в качестве занавеса для фона «Пьеро и Арлекина».

Таким образом, мы имеем дело с необычно большим для Сезанна числом предварительных рисунков, набросков и сопутствующих вариантов. По сравнению с набросками, в картине лица персонажей приобрели отвлеченное выражение: это лица-маски. Брови Арлекина-Поля — приподняты, как и положено маске персонажа комедии дель арте. Застыли не только черты лица, но и сами фигуры, уподобленные марионеткам, приводимым в движение, по выражению Л. Гоуинга, «расположенным наверху невидимым маятником» (Gowing L. Paul Cézanne: The Basel Sketchbooks. The Museum of Modern Art, New York, 1988, p. 32–33). При этом Арлекин застыл в позе скользящего движения, похожего на осторожные шаги канатоходца, а Пьеро — в момент розыгрыша непонятной зрителю пантомимы, возможно, пародийного по отношению к Арлекину жеста за его спиной, то есть отработанного в народном театре приема.

Происхождение: пост. в 1948 из ГМНЗИ. Ранее: с 1890 собр. Виктора Шоке, Париж (приобр. у художника); в первых числах июля 1899 распродажа собр. Шоке в Галерее Ж. Пети, Париж (№ 1); Галерея Дюран-Рюэля, Париж, № 5333; с конца 1904 собр. С.И. Щукина; с 1918 МНЗЖ-1; с 1923 ГМНЗИ

* Все авторы, обращавшиеся к этой картине (Воллар, Ривьер, Вентури, Рэтклифф, Ревалд), единогласно датируют ее 1888 (*примечание научного редактора*).

Выставки: 1900 Берлин, № 10; 1903 Вена, № 61; 1904 Париж, № 19; 1926 Москва, № 13; 1936 Париж, № 72; 1936 Лондон, № 90; 1955 Москва, с. 57; 1956 Ленинград-I, с. 55; 1956 Ленинград-II, Сезанн, № 11; 1974—1975 Москва, № 47; 1987 Лугано, № 17

Литература: Lecomte G. Paul Cézanne // La Revue de l'Art, Decembre 9, 1899, p. 85, il.; Искусство, 1905, № 2, вклеенная фототипия; Тугендхольд 1914, с. 36—37, 45.; Rivière 1923, p. 217; Venturi 1936, N 552; Reff T. Harlequins, Saltimbanques, Clowns, and Fools // Artforum. October 1971, p. 38–39; Сезанн 1975, № 13; Rewald J. Studies in Impressionism 1985, p. 165, N 1; Bessonova, Barskaya 1985, N° 84, 85, p. 351; Каталог ГМИИ 1995, с. 392

М. Б

26. Мадам Сезанн в желтом кресле. Ок. 1890
Madame Cézanne au fauteuil jaune

R. 653

Холст, масло. 80,9 x 64,9
Художественный институт, Чикаго
Инв. № 1948. 54

Вентури первоначально датировал картину 1890—1894, затем уточнил — ок. 1890. Датировка Ревалда более расширительна: 1888—1890.

Сезанн трижды писал свою жену в этом желтом кресле: один раз анфас (1888—1890, Музей Метрополитен, Нью-Йорк, R. 655), а кроме того — в три четверти. Помимо чикагского портрета имеется еще одна картина с тем же названием, с теми же размерами и точно такой же композицией (частное собр., Нью-Йорк, R. 651). По всей вероятности, версия, хранящаяся в нью-йоркском частном собр., была первой: она несколько менее проработана и написана легче, менее пастозно. Обе версии отличаются выражением лица Ортанс. В чикагской картине лицо выглядит усталым, каким-то даже одеревенелым, что, по-видимому, было вызвано вполне простой причиной: над этим холстом художнику пришлось работать значительно дольше. Учитывая, что большинство исследователей (Вентури, Гоуинг, Купер) относили создание нью-йоркской версии к 1890, следовало бы распространить эту датировку и на чикагский портрет.

Сезанн охотно использовал прямоугольное золотисто-желтое кресло, обтянутое гобеленовой тканью, потому что его очертания служили наиболее простым и убедительным контрастом к фигуре с покатыми плечами, а узоры на нем вступали в перекличку со складками платья. А своим цветом кресло делает общую колористическую гамму богатой и, кажется, единственно возможной, по существу сводя живопись этой картины к комбинации трех основных тонов: красного, синего и желтого.

Во всех трех портретах мадам Сезанн представлена в одной и той же характерной для нее позе, удобной для длительных сеансов. Слегка откинувшись, со свободно опущенными руками, она устроилась поудобнее, но даже ее терпения, кажется, не хватало. Глядя на чикагский портрет, понимаешь, что позировать Сезанну было нелегкой работой. Нужно было сидеть долго и неподвижно и не пытаться вступать в беседу. Губы модели прочно и упрямо сжаты. Взгляд ее ушел внутрь себя. Лицо превратилось в своего рода маску.

Картина экспонировалась на первой выставке «Золотое руно» в 1908, где привлекла внимание молодых московских живописцев из стана консолидировавшегося авангарда.

Происхождение: пост. в 1948. Ранее: Галерея Воллара; Галерея Бернхейм-Жен; собр. Теодсра Дюре, Париж; Галерея Бернхейм-Жен; собр. Дейссер, Дюссельдорф; Галерея Танхейзера, Люцерн; Галерея Поля Розенберга, Париж; собр. Альфонса Кана, Сен-Жермен-ан-Ле; Галерея Поля Розенберга, Париж; Художественный институт, Чикаго (Фонд Уилсона Мида)

Выставки: 1908 Москва, № 15; 1926 Лондон, № 5; 1928 Нью-Йорк, № 19; 1931 Париж, № 7; 1936 Париж, № 75; 1939 Париж, № 26; 1952 Чикаго—Нью-Йорк, № 70; 1957 Нью-Йорк, № 19; 1971 Вашингтон—Чикаго—Бостон, № 23; 1985—1986 Токио, № 48; 1993 Тюбинген, № 42

Литература: Vollard 1914, pl. 46; Ors E. d'. Paul Cézanne. Paris, 1930, p. 52; Venturi 1936, No. 572; Rich D. Two Great French Portraits // Bulletin of the Art Institute, Chicago. November 15, 1948, p. 77—81; Arnheim R. Art and Visual Perception. Berkeley; Los Angeles, 1954, p. 22—26; Kendall 1988, p. 170

А. К.

27. **Натюрморт с яблоками. Ок. 1890**
Nature morte. Les Pommes **R. 674**

Холст, масло. 35,2 х 46,2

Государственный Эрмитаж, Санкт-Петербург (бывшее собр. О. Кребса в Хольцдорфе)

Инв. № ЗКР 558

Зеленые и красные яблоки задают колористическую доминанту картины. Контраст этих дополнительных тонов нередко играл ключевую роль в живописи Делакруа, любимого мастера Сезанна. Сам Сезанн именно с помощью яблок уже прибегал к такому контрасту в более ранних натюрмортах, написанных в конце 1870-х. Яблоки находились в центре внимания художника по целому ряду причин. Его магнетически привлекала простота и завершенность их формы. С одной стороны, он стремился дойти до первооснов, выявляя первичные, первозданные формы, с другой — предпочитал исследовать взаимоотношения цветовых и пространственно-материальных ценностей природы прежде всего на простейших примерах. Существовал еще и практический резон, важный для Сезанна. Яблоки не так быстро портятся: при напряженной и длительной работе ему приходилось учитывать и такое их качество.

По словам Гаске, Сезанн рассказывал ему: «В школе Золя и я считались феноменами. Я запросто в два счета мог выучить сотню латинских стихов, я был вполне деловым человеком, когда был молод. Золя ничем не интересовался. Он мечтал. Он был абсолютно необщителен — этакий меланхоличный бедняк. Знаете, того типа, который ребята обычно ненавидят. Без всяких на то оснований они его травили. И с этого началась наша дружба. Вся школа, большие ребята и малыши, устроили мне как-то взбучку за то, что я не участвовал в их остракизме. Я плевал на них — подошел и поговорил с ним, как обычно. Славный товарищ. На следующий день он принес мне корзину яблок. Вот они откуда, яблоки Сезанна! Они восходят к старинному времени» (Gasquet 1921).

В наше время воспоминаниям Гаске доверяют не всегда, находя у него немало неточностей. Однако эпизод с корзиной вряд ли придуман. Правда, объяснять через него привязанность Сезанна к яблокам наивно. И, по-видимому, мало указывать только на практические или художественно-формальные причины такого постоянства. Если не всегда, то во всяком случае на каком-то этапе, побудительным фактором был потаенный смысл изображаемого предмета. Яблоко — символ Венеры и атрибут Евы. Страсти, с юности терзавшие Сезанна, помноженные на страх перед женщиной, чуть ли не патологический, нашли выражение в ряде ранних произведений, мрачно романтических по настроению и эротических по сюжетам. В контексте этих работ символика яблока недвусмысленна. Его отдает Парис прекраснейшей из обнаженных богинь в картине «Суд Париса» (1862—1864, частное собр., R. 92), являющейся не столько иллюстрацией мифа, сколько выражением эротического томления. В вариациях более поздней «Вечной женственности» (1875—1877, Музей Поля Гетти, Малибу, R. 299; акварели R. W. 57, 385), куда художник включил и собственное изображение, в центре, на ложе, возлежит обнаженная женщина — символ вечного искушения. Ей преподносятся золотые яблоки на блюде. Разумеется, бессмысленно искать равную степень символизма в плодовых натюрмортах Сезанна. Однако нельзя не учитывать первоначальных импульсов, способствовавших закреплению в последующей практике живописца тех склонностей, что влияли на сложение всей тематической системы, хотя мотивация со временем, естественно, менялась.

Наряду с яблоками и лимоном в картине заявлен еще один предмет, нигде более не встречающийся: маленький металлический сосуд, по-видимому, стопка, с увядающим листом в ней. Смысловая причина появления этого сосуда не вполне ясна, если только не прибегать к фрейдистским толкованиям. Формальные резоны — гораздо яснее: наряду со сферическими объектами вводится еще одна первоформа — цилиндр, и еще один цвет — серый стальной, оттеняющий чистые тона яблок и лимона.

Натюрморты того периода, к которому принадлежит эта картина, как правило, сложнее по постановкам. Здесь же художник склонился к особенной лаконичности и ритмической простоте. «Черные линии, — писали через год после смерти художника Р.П. Ривьер и Ж.Ф. Шнерб, — нередко окаймляющие предметы на его полотнах, были не дополнительным элементом к цвету, но наносились для того, чтобы схватить форму целиком, прежде, чем моделировать ее цветом... “Я стараюсь, — говорил он, — передать цилиндричность предметов”.

Одна из излюбленных истин, которую он произносил со своим незабываемым провансальским выговором, гласила: “Все идет от шара и цилиндра”. Тут требуется разъяснение. Произнося эту формулу, Сезанн указывал как на яблоко или иной определенно сферический или цилиндрический предмет, так и на

плоскую поверхность, например, стену или пол» (Rivière R.P., Schnerb J.F. L'Atelier de Cézanne // La Grande Revue, 25 décembre 1907. Цит по: Conversations avec Cézanne 1978, p. 87—88).

Вентури датировал «Натюрморт с яблоками» 1883—1887, затем несколько сузил время исполнения до 1883—1886. Ревалд предложил датировать картину ок. 1890, что более соответствует стилистическим особенностям холста. Он считал также, что эта работа довольно рано попала в Галерею Воллара, а в 1895 была продана маршаном Гюставу Жеффруа. Композиционно она очень близка натюрморту таких же размеров «Яблоки» (частное собр., R. 673), где тарелка показана слева.

Картина исполнена не на готовом, фабричном холсте, а на ткани, загрунтованной и подготовленной к живописи самим Сезанном. Формат работы изменен: она была обрезана снизу после завершения. Кроме того часть живописи ушла на нижнюю кромку, на которой осталось красновато-коричневое ребро верхней доски стола, где установлен натюрморт. Это ребро, кстати, можно видеть в упомянутой картине «Яблоки».

Происхождение: Галерея Воллара; с 24 декабря 1895 собр. Гюстава Жеффруа, Париж; собр. Альфреда Дабера, Париж; Галерея Таннера, Цюрих; собр. Карла Хаберштока, Берлин; собр. Георга Каспари, Мюнхен; Галерея Хуго Перлса, Берлин; собр. Отто Кребса, Хольцдорф

Выставки: 1895 Париж; 1995 Санкт-Петербург, № 50

Литература: Venturi 1936, No. 1518; Костеневич 1995, с. 194—197

А. К.

28. Купальщики на пленэре. Ок. 1890—1891
Baigneurs en plein air **R. 748**

Холст, масло. 54,2 x 66,5
Государственный Эрмитаж, Санкт-Петербург (бывшее собр. О. Кребса в Хольцдорфе)
Инв. № ЗКР 536

Среди почти двухсот вариаций, посвященных купальщикам и купальщицам, картина из бывшего собр. Кребса, несомненно, принадлежит к лучшим. Одна из первых композиций всего огромного цикла «Купальщик и купальщицы» (ок. 1870, частное собр., Нью-Йорк, R. 161) — редкая работа, где вместе предстают обнаженными фигуры обоего пола. Уместно предположить, что здесь трансформировалась традиционная античная тема, уже трактованная Сезанном в раннем «Суде Париса» (1862—1864, частное собр., R. 92). В дальнейшем элементы эротической возбужденности, заметные в ранних произведениях, вместе с сюжетной мотивацией сходят на нет. Композиции становятся все более отвлеченными. Неукоснительно проводится разграничение между купальщиками и купальщицами: изображаются либо те, либо другие. По-видимому, Сезанн мог опасаться обвинений в безнравственности, по крайней мере, когда он находился в Эксе. Главное же, в таком разграничении сказывалась логика творческой эволюции — в сторону более философского восприятия вещей, к большему сосредоточению на формальных началах. Не соединяя персонажей разного пола в пределах одного холста, художник создавал произведения, близкие по духу и в равной степени отвлеченные. Неудивительно, что поза, в которой изображался купальщик, могла затем использоваться для картины с купальщицами. Хотя Гаске и рассказывал, что Сезанн делал зарисовки солдат, купающихся в Арке, такие наброски до нас не дошли, да они, вероятно, и не играли существенной роли в работе над «Купальщиками».

«Стоя перед “Купальщицами”, — вспоминал Франсис Журден, — он объяснил нам, что отказался от натурщиц, потому что за ним, как за католиком, соблюдающим обряды, давно уже следят иезуиты, что ему иногда хочется писать с обнаженной модели, но что, собственно говоря, ему хватает его воспоминаний из академии Сюиса. “Живопись здесь, внутри, сказал он, ударяя себя по лбу”» (Jourdain F. A propos d'un peintre difficile Cézanne // Art de France, 1946, No. 5. Цит. по: Conversations avec Cézanne 1978, p. 84). А немецкий коллекционер Карл Эрнст Остхауз рассказывал, как Сезанн пожаловался ему на узость взглядов провинции, которая принуждала его довольствоваться услугами старого инвалида, позировавшего для купальщиц. Оба эти эпизода относятся ко времени незадолго до смерти художника: в последние годы жизни он значительно чаще писал купальщиц, а не купальщиков. Однако творческий метод был тем же самым и полутора десятилетиями раньше, когда создавалась картина из собр. Кребса.

Действительно, Сезанн прибегал к рисункам своей молодости, исполненным в Париже, — иногда с живой модели, а чаще всего со скульптуры, антиков или изваяний Микеланджело. Но такие рисунки служили не более, чем подспорьем: Сезанн никогда не повторял их буквально в своих картинах.

Прообразом юноши, сидящего слева, является «Мальчик, сидящий у воды» (1877—1880, Художественный музей, Базель). Еще один рисунок из базельского музея «Купальщик с руками за головой» соотносится с фигурой в правой части картины, но принадлежит он уже более позднему времени (ок. 1900). Несколько листов с персонажами, фигурирующими в картине из собр. Кребса, находится в альбоме, изданном Ревалдом (Paul Cézanne. Carnet et dessins. Préface et catalogue raisonné par John Rewald. Paris, 1951, p. 107, 108, 110).

Мари-Луиза Крумрайн в каталоге выставки, посвященной купальщикам и купальщицам Сезанна в главе «Парижские купальщики» указала, что показанная спиной центральная фигура восходит к «Римскому оратору» Клеомена в Лувре. Та же мраморная скульптура послужила моделью для статуи в «Римлянах времен упадка» Кутюра (1847, Музей Орсэ, Париж), картине, которую Сезанн знал и ценил. Этот персонаж действует в нескольких полотнах Сезанна: в версиях «Пяти купальщиков» (1879—1880, Институт искусств, Детройт, и 1880—1882, частное собр., R. 448, 449), в более поздних «Купальщиках» (ок. 1890, Музей Орсэ, Париж, и 1890—1892, Художественный музей, Сент-Луис, R. 665, 666) и, наконец, в «Купании» (1892—1894, ГМИИ, R. 754). Кроме того он появляется в нескольких рисунках, в частности, в «Стоящем купальщике» из Уодсворт Атенеум, Хартфорд). Другие фигуры, считает Крумрайн, имеют более декоративное значение, что, конечно, не точно. Хотя у них нет столь «родовитых» прототипов, эти персонажи картины равноправны в том немом диалоге, который ведется на языке форм и красок.

Колористически все версии «Купальщиков» начала 1890-х весьма отличны друг от друга. В то время как картина, находящаяся теперь в Эрмитаже, выдержана

в холодной гамме, в версиях из Музея Орсэ и из Художественного музея в Сент-Луисе господствуют теплые тона. Отличаются они и степенью законченности. Данная картина интересна еще и тем, что раскрывает некоторые приемы Сезанна и позволяет почувствовать, как продвигалась работа. Так, видно, что персонаж в центре — купальщик, входящий в воду, — появился позже других. По-видимому, первоначальный замысел художника заключался в том, чтобы написать композицию с четырьмя персонажами. Фигура пятого набросана поверх пейзажа и проработана меньше других.

Вентури первоначально датировал картину 1888—1890, затем решил, что она была написана раньше — в 1885—1888; Ривьер думал, что еще раньше — в 1884. Датировка Реффа — до 1890, Ревалда — 1890—1891, Крумрайн — 1888.

Происхождение: Галерея Воллара, Париж; с ноября 1911 собр. Марцелла Немеша, Будапешт; 18 июня 1913 распродажа Немеша, Галерея Манзи-Жуайяна, Париж, № 88; Галерея Бернхейм-Жен, Париж; собр. барона Мориса Херцога, Будапешт; с 22 октября 1929 Галерея Пауля Кассирера, Берлин; собр. Отто Кребса, Хольцдорф

Выставки: 1904 Париж, № 27; 1911 Будапешт; 1912 Дюссельдорф, № 116; 1925 Вена, № 87; 1995 Санкт-Петербург, № 51

Литература: Vollard 1914, p. 45; Rivière 1923, p. 187, 212; Venturi 1936, No.582; Guerry L. Cézanne et l'expression de l'espace. Paris, 1950, p. 112; Reff 1977, p. 118; Reff 1979, p. 100; Krumrine M.-L. Paul Cézanne. Die Badenden. Kunstmuseum, Basel, 1989, S. 167—196; Костеневич 1995, № 51

А. К.

29. Курильщик. Ок. 1890–1892
Le Fumeur

R. 75

Холст, масло. 92,5 x 73,5
Государственный Эрмитаж, Санкт-Петербург
Инв. № ГЭ 6561

Поза облокотившегося персонажа как олицетворение устойчивости и покоя встречается у Сезанна уже в раннем творчестве в картине «Облокотившийся мальчик» (1867–1868, частное собр., Швейцария, R. 135). Художник в этом случае вдохновлялся луврским «Молодым человеком» Баккиакки, считавшимся тогда созданием Рафаэля, и мог воспользоваться гравюрным воспроизведением, которым, по-видимому, обладал. Через два с лишним десятилетия появился еще один «облокотившийся» — «Юноша в красном жилете» (1888–1890, Коллекция Бюрле, Цюрих, R. 658). Композиционной схемой этой картины со всеми подробностями (стол, драпировка в углу, фрагмент другой картины на фоне) Сезанн воспользовался при создании эрмитажного «Курильщика», где сама поза обрела наибольшую убедительность.

Среди полотен Сезанна с изображением «курильщиков» ближе всего к эрмитажной работе «Облокотившийся курильщик» (ок. 1891, Кунстхалле, Мангейм, R. 756) и акварельный эскиз этого варианта (Фонд Барнса, Мерион, R. W. 381). Мангеймский «Курильщик» представлен в той же самой позе и на холсте такого же размера, но на фоне гладкой стены. В его лице меньше отрешенности из-за того, что обозначены зрачки глаз. На стене за спиной эрмитажного «Курильщика» — холсты самого Сезанна. Эти картины в картине ставят важные акценты — не только цветовые, но и смысловые, отражающие мировоззрение художника. Долгие годы находившийся в Жа-де-Буффан ранний натюрморт с бутылкой и яблоками (1867–1869, сейчас Национальная галерея, Берлин, R. 138) так же, как помещенный выше холст с купальщиками («Купальщики на пленэре», ок. 1890–1891, бывшее собр. Кребса, сейчас также находится в Эрмитаже, R. 748, см. № 28), напоминают о соблазнах внешнего мира, оказывающихся отнюдь не случайным фоном в этой сцене, пронизанной стремлением художника обрести внутреннее равновесие.

Еще один «курильщик» в той же позе, но представленный почти в рост, находится в ГМИИ (см. № 33). Раньше считалось, что все три картины исполнены примерно в одно время. Вентури помещал их в границах 1895–1900. Не находя стилистического сходства с достоверными работами 1896–1900, Дуглас Купер сдвигал датировку к 1893–1894. Рефф придерживается еще более ранней даты. Точка зрения Ревалда такова: московская картина написана в 1893–1896, тогда как мангеймская и петербургская вариации должны быть датированы ок. 1891. Сын художника аннотировал фотографию картины даже 1890 (архив Воллара). Он указывал также, что моделью мангеймской картины, а следовательно и эрмитажной, был крестьянин (или садовник) Александр Полен, позировавший также для «Игроков в карты» (Фонд Барнса, Мерион, R. 706).

Происхождение: пост. в 1931 из ГМНЗИ. Ранее: Галерея Воллара; с 1910 собр. И.А. Морозова (приобр. у Воллара за 35 000 франков); с 1918 МНЗЖ-2; с 1923 ГМНЗИ

Выставки: 1904 Париж, № 1; 1926 Москва, № 17; 1956 Ленинград-I, с. 56; 1956 Ленинград-II, № 18; 1971 Токио—Киото, № 53; 1972 Оттерло, № 2; 1973 США, № 4; 1974 Ленинград, № 53; 1978 Гавр; 1979 Япония, № 7; 1983 Лугано, № 7; 1985 Венеция—Рим, № 8; 1986 Япония, № 33; 1993–1994 Эссен—Москва—Санкт-Петербург, № 30; 1997 Касама, № 29

Литература: Meier-Graefe 1910, S. 53; Маковский 1912, с. 23; Vollard 1914, p. 44; Venturi 1936, No. 686; Сезанн 1975, № 19; Костеневич 1989, № 57, 58

А. К.

30. Крестьянин в синей блузе. Начало 1890-х
Paysan en blouse bleue **R. 826**

Холст, масло. 80 x 63,5
Художественный музей Кимбелла, Форт Уорт
Инв. № APg 1980. 03

Вне всякого сомнения, картина тесно связана с несколькими работами начала 1890-х. Ривьер относил ее к 1890, а сын художника — к 1891. Признавая эту связь, Ревалд склонен был относить картину приблизительно к 1897, а Вентури — к 1897—1900. Рефф датировал холст то началом, то концом 1890-х. Подобной датировкой (1892 или 1897) снабдила появление картины на последней ретроспективе в Париже Франсуаза Кашен.

Картина описана в статье Гаске, опубликованной весной 1898, и, следовательно, исполнена раньше этой даты. Насколько раньше — сказать трудно. Тематически она тяготеет к произведениям 1891—1892. Вероятно, Ревалд решил, что в мастерской Сезанна Гаске видел полотно, над которым художник работал или которое недавно закончил. Однако сама по себе статья Гаске не содержит таких утверждений. «Крестьянин в синей блузе», поразивший воображение молодого писателя, вполне мог быть картиной, уже несколько лет находившейся в Жа-де-Буффан, тем более, что речь идет сразу о целой группе изображений крестьян, над которыми художник работал задолго до визита Гаске. Вот что писалось в статье: «В мастерской в Жа-де-Буффан есть несколько холстов, в которых крепкие крестьяне, загорелые, широкоплечие, с руками, огрубевшими от тяжелого труда, показаны в момент передышки от работы. Один из них, в синей блузе, украшенный красным шарфом, со свободно опущенными руками, особенно восхитителен в своей заскорузлости, как будто трехцветная фиалка на маленьком клочке земли внезапно должна была бы перевоплотиться в эту массивную и великолепную плоть, обожженную солнцем и обветренную. Другие играют в карты и курят в большой комнате на ферме... Дышащие здоровьем и непоколебимостью, все они выражают какое-то ощущение справедливости, они спокойны, у них нет иных забот, кроме как любить землю и делать ее плодоносящей... Именно от них я узнал, что в глубине своей представляет моя раса. Они дали мне урок благородства (Gasquet J. Le Sang provencal // Les Mois dorés, mars-avril 1898).

Тот же крестьянин изображен на фоне картины «Игроки в карты», всеми исследователями датируемой 1890—1892 (две версии: Фонд Барнса, Мерион и Музей Метрополитен, Нью-Йорк, R. 706, 707). Он же узнается — в тех же шляпе и блузе — в «Мужчине с курительной трубкой» (1890—1892, частное собр., Канзас-Сити, R. 705).

Крестьянин, имени которого мы не знаем, позировал художнику на фоне большой шестистворчатой ширмы («Ширма с пасторальными сценами и орнаментами», ок. 1859, Музей Гране, Экс-ан-Прованс, R. 1), исполненной им для кабинета отца в Жа-де-Буффан, — самого раннего из сохранившихся живописных произведений Сезанна. Вертикальная светлая полоса правее головы крестьянина подразумевает стык створок ширмы. На одной из частей ширмы, стилизованной под французские шпалеры XVIII века, изображена дама с зонтиком, защищающим ее от солнца. Правда, в картине из Художественного музея Кимбелла эта ширма показана достаточно вольно: условная листва совсем не воспроизведена, черты лица женщины не обозначены — ее образ как бы приведен в соответствие с безыскусным крестьянским миром героя этого произведения. Вряд ли введение такой детали в портрет было случайным. Сезанн нередко включал в новые произведения свои прежние картины в качестве фоновых деталей. Введение ширмы создавало необычный и многоплановый контекст: пастораль *à l'ancien* и современный образ труженика земли, сопоставление разных классов и даже намек на диалог двух полов, но все эти мотивы обозначены не более, чем намеком.

Происхождение: приобр. в 1980 на аукционе Кристи. Ранее: Галерея Воллара; собр. Огюста Пеллерена, Париж; Галерея Бернхейм-Жен; Галерея Воллара; Галерея Пауля Кассирера, Берлин; собр. Готтлиба Фридриха Ребера, Лозанна; Галерея Поля Розенберга, Париж; собр. А. Конджера Гудиэра, Нью-Йорк; собр. Мери Кенефик, Буффало; 25 ноября 1959 аукцион Сотби, № 17; собр. Генри Форда II, Детройт; 13 мая 1980 распродажа собр. Генри Форда II, аукцион Кристи, Нью-Йорк, № 3

Выставки: 1912 Кельн, № 146; 1913 Берлин, № 28; 1914 Дрезден, № 4; 1926 Лондон, № 4; 1927 Торонто, № 11; 1928 Нью-Йорк, № 21; 1929 Кембридж—Массачусетс, № 7; 1933 Чикаго, № 313; 1934 Филадельфия, № 37; 1936 Париж, № 88; 1942 Нью-Йорк, № 20; 1978 Париж, № 5; 1995—1996 Париж, № 137

Литература: Waldmann E. Die Sammlung Reber // Kunst und Künstler, 1913, S. 450; Rivière 1923, p. 218; Venturi 1936, N°. 687; Rewald J. Cézanne: A Biography. New York, 1986, p. 194

А. К.

31. Мадам Сезанн с распущенными волосами. Ок. 1890—1892
Madame Cézanne aux cheveux denoués **R. 685**

Холст, масло. 62 x 51
Художественный музей, Филадельфия
Инв. № 1986. 26. 1

Картина известна также под названием «Мадам Сезанн в полосатом платье». Жена художника явно питала слабость к тканям в широкую полосу, сохраняя им верность и через двадцать лет после того, как они вошли в моду. Именно тогда Ортанс Фике встретила Поля Сезанна. В конце шестидесятых годов Ренуар несколько раз писал свою подругу Лиз Трео. Сезанн, встречавшийся с Ренуаром в кафе Гербуа или у Шарпантье именно тогда, более чем вероятно, познакомился с его живописью, но, конечно, когда через несколько лет ему самому предоставилась возможность написать нечто подобное, он сделал это совершенно по-своему, ничуть не заботясь об элегантности, которая была так свойственна искусству Ренуара. Примерно в 1877 Сезанн дважды написал Ортанс в полосатых одеждах: в картине «Мадам Сезанн в полосатой юбке» (ок. 1877, Музей изобразительных искусств, Бостон, R. 324; сл. № 8) и в «Портрете мадам Сезанн» (ок. 1877, собр. Вейнберг, Цюрих, R. 387). В каждом случае чередование широких темных и светлых полос уверенно и энергично обыгрывалось художником в его пластических построениях. В последней работе широкие вертикальные полосы платья, основание всей композиции, послужили превосходным контрастом к яйцевидному объему головы модели.

Спустя несколько лет Ортанс снова позировала Сезанну (1883—1885, «Портрет жены художника в полосатом платье», Художественный музей, Иокогама, R. 536). Еще позже, в филадельфийской картине «Мадам Сезанн с распущенными волосами», мотив тканевой чересполосицы получил особенно выразительное решение. Сравнение всех этих работ показывает, что Ортанс Фике внимательно следила за модой (полосы в течение долгого времени не уходили из моды, но их дизайн постоянно менялся). При всем равнодушии к моде в жизни Сезанн замечательно обыгрывал каждый новый ее виток в своих живописных построениях.

Явно ради гармонии с вертикалями платья, задающими тон всей живописной конструкции, Сезанн попросил жену распустить волосы, так, чтобы светлый овал лица был оттенен самым простым и эффектным образом. Это лицо притягивает не только отвлеченной чистотой очертаний. Вопреки весьма распространенному мнению о том, что Сезанна совсем не интересовала психология модели, героиня филадельфийского портрета — отнюдь не бездушный объект для пластических экспериментов. В ее лице читаются и уход в собственные мысли, и грусть, хотя эмоциональное начало играет в картине подчиненную роль.

Невозможно требовать от бывшей натурщицы, чтобы в вопросах философии искусства она стояла на одном уровне с великим мастером. Трудно сказать, насколько она понимала или ценила его живопись, но она сохраняла ему преданность, хотя жизнь с таким человеком, как Сезанн, была очень нелегким делом. В семье художника их брак считался мезальянсом, но, как вспоминала одна из племянниц Сезанна, даже его придирчивые родственники вынуждены были признавать бесконечную терпеливость Ортанс и умение ровно вести себя с людьми — качества, которыми сам Сезанн отнюдь не обладал.

«В самых ранних портретах, — писал Герстль Мак, — она изображалась стройной девушкой с деликатным овалом лица, затем — женщиной в начале средних лет с более широкой и потяжелевшей челюстью и фигурой матроны. Но во всех картинах то же серьезное, спокойное, почти бесстрастное выражение лица. Спокойствие, которое в портретах Ортанс кажется ее неотъемлемым качеством, в действительности было напускным. На самом деле она была оживленнее и изменчивее, чем можно предположить по ее изображениям. Она любила поговорить и говорила много. Она не любила позировать, ненавидела долгие часы, когда вынуждена была сидеть неподвижно, в одном положении и, что хуже всего, — молча. Фактически ее очевидная безмятежность была не более, чем вынужденной покорностью. Но она поняла, что Сезанну почти невозможно найти модель, которая не раздражала бы его до дрожи, кривляясь и болтая, или пугала его выставлением напоказ сверхсмелых манер — поскольку всю свою жизнь он был болезненно нервным и робким с женщинами. Ортанс чувствовала, что ее долг состоял в том, чтобы позировать ему, какую бы скуку при этом ни испытывала. Она могла заставить себя сидеть спокойно и, если нужно, держать язык за зубами, а сверх того, она всегда была рядом, когда Сезанн в ней нуждался — насущное условие для живописца, который работал столь медленно, и которому требовалось так много сеансов для завершения картины» (Mack 1936, p. 172).

Происхождение: пост. в 1986 по завещанию Генри Макилхенни, Филадельфия. Ранее: Галерея Воллара; собр. Халворсена, Осло; Галерея Воллара; с 1914 собр. Ребера, Лозанна; Галерея Поля Розенберга, Париж; с 1929 собр. Кортолда, Лондон; Галерея Поля Розенберга, Париж; собр. Генри Макилхенни, Филадельфия

Выставки: 1898 Париж, № 8, 11 или 15; 1926 Лондон, № 2; 1930 Провиденс, № 4; 1932 Нью-Йорк, № 5; 1934 Филадельфия, № 13; 1936 Париж, № 58; 1947 Филадельфия, № 21; 1977 Аллентаун, p. 70; 1983 Филадельфия, № 15; 1993 Тюбинген, № 44; 1995—1996 Париж—Лондон—Филадельфия, № 138

Литература: Vollard 1914, pl. 46; Faure E. Toujours Cézanne // Amour de l'art, décembre 1920, p. 267; Fontainas, Vauxcelles 1922, p. 230; Rivière 1923, p. 201; Venturi 1936, No. 527; Gombrich E. The Story of Art. New York, 1950, p. 412; Schapiro M. Cézanne. New York, 1952, p. 58—59; Kendall 1988, p. 169

А. К.

32. Купание. 1892–1894
Le Bain

R. 754

Холст, масло. 26 x 40
Государственный музей изобразительных искусств им. А.С. Пушкина, Москва
Инв. № 3414

В первой половине 1890-х изображения нагих фигур в пейзаже занимают в творчестве Сезанна такое же существенное место, как мотивы игроков в карты или натюрморты. К 1895 у художника созрел замысел создания больших композиций с обнаженными фигурами в обрамлении стволов деревьев на фоне пейзажа. Художник работал над ними всю оставшуюся жизнь (1906, «Большие купальщики», Художественный музей, Филадельфия, R. 857; 1895—1906, Фонд Барнса, Мерион, R. 856; 1894—1905, Национальная галерея, Лондон, R. 855). Наряду с картинами разного формата и акварелями сохранилось также множество рисунков, как с отдельными фигурами, так и с групповыми сценами. Частью эти работы являются самостоятельными композициями, к их числу принадлежит и картина из ГМИИ. Изображение обнаженной натуры в пейзаже, как и у старых мастеров, символизировало для Сезанна гармонию человека и природы.

В многочисленных живописных разработках этой темы, относящихся к первой половине 1890-х, палитра Сезанна постепенно высветлялась (1890—1895, R. 752; ок. 1890, Художественный институт, Чикаго, R. 750; ок. 1890, R. 747; ок. 1895, Художественный музей, Филадельфия, R. 755), в московской картине склоняясь к преобладанию холодных голубых тонов. Во всех указанных картинах и этюдах Сезанн разрабатывал композицию из пяти фигур (две стоящие фигуры со спины и две, сидящие на берегу ручья между ними; в воде виднеется голова, либо торс купальщика). На московской картине добавлена еще одна фигура, изображенная со спины в рост на противоположном берегу ручья. Торсы вытянуты и обозначены гибкими, прерывистыми линиями, позволяющими фигурам «раствориться» в пейзаже. Такой эффект достигнут не во всех композициях с купальщиками. Так, в «Группе купальщиков» (1892—1894, Фонд Барнса, Мерион, R. 753) фигуры написаны более плотными слоями краски, что выделяет их на фоне пейзажа, а в «Купальщиках» (R. 747) пейзаж и фигуры представляют две по-разному исполненные живописные зоны, наложенные одна на другую. К синтезу фигур в окружающем пространстве Сезанн пришел в результате длительных поисков. К отдельным фигурам сохранились рисунки: к центральной фигуре с полотенцем в руке (Chappuis, 424, 430) и к стоящей фигуре справа с поднятыми руками (Chappuis, 959). Одна деталь московской картины связывает ее с окончательным воплощением темы в «Больших купальщиках» — древесный ствол с голыми ветвями. В московской разработке уже намечены «архитектурные» структурирующие функции природных мотивов.

Происхождение: пост. в 1948 из ГМНЗИ. Ранее: Галерея Воллара; с 1910 собр. И.А. Морозова (приобр. у Воллара за 18 000 франков); с 1918 МНЗЖ-2; с 1923 ГМНЗИ

Выставки: 1926 Москва, №12; 1956 Ленинград-II, № 16; 1972 Оттерло, № 3; 1973 США, № 3; 1979 Япония, № 6; 1985 Венеция—Рим, № 7; 1987 Лугано, № 18; 1989 Базель, № 55, pl. 149; 1993—1994 Эссен—Москва—Санкт-Петербург, № 23

Литература: Meier-Graefe 1910, S. 33; Маковский 1912, с. 23; Сезанн 1975, № 15; Reff 1977, p. 118; Bessonova, Barskaya 1985, N° 88, p. 351–352; Каталог ГМИИ 1995, с. 394

М. Б.

33. Мужчина, курящий трубку. 1893–1896
Le Fumeur **R. 790**

Холст, масло. 91 x 72
Государственный музей изобразительных искусств им. А.С. Пушкина, Москва
Инв. № 3336

Последовательность появления полотен с «игроками в карты» и «курильщиками» неизвестна. Возможно, имела место одновременная работа на разных холстах с одними и теми же моделями — жителями Экса и крестьянами, с варьированием сюжета и композиции. Сохранился рисунок с натуры, изображающий садовника Александра Полена (1890–1891, R. W. 381), который лег в основу работы как над «Облокотившимся курильщиком» (Кунстхалле, Мангейм, R. 756) и над «Курильщиком» из Эрмитажа (см. № 29). Персонаж московского полотна, несмотря на отдельные черты сходства с натурным прототипом, связан с ним лишь косвенно и появился позднее. Ревалд, ссылаясь на свидетельство Поля Синьяка о том, что «Курильщик» из Мангейма был привезен из Экса в Париж Полем Алексисом в 1891 году, датировал московскую картину 1893–1896.

В отличие от многофигурных «Игроков в карты», «курильщики» изображены не в интерьере трактира. Их одинокие фигуры в задумчивой позе застыли у стола в мастерской самого Сезанна, на что недвусмысленно намекают висящие на стене картины и этюды, драпировки. На московской картине виден стоящий под столом картон, холст, еще не натянутый на подрамник и прикрепленный верхним краем к стене, с поколенным изображением женской фигуры с опущенными вниз руками и скрещенными пальцами, в котором безошибочно угадывается один из портретов жены художника, исполненных до 1890. М. Юиг высказал предположение, что в данном случае речь может идти либо о портрете из Музея Оранжери, либо о портрете из Музея изящных искусств в Детройте (см. каталог выставки: 1978 Париж, с. 18). Первое ошибочно, и Ревалд справедливо высказался в пользу детройтского «Портрета мадам Сезанн» (R. 607), датировав его ок. 1888. Поза мадам Сезанн, опущенная вниз рука своей плавностью перекликается с левой рукой «курильщика», соединяя эту «картину в картине» с передним планом и композиционно, и по смыслу.

Фигура задумавшегося «курильщика» в мастерской живописца рядом с портретом мадам Сезанн позволяет предположить, что картины с «курильщиками» более связаны с личностью художника, чем принято думать. К ним вряд ли применима формулировка Вентури о пребывающих вне времени на полотнах Сезанна как часть природы «крестьянах с чистой совестью», которых он видел в персонажах картин из серии «Игроки в карты». Скатерть с орнаментом из пересекающихся по диагонали полос запечатлена также в «Облокотившемся курильщике» из Мангейма (R. 756) и в «Натюрморте» из Фонда Барнса в Мерионе (R. 845), написанном одновременно с московским полотном, однако, лишь в нем игра пересечений диагональных полос скатерти со строгими вертикалями ножек стола и горизонтальными прямыми линиями на фоне превратилась в сознательный художественный прием.

Происхождение: пост. в 1948 из ГМНЗИ. Ранее: Галерея Воллара; собр. С.И. Щукина; с 1918 МНЗЖ-1; с 1923 ГМНЗИ

Выставки: 1926 Москва, № 17; 1955 Москва, с. 57; 1956 Ленинград-I, с. 56; 1956 Ленинград-II, № 19; 1965 Бордо, № 56; 1965–1966 Париж, № 48; 1976 Прага, № 2; 1976 Дрезден, № 13; 1978 Париж, № 5; 1984 Токио—Нара, № 3; 1988 Лондон, № 28; 1990 Чикаго—Нью-Йорк, № 29; 1993–1994 Эссен—Москва—Санкт-Петербург, № 31; 1996 Милан, № 37; 1996 Гаага, № 6

Литература: Каталог Щукина 1913, № 205; Тугендхольд 1914, с. 38 — 39, ил; Venturi 1936, No. 688; Сезанн 1975, № 18; Reff T., in: *Cézanne: The Late Work.* The Museum of Modern Art, New York, 1977, p. 18–19; Reff 1979, fig. 26, Bessonova, Barskaya 1985, № 99, p. 354; Каталог ГМИИ 1995, с. 393

М. Б.

34. Игроки в карты. Ок. 1893—1896
Les Joueurs de cartes

R. 714

Холст, масло. 47,5 x 57
Музей Орсэ, Париж
Инв. № RF 1969

Сын художника аннотировал фотографию картины, находящуюся в архиве Воллара, 1891, с чем соглашался и Ривьер. Вентури расширял эту датировку до 1890—1892, Гоуинг считал, что картина написана ок. 1895, Ревалд и Ришел — 1893—1896.

Сезанн написал пять холстов с игроками в карты, среди которых версия из Музея Орсэ отличается наименьшими размерами, но не уступает ни одной другой по живописным качествам. Трудно сказать, в какой последовательности они создавались. Большинство исследователей соглашается теперь с Ревалдом, что вначале были исполнены две многофигурные композиции: с пятью персонажами из Фонда Барнса в Мерионе и с четырьмя — из Музея Метрополитен (1890—1892, R. 706, 707), а затем — с двумя (1892—1893, частное собр., Швейцария, R. 710; 1893—1896, Институт Курто, Лондон и Музей Орсэ, R. 713, 714). В трех последних картинах действуют одни и те же персонажи; их облик лишь немного менялся, но композиция больших видоизменений не претерпевала. Во всех трех случаях двое мужчин в шляпах, изображенные в профиль, сидят друг против друга за простым сельским столом, всецело погрузившись в игру.

Большое полотно из Фонда Барнса — одно из самых крупных и сложных по построению в живописи Сезанна. Художник, несомненно, связывал с ним большие надежды, работал напряженно, оставив ряд подготовительных рисунков и этюдов. Считается, что оно было первым в серии, и что Сезанн приступил к нему осенью 1890. В феврале 1891 Поль Алексис написал Золя из Экса, что художник пишет в Жа-де-Буффан, где какой-то работник служит ему моделью (Rewald 1939, p. 336). В 1955 Роберт Рэтклифф беседовал в Эксе с Леонтин Полен, которая когда-то позировала для «Игроков в карты» из Фонда Барнса. Старая женщина помнила, что ей платили за эту работу три франка, а ее отцу Александру Полену, садовнику в Жа-де-Буффан — пять за работу того же рода.

Из такого рода информации, а также из изучения всех сопутствующих произведений можно сделать вывод, что, придумав композицию, Сезанн писал своих персонажей по очереди, никогда не собирая их вместе. Нельзя думать, что он увидел такую сцену где-нибудь в местном кабачке, а затем перенес ее на холст. Девочка, следящая за игрой, исчезла в вариации из Музея Метрополитен, остался только человек с курительной трубкой — персонаж, соединяющий «игроков в карты» с «курильщиками» (см. № 29, 33), но в дальнейшем никаких наблюдателей за игрой не осталось. Исчез и третий игрок, хотя именно он определял центр композиции. Часть его роли как бы получила черная бутылка (кстати сказать, такая бутылка фигурирует в эрмитажном «Курильщике»). Именно в двухфигурном варианте композиция достигла наивысшей лапидарности и выразительности. Элементы повествовательности, повлиявшие на весь строй полотна из Фонда Барнса, были, в сущности, устранены, зато конструктивные и живописные элементы получили большую свободу. Колористически все три картины с двумя персонажами существенно отличаются от более ранних многофигурных «Игроков в карты», приближаясь по стилю исполнения к «Портрету Гюстава Жеффруа» (1895—1896, Музей Орсэ, Париж, R. 791).

Повествовательные элементы, не свойственные в целом искусству Сезанна, проникали в его живопись вместе с впечатлениями от произведений старых мастеров с карточной иконографией — Тициана, Тинторетто, Веронезе, Ленена, Шардена. Вероятно, знал он также работы своих непосредственных предшественников Домье и Гаварни. Наиболее явный иконографический источник — картина «Игроки в карты» (1635—1640, Музей Гране, Экс-ан-Прованс), приписывавшаяся тогда Луи Ленену, а теперь считающаяся работой его брата Матье. Эта отнюдь не выдающееся произведение пользовалось значительной популярностью на родине Сезанна. По словам Гаске, именно перед ней он говорил: «Вот как я хотел бы писать». Однако, отталкиваясь от идеи, подсказанной старым мастером, Сезанн не только оставался равнодушен к сюжету (картина Ленена рассказывает о шулерах, обманывающих наивного юношу), но и строил свою живописную конструкцию вспреки классическим рецептам театрализованной мизансцены.

Происхождение: пост. в 1986 из из Музея Же-де-Пом, Лувр. Ранее: Галерея Воллара; собр. Дени Кошена; Галерея Дюран-Рюэля, Париж; собр. графа Исаака де Камондо; с 1908 Лувр (по завещанию графа Камондо, з 1940—1985 Музей Же-де-Пом, отделение Лувра)

Выставки: 1945 Париж, № 2; 1953 Экс-ан-Прованс—Ницца—Гренобль, № 18; 1954 Париж, № 55; 1955 Рим, № 9; 1956 Гаага, № 37; 1961 Вена, № 33; 1966 Гаага, № 49; 1966 Париж, № 51; 1978 Париж, № 6; 1984 Мадрид, № 43; 1993 Тюбинген, № 66; 1995—1996 Париж—Лондон—Филадельфия, № 134

Литература: Lecomte G. Crise de la peinture française // Art et les Artistes, 1910, p. 24; Denis 1914, S. 212; Rivière 1923, p. 218; Venturi 1936, N°. 558; Reff T. Cézanne's *Card Players* and Their Sources // Arts Magazine, November 1980, fig. 13; Kendall 1988, p. 178

А. К.

35. Мост через Марну в Кретее (Берега Марны). Ок. 1894
Le Pont sur la Marne à Creteil

R. 729

Холст, масло. 71 х 90
Государственный музей изобразительных искусств им. А.С. Пушкина, Москва
Инв. № 3416

Летом 1894 Сезанн работал близ маленьких городков Иль-де-Франса, живописно раскиданных по берегам Марны. Осенью того же года он провел некоторое время в Живерни, где регулярно общался с Клодом Моне. Атмосфера мест, излюбленных импрессионистами, вдохновила художника на создание пейзажей берегов Марны с деревьями, мостами и постройками, отражающимися в воде. Сезанн поставил перед собой задачу трансформировать традиционные мотивы Моне, Ренуара, Сислея в элементы новой живописной системы, опирающиеся на открытые Сезанном принципы перспективного построения полотна. Он работал одновременно над многими холстами, заканчивал которые уже по возвращении в Экс. К этому периоду можно отнести московский пейзаж «Берега Марны», который, несмотря на аннотацию сына художника в архиве Воллара, по зрелости и отточенности живописного стиля никак не мог быть исполнен в 1888. В отличие от другого пейзажа с тем же мотивом, также приобретенного И.А. Морозовым («Берег Марны», см. № 24), который, судя по сочетанию текучих и уложенных рядами диагональных красочных мазков, действительно был написан до 1890.

Среди всех видов Марны кисти Сезанна пейзаж «Мост через Марну в Кретее» является самым выразительным и уверенным по композиционным приемам. Фермы и пролет моста на дальнем плане изображены так, как если бы они располагались непосредственно перед глазами художника, то есть параллельно картинной плоскости, что противоречит традиционным правилам построения далей по законам прямой перспективы. Композиция строится одновременно и вглубь, и по вертикали, что в сочетании с непривычно высветленным передним планом придает пейзажу динамизм и энергию, не разрушая при этом общий декоративный строй полотна. В письме художнику Э. Бернару из Экса от 15 апреля 1904 Сезанн частично объяснил свои композиционные и колористические принципы: «...Линии, параллельные горизонту, передают протяженность, то есть выделяют кусок из природы или, если хотите, из картины, которую Pater Omnipotens Aetrni Deus развертывает перед нашими глазами. Линии, перпендикулярные этому горизонту, дают глубину. А поскольку в природе мы, люди, воспринимаем больше глубину, чем поверхность, то необходимо вводить в колебания света, передаваемые красными и желтыми тонами, достаточное количество голубых, чтобы дать почувствовать воздух» (Cézanne 1978, p. 300).

Красочная гамма картины не менее поражает своим разнообразием. Здесь можно встретить все оттенки зеленого цвета — от яркой зелени берега до темных густых тонов отражений в воде. Пейзаж исполнен широкой кистью текучими заливками: так написаны отражения в воде построек и массы берега. Небо и вода у нижнего края картины выполнены стремительными завихряющимися мазками голубой краски, вносящими в трактовку поверхности легкую фактурную игру. Пейзаж отличается световой и воздушной трепетностью, но сиюминутность состояния природы подчинена строго выверенному сложному перспективному замыслу, сокращающему дистанцию глубины и нейтрализующему иерархию верха и низа.

В литературе пейзаж фигурировал под разными названиями: «Берега Марны», «Мост в Пюто» (Burger F. Cézanne und Hodler. Munich, 1913, Ab. 126). Вентури уточнил место, где был написан пейзаж, назвав его «Мост в Кретее»; к нему присоединился Ревалд, в середине тридцатых годов ездивший по местам работы Сезанна и искавший на местности точки, где художник ставил свой мольберт. Изображенный мост через Марну расположен недалеко от впадения Марны в Сену в городке Кретей.

Вентури датировал картину 1888, Новотны — 1893—1895, Ревалд — ок. 1894.

Происхождение: пост. в 1948 из ГМНЗИ. Ранее: с 1895 Галерея Воллара; с 6 января 1900 собр. Огюста Пеллерена; с 8 сентября 1911 Галерея Бернхейм-Жен; Галерея Воллара; с 1912 собр. И.А. Морозова (приобр. за 30 000 франков) с 1918 МНЗЖ-2; с 1923 ГМНЗИ

Выставки: 1895 Париж; 1926 Москва, № 11; 1936 Париж, № 74; 1939 Москва, с. 46; 1955 Москва, с. 56; 1956 Ленинград-I, с. 55; 1956 Ленинград-II, № 13; 1960 Москва, с. 34; 1974 Ленинград, № 50; 1974—1975 Москва, № 46; 1985 Венеция—Рим, № 3; 1989 Хельсинки, № 6; 1993 Вена, № 4; 1993—1994 Эссен—Москва—Санкт-Петербург, № 22

Литература: Kessler H. Impressionisten. München, [1908], Fig.51; Маковский 1912, с. 23.; Rivière 1923, p. 130, 217; Venturi 1936, N°. 631; Novotny F. Cézanne. Wien, 1937, Abb. 65; Сезанн 1975, № 11; Bessonova, Barskaya 1985, N° 92, p. 352; Каталог ГМИИ 1995, с. 393; Machotka 1996, p. 72—73

М. Б.

36. **Натюрморт с драпировкой. Ок. 1894—1895**
Nature morte au rideau **R. 846**

Холст, масло. 55 х 74,5
Государственный Эрмитаж, Санкт-Петербург
Инв. № ГЭ 6514

В датировке «Натюрморта с драпировкой», принадлежащего к самым выдающимся созданиям мастера в этом жанре, наблюдается большой разброс мнений. Пометка сына художника в архиве Воллара — ок. 1888—1889. Вентури вначале держался 1895, затем пересмотрел эту датировку в пользу 1900—1905. Стерлинг предлагал не менее расширительную, но более раннюю датировку — 1895—1900. Гоуинг, а затем А. Барская и Ревалд называли 1899. Эта точка зрения основана на допущении, что натюрморт написан в Париже, где Сезанн тогда находился. Барская исходила из того, что драпировка с лиственным орнаментом была принадлежностью парижской квартиры художника. Она воспроизведена в написанном в Париже знаменитом «Пьеро и Арлекине» (см. № 25). Такого предположения, однако, недостаточно для установления времени исполнения картины. Ткань, как и другие предметы, нетрудно было перевезти. Известно, что фаянсовый молочный кувшин, фигурирующий в ряде композиций 1890-х и попавший в «Натюрморт с драпировкой», оказался среди утвари мастерской в Эксе.

Картина представляет композиционно усовершенствованную версию «Натюрморта» (Фонд Барнса, Мерион, R. 844), который также датируется весьма поразному. Ревалд, в частности, называет 1892—1894. Вряд ли эти две работы мог разделять большой промежуток времени.

Проработанный значительно подробнее, чем «Натюрморт» из Фонда Барнса, «Натюрморт с драпировкой» остался все же незаконченным (в особенности салфетка справа). Однако многие работы, которые Сезанн считал незавершенными, воспринимаются теперь как законченные. Интуитивно или осознанно, но в работе над картиной художник остановился в тот момент, когда следующие мазки (прежде всего там, где находится салфетка), способствуя внешней отделанности, повредили бы живописной структуре.

Происхождение: пост. в 1930 из ГМНЗИ. Ранее: Галерея Воллара; с 1907 собр. И.А. Морозова (приобр. у Воллара за 17 000 франков); с 1918 МНЗЖ-2; с 1923 ГМНЗИ

Выставки: 1926 Москва, № 14; 1956 Ленинград-I, с. 56; 1956 Ленинград-II, № 22; 1971 Токио—Киото, № 54; 1972 Оттерло, № 4; 1974 Ленинград, № 54; 1975—1976 США, № 25; 1975 Виннипег—Монреаль, № 25; 1976 Мехико, № 25; 1977 Нью-Йорк—Хьюстон, № 27; 1978 Париж, № 23; 1983 Дрезден, № 27; 1983 Лугано, № 6; 1984 Ленинград—Москва, № 91; 1985 Венеция—Рим, № 9; 1988 Лондон, № 29; 1995—1996 Париж—Лондон—Филадельфия, № 180

Литература: Маковский 1912, с. 23; Vollard 1914, p. 48; Venturi 1936, N°. 731; Сезанн 1975, № 20; Костеневич 1989, № 59

А. К.

37. Персики и груши. Ок. 1895
Nature morte. Pêches et poires — R. 664

Холст, масло. 61 x 90
Государственный музей изобразительных искусств им. А.С. Пушкина, Москва
Инв. № 3415

К постановке изображенных в натюрморте предметов на рабочем столе в своей мастерской Сезанн возвращался на протяжении жизни неоднократно. На двух поздних акварелях (1900—1906, R. W. 571 и 572) изображены те же смятая белая скатерть с красными полосами, молочник и сахарница рядом с фруктами. Тот же молочник фигурирует в натюрморте из Музея современного искусства в Нью-Йорке (1895—1898, R. 804).

Непосредственное отношение к московской картине имеют два натюрморта, по-разному датирующиеся в литературе. Первый — «Натюрморт с сахарницей» (Корпорация Поло, Япония, R. 771), Ревалд датировал 1893—1894. По манере трактовки фруктов и скатерти, а также преобладанию теплых охристых тонов он близок московскому. Еще ближе к натюрморту из ГМИИ второй холст — «Молочник и фрукты на столе» из Национальной галереи Осло (R. 663): молочник и блюдо с фруктами расположены на нем на том же рабочем столе с выдвижным передним ящиком; он отличается от «Персиков и груш» отсутствием скатерти и сахарницы, а также иным расположением предметов и молочника в центре стола. Можно предположить, что это — более ранняя расстановка предметов для натюрморта с рабочим столом. Следующая композиция, московская, исполненная тогда же, уже включала смятую скатерть и сахарницу. Видимо, Сезанна не устраивала статичность первого натюрморта. «Натюрморт с сахарницей», отличающийся от картин из Осло и Москвы укрупнением переднего плана с сахарницей и фруктами, мог появиться последним в ряду вариантов композиции с одними и теми же предметами на столе. На близость московской картины и натюрморта из Осло обращали внимание все исследователи творчества Сезанна, датируя их вслед за Вентури 1888—1890. Датировка во многом основывалась на аннотациях Сезанна-сына в архиве Воллара. На фотографии московской картины он поставил дату 1887, а на фото натюрморта из Осло — 1888. Однако вряд ли стоит безоговорочно придерживаться этих датировок. Еще Л. Гоуинг в 1955 в статье о датировках работ Сезанна относил натюрморт из ГМИИ к 1895. Именно так датировал Ревалд «Натюрморт с сахарницей». Последовательные композиционные эксперименты Сезанна с одним и тем же мотивом и набором предметов позволяют, скорее, датировать и натюрморты из Москвы и Осло тем же временем — ок. 1895.

Терновец в неизданном каталоге Морозовского отделения Музея новой западной живописи писал, что этот натюрморт — «любимая картина И.А. Морозова».

Происхождение: пост. в 1948 из ГМНЗИ. Ранее: собр. Жоржа Бернхейма, Париж; с 21 марта 1907 Галерея Бернхейм-Жен (продана Ж. Бернхеймом в Галерею Воллара); с 30 декабря 1908 собр. Альфонса Канна, Сен-Жермен-ан-Ле; с 22 марта 1911 снова Галерея Бернхейм-Жен; Галерея Воллара; с 1912 собр. И.А. Морозова (приобр. у Воллара за 30 000 франков); с 1918 МНЗЖ-2; с 1923 в ГМНЗИ

Выставки: 1926 Москва, № 19; 1936 Париж, № 68; 1955 Москва, с. 57; 1956 Ленинград-I, с. 55; 1956 Ленинград-II, № 15; 1990 Нью-Йорк—Чикаго, № 30; 1993—994 Эссен—Москва—Санкт-Петербург, № 28; 1996 Милан, № 38; 1996 Гаага, № 7

Литература: Burr-McIntosh Monthly, March 1908, il.; Venturi 1936, N°. 619; Gowing 1956, p. 191; Brion-Guerry L. Cézanne et l'expression de l'espace. Paris, 1966, pl. 33; Сезанн 1975, № 16; Bessonova, Barskaya 1985, N° 87, p. 351. Каталог ГМИИ 1995, с. 393

М. Б.

38. Большая сосна близ Экса. Ок. 1895—1897
Grand pin près d'Aix-en-Provence

R. 761

Холст, масло. 72 x 91
Государственный Эрмитаж, Санкт-Петербург
Инв. № ГЭ 8963

Образ большой сосны имел огромную притягательность для Сезанна едва ли не с детских лет. «Помнишь ли ты, — писал он Эмилю Золя 9 апреля 1858, — сосну на берегу Арк, что вытягивала мохнатую голову над бездной у своих ног? Эта сосна ветвями защищала наши тела от ярости солнца. Ах, пусть боги покровительствуют ей и отведут от нее роковой удар дровосека...» (Cézanne 1978, p. 19).

Через три десятилетия образ могучего хвойного дерева стал доминировать в картине «Большая сосна» (ок. 1889, Художественный музей, Сан-Пауло), а немного раньше в нескольких произведениях мастера, показывающих одну и ту же сосну с одной и той же точки зрения. По-видимому, это дерево притягивало художника по каким-то личным причинам.

В этой группе работ показана местность Монбриан в долине реки Арк в окрестностях Экса, где находилось поместье сестры художника и ее мужа Максима Кониля, приобретенное в 1886. Монбриан граничит с деревней Бельвю. Традиционно считали сосну эрмитажной картины достопримечательностью Монбриана. В некоторых изданиях картина называлась «Большой сосной в Монбриане». Ревалд указал, что земля, на которой стояла сосна, — часть территории Бельвю (дома этой деревни видны в отдалении). Соответственно, две картины, изображающие эту сосну, Ревалд назвал «Большой сосной и красной землей (Бельвю)».

Первая из них (Галерея Иосии, Токио, R. 537) была написана задолго до эрмитажной «Большой сосны близ Экса»: Вентури датировал ее 1886—1887, Ревалд и Купер — 1885. Вне всякого сомнения, эрмитажный пейзаж появился через несколько лет, одновременно с двумя акварелями «Большая сосна, этюд» (Музей Метрополитен, Нью-Йорк и Кунстхауз, Цюрих, R. W. 286, 287). И эти акварели, и эрмитажную картину Ревалд датировал одинаково — 1890—1895. Вентури же считал, что оба полотна с большой сосной из Бельвю написаны в одно время, что, конечно, ошибочно. Начать с того, что ствол дерева в эрмитажной «Большой сосне» толще, а подлесок у его основания выше, а это явно свидетельствует в пользу значительно более поздней датировки. В свое время хранительница ГМНЗИ Н. Яворская предложила датировать «Большую сосну близ Экса» 1895—1897, с чем впоследствии согласился и Теодор Рефф.

Кроме того, в сравнении с картиной из Галереи Иосии эрмитажная отличается иным, неизмеримо более конструктивным стилем исполнения. Ранняя версия была оставлена Сезанном незаконченной, и именно поэтому впоследствии ее «отредактировал» довольно серьезным образом Шуффенекер. Он приобрел ее за бесценок, затем продал Воллару, несомненно, гораздо дороже, предварительно дописав: по его собственному признанию, он прокрыл краской треть холста. Работа по «улучшению» живописи Сезанна, произведенная Шуффенекером, открылась лишь во второй половине 1930-х. Хотя сам он утверждал, что действовал таким образом вовсе не из финансовых побуждений, на самом деле именно «незаконченность» мешала более выгодным продажам картин Сезанна в начале XX века. «Законченная» же версия «Большой сосны» достигла на распродаже коллекции Ганья в 1925 рекордной цены в 550 000 франков.

Происхождение: пост. в 1948 из ГМНЗИ. Ранее: Галерея Воллара; с 1908 собр. И.А. Морозова (приобр. у Воллара за 15 000 франков); с 1918 МНЗЖ-2; с 1923 ГМНЗИ

Выставки: 1926 Москва, № 24; 1956 Ленинград-I, с. 56; 1956 Ленинград-II, № 17; 1966—1967 Токио—Киото, № 58; 1974 Ленинград, № 56; 1978 Париж, № 3; 1983 Лугано, № 4; 1985 Венеция—Рим, № 6; 1986 США, № 5; 1986 Квебек, № 5; 1988 Япония, № 25; 1993 Тюбинген, № 71; 1995—1996 Париж—Лондон—Филадельфия, № 154

Литература: Маковский 1912, с. 23; Яворская Н.В. Поль Сезанн. М., 1935, с. 63; Venturi 1936, N°. 458; Сезанн 1975, № 17; Костеневич 1989, № 56

А. К.

39. Мост над прудом. Ок. 1898
Le Pont sur l'étang **R. 725**

Холст, масло. 64 x 79
Государственный музей изобразительных искусств им. А.С. Пушкина, Москва
Инв. № 3417

Пейзаж развивает сравнительно редкий в творчестве Сезанна мотив отражений в воде. Сквозь легко написанные кроны деревьев в верхней части композиции просвечивают незакрашенные участки холста, что типично для живописной манеры Сезанна 1890-х. Отражения в воде написаны интенсивными пятнами зеленого цвета с примесью сажи и охры. Таким образом, «мнимая» натура в нижней части холста берет на себя функции условного, нереального пейзажа, в то время как живые растения и легкие опоры деревянного моста утрачивают материальность, растворяясь в голубизне небесного свода. Сезанн, следуя логике открытых им принципов живописного, отказывается от создания камерного, интимного по духу пейзажа, подсказываемого мотивом. Поверхность холста заполнена крупными текучими мазками, положенными под углом друг к другу так, что пейзаж лишается иллюзорной глубины. Каждый фрагмент живописной поверхности приобретает самостоятельное значение, являясь модулем, подчиняющим себе красочную структуру.

Картину можно отнести к концу 1890-х, когда Сезанн летом регулярно работал над пейзажами в городках и курортных местах Иль-де-Франса.

Происхождение: пост. в 1948 из ГМНЗИ. Ранее: с 1910 собр. Огюста Пеллерена, Париж; с 1910 Галерея Бернхейм-Жен; Галерея Воллара; с 1911 собр. И.А. Морозова (приобр. за 15 000 франков); с 1918 МНЗЖ-2; с 1923 ГМНЗИ

Выставки: 1926 Москва, № 10; 1955 Москва, с. 56; 1956 Ленинград-I, с. 55; 1956 Ленинград-II, № 14; 1960 Москва, с. 34; 1978 Будапешт, с. 5; 1983 Лугано, № 5; 1985 Венеция—Рим, № 5; 1986 США, № 6; 1993—1994 Эссен—Москва—Санкт-Петербург, № 25; 1996 Милан, № 39; 1996 Гаага, № 8.

Литература: Маковский 1912, с. 28—29; Denis 1914, S. 277; Venturi 1936, N° 641; Sterling C. Le Pont de Mennecy de Cézanne // La Revue des Arts, 1955, p. 195—198, il.; Сезанн 1975, № 14; Bessonova, Barskaya 1985, N° 90, p. 352; Каталог ГМИИ 1995, с. 394

М. Б.

40. Скалы у пещер над Черным замком. 1895—1900
Rochers près des grottes au-dessus du Château noir

R. W. 435*

Бумага, карандаш, акварель. 31,4 x 47, 6
Музей современного искусства, Нью-Йорк
Инв. № 21. 34

Те же скалы в каменоломнях Бибемюса запечатлены Сезанном в нескольких акварелях (R. W. 432—439). Две выполнены без какой-либо предварительной подготовки, сразу кистью; в других — композиция вначале намечена свинцовым карандашом. Все эти места художник хорошо знал с ранней юности, когда вместе с Золя приходил сюда поохотиться или поплавать в образовавшихся здесь запрудах.

По своему мотиву акварель очень близка картинам «Каменоломни Бибемюса» (ок. 1895, Музей Фольькванг, Эссен, R. 797) и «Гора Св. Виктории. Вид от каменоломен Бибемюса» (ок. 1897, Художественный музей, Балтимор, R. 837). Ревалд еще в 1930-е попытался найти и сфотографировать этот участок Бибемюса (Rewald 1977, p. 91—92). Затем, в 1962, это сделал Павел Махотка (Machotka 1996, p. 98). Однако он указывает, что зона Бибемюса, где писал художник, изменилась до неузнаваемости.

Теодор Рефф так характеризовал эту акварель: «Здесь и в деревьях, и в поверхности скального карьера доминирует линеарность; прекрасные цветовые мазки, усиливающие карандашные контуры, создают рисунок, наделенный мощным жизненным ритмом. Его барочная экспансивность и движение напоминают нам о том, что Сезанн часто делал зарисовки с картин Рубенса и статуй Пюже, даже в конце 1890-х годов, когда он писал этот пейзаж. Этот властный ритм, воспринятый еще до начала картины, по-видимому, побудил его избрать горизонтальный формат и ввести вторую скалу справа — область, в которой чередующиеся выступы и впадины подчиняются искусному узору линий, напоминающему свиток.

Но эта область, очевидно, была источником более смутных аналогий, которые мы не можем не ощущать в их скрытой органике форм, наполовину прячущихся в тени, человеческого тела, женского тела, превратившегося в скалу. Нам не забыть также, что Сезанн восхищался в Лувре тем, как поэтически воспроизвел Пуссен миф об Эхо и Нарциссе, когда меланхолическая нимфа уже сливается со скалой позади нее, хотя, конечно, ничто из литературного содержания картины не проявляется в его работе» (Reff 1963, p. 28).

Происхождение: пост. в 1934 по завещанию Лили Блисс. Ранее: Галерея Бернхейм-Жен; Галерея Монтросс, Нью-Йорк; с 1916 собр. Джона Квинна; собр. Лили Блисс, Нью-Йорк

Выставки: 1916 Нью-Йорк № 20; 1931 Нью-Йорк, № 18; 1947 Сан-Франциско, № 112; 1952 Нью-Йорк—Чикаго, № 106; 1974 Нью-Йорк, № 21; 1977—1978 Нью-Йорк—Хьюстон—Париж, № 85; 1982 Нью-Йорк—Лондон—Кливленд

Литература: Venturi 1936, N°. 1043; Barr 1977, p. 13

А. К.

* Литеры R.W. означают ссылку на полный каталог акварелей Сезанна (см. список литературы); цифра за ними соответствует порядковому номеру произведения (*примечание научного редактора*).

41. Гора Св. Виктории. Ок. 1897–1898
La Montagne Sainte-Victoire

R. 762

Холст, масло. 81 x 100,5
Государственный Эрмитаж, Санкт-Петербург (бывшее собр. Б. Келера в Берлине)
Инв. № ЗК 1395

Еще в юности Сезанн не раз совершал восхождение на гору Св. Виктории. Эмиль, сын Филиппа Солари, давнего друга художника, рассказывал, как они втроем, а с ними Ампрер, осенью 1895 года предприняли «экскурсию» на гору, «не опасную, но довольно утомительную, требовавшую не менее трех часов». Сезанну было почти пятьдесят семь лет, он страдал диабетом, но до вершины добрался.

Сезанн был не первым, кто изображал величественную достопримечательность экского ландшафта, хотя подобного всепоглощающего интереса к этому мотиву не выказывал никто и никогда. Мастерскую Сезанна украшала гравюра Девийе по картине Бертена «Коронование Аристида». Силуэт горы на фоне очень напоминает гору Св. Виктории, как она выглядит на холсте из бывшего собр. Келера. Сезанн, несомненно, знал большую картину неизвестного художника, датированную 1686 и до сих пор находящуюся в монастыре Гранд-Шартрез в западной части Экса «Картезианский монастырь Св. Марты в Эксе». На ней изображен интерьер церкви, а через открытые двери портала видна гора Св. Виктории. Примерно с той же точки зрения написана акварель Гране «Гора Св. Виктории в ясную погоду из квартала Мальвала» (Музей Гране, Экс-ан-Прованс), с которой Сезанн был знаком.

Безусловно, знал он и еще одну работу Гране, эскиз «Смерть Пуссена» (1849, Музей Гране, Экс-ан-Прованс). Там, над изголовьем смертного одра как завет мастера помещена картина Пуссена «Аркадские пастухи». Этот шедевр — одно из сокровищ Лувра, Сезанн высоко чтил. Уроки «Аркадских пастухов» с их пирамидальной композицией и поразительно гармонической уравновешенностью он не раз использовал в своем творчестве. Пейзажный фон «Аркадских пастухов» венчает гора Св. Виктории. Ее силуэт показан примерно с той же стороны, что и в сезанновской картине из бывшего собр. Келера, только с более далекой точки зрения. Пуссен всегда оставался для Сезанна непререкаемым авторитетом. Общеизвестен тезис мастера «вернуться к Пуссену через природу», означавший такое соединение основ живописи старых мастеров с открытиями современного искусства, которое происходило бы в самом тесном контакте с натурой. «Аркадские пастухи» представляли для Сезанна нечто большее, чем просто хорошую живопись, что-то даже более важное, чем эталон мастерства. Включая в себя образ горы Св. Виктории, полотно Пуссена само становилось «образом», картиной-иконой, освящавшей обращение к сакральному в глазах художника-провансальца мотиву.

На постоянное обращение к изображениям горы Св. Виктории, которые складывались в серии (пусть и незапрограммированные, в отличие от серий Клода Моне), мог влиять и пример Хокусаи с его «Тридцатью шестью видами горы Фудзи». Эти гравюры на дереве широко обсуждались в том кругу, к которому принадлежали Мане, Моне и Золя; Сезанн, естественно, был в курсе таких обсуждений. Есть смысл не упускать из виду перекличку картины из собр. Келера с цветной ксилографией Хокусаи «Красная Фудзи», воспроизводившейся в «Paris illustré» 1 мая 1886 и, по всей вероятности, известной Сезанну.

Картина написана с той точки зрения, которая появляется, когда к горе приближаются от каменоломен Бибемюса. Эти каменоломни служили местом охоты для Сезанна и Золя в дни их юности. Вернувшись почти через сорок лет, художник снял здесь для работы небольшую хижину, так называемый *cabanon*. Обычно Сезанн писал гору Св. Виктории с более далекого расстояния, что позволяло ему захватить каменные блоки Бибемюса или деревья у подножия и тем самым работать над воспроизведением пространства, отталкиваясь от деления на планы, подсказываемого самой натурой. Правда, в применении к данной картине говорить о делении на планы приходится с осторожностью. Один план здесь так плавно переходит в другой, что глаз не встречает никаких препятствий, быстро пробегая все расстояние до самой вершины. Картине свойственна особая легкость дыхания. Это чувство подкрепляется как лаконизмом деталей горы-конуса и чистой линией, схватывающей ее силуэт, так и легкими розоватыми красками, порожденными утренним светом.

В картине довольно много незаписанного грунта: в нижней части слева и справа и в особенности на участках неба, пройденного легко и жидко. Здесь Сезанн сразу нашел нужную тональность и действовал почти по-импрессионистически быстро.

В верхней части горы — мазок неразбавленного крапп-лака, которым Сезанн пользовался в качестве добавки к белилам для достижения необходимого ему тона раннего утра. Эта капля концентрированной кра-

ски попала на холст случайно, но художник не удалил ее, то ли рассчитывая вернуться к картине позже, то ли вообще не видя в том беды. Если абстрагироваться от конкретных особенностей пейзажа и воспринимать картину как чистую живопись, то, с позиций цветового построения холста, этот мазок даже уместен.

Аналогичная композиция с горой Св. Виктории, изображенной примерно с той же точки зрения, разрабатывалась в акварелях Сезанна, исполненных позже, в 1900—1902. Среди них одна, хранящаяся в луврском Кабинете рисунка (R. W. 502), особенно близка картине, но в ней доминируют оттенки голубого цвета.

В датировке пейзажа в литературе существует довольно большой разнобой. Вентури первоначально отнес его к 1894—1900, затем счел, что он исполнен раньше: в 1890—1895. Точка зрения Ревалда более определенна — ок. 1895, но в его каталоге нет никаких обоснований (картины он не видел, и соответствующая аннотация осталась ненаписанной). Рефф полагает, что картина написана в конце 1890-х.

Происхождение: 25 июля 1908 Галерея Воллара; собр. Бернхарда Келера, Берлин

Выставки: 1912 Кельн, № 141

Литература: Mahlberg P. Die internationale Sonderbundausstellung in Köln // Kunst und Künstler, Nr. 10, Juli 1912, S. 511 (воспр.); Venturi 1936, N°. 664; Костеневич 1995, № 52; Machotka 1996, p. 27, 136

А. К.

42. Гора Св. Виктории. Ок. 1896—1898
La Montagne Sainte-Victoire

R. 899

Холст, масло. 78,5 x 98,5
Государственный Эрмитаж, Санкт-Петербург
Инв. № ГЭ 8991

Сын художника считал, что пейзаж исполнен ок. 1890. Вентури датировал его 1894—1900, так же, как близкий по композиции и избранной точке зрения холст из Художественного музея в Кливленде (R. 900). Ревалд, называя кливлендскую картину второй версией, отнес ее к значительно более позднему времени (1904), а время исполнения эрмитажной «Горы» обозначил как 1896—1898. Он выяснил, что, создавая пейзаж, Сезанн смотрел на гору с дороги из Толоне (в его каталоге картина названа «Le Mont Sainte-Victoire au-dessus de la route du Tholonet»). На полпути из Толоне к горе Св. Виктории находится Черный замок, где художник снимал комнату для работы, — на полотне этот дом скрыт за деревьями. Дорога сейчас расширена и выпрямлена, но сравнение картины с фотографией мотива, сделанной Ревалдом в 1935, показывает, что Сезанн, точно воспроизводя реальные подробности, прибег к значительному перспективному искажению, сильно придвинув гору вперед. Одна из крупных сосен, запечатленных в картине, сохранилась до настоящего времени.

От других изображений горы Св. Виктории, эрмитажный пейзаж отличает особое, «энергоемкое» понимание перспективы, которая была призвана запечатлеть всю мощь цвета. В этом отношении картине свойственна определенная двойственность: далекая гора кажется «придвинутой» ближе, чем полагалось бы при следовании классической перспективе. Необычная пространственность пейзажа поражает особенно сильно при сопоставлении его с более поздней кливлендской версией, где гора, увиденная почти с той же точки зрения, уходит вглубь значительно дальше. Знаменитый немецкий коллекционер Остхауз, посетивший Сезанна в апреле 1906, рассказывал, как художник на примере тех холстов, которые еще мог найти у себя дома (Воллар мало-помалу увозил их в Париж), главным образом горных пейзажей, объяснял ему суть своего подхода к проблемам перспективы. «Главное в картине — найти правильную дистанцию. Цвет должен выразить все разрывы в глубине. Именно в этом распознается талант живописца» (Osthaus K.E. Une visite à Paul Cézanne // Conversations avec Cézanne 1978, p. 97).

Картина довольно сильно повреждена в верхней и нижней частях оттого, что до поступления к И.А. Морозову не имела подрамника и в течение нескольких лет хранилась свернутой в рулон. Известно, что именно в таком виде Воллару удалось заполучить значительное количество холстов мастера.

Происхождение: пост. в 1948 из ГМНЗИ. Ранее: Галерея Воллара; с 1907 собр. И.А. Морозова (приобр. у Воллара за 20 000 франков); с 1918 МНЗЖ-2; с 1923 ГМНЗИ

Выставки: 1926 Москва, № 22; 1936 Париж, № 108; 1956 Ленинград-I, с. 56; 1956 Ленинград-II, № 20; 1967 Монреаль, № 4; 1972 Оттерло, № 5; 1973 США, № 5; 1974 Ленинград, № 10; 1977 Нью-Йорк—Хьюстон, № 10; 1978 Париж, № 79; 1985 Венеция—Рим, № 10; 1987 Япония, № 36; 1990 Экс-ан-Прованс, № 39; 1993—1994 Эссен—Москва—Санкт-Петербург, № 32; 1997 Касама, № 28

Литература: Маковский 1912, с. 23; Meier-Graefe J. Cézanne und sein Kreis. München, 1920, S. 141; Venturi 1936, N°. 663; Сезанн 1975, № 23; Костеневич 1989, № 62

А. К.

43. Дом среди деревьев. Ок. 1900
Arbres et maisons

R. W. 509

Бумага, карандаш, акварель. 27,9 x 43, 5
Музей современного искусства, Нью-Йорк
Инв. № 15. 34

Вентури первоначально датировал эту акварель 1890—1894, затем 1906. Андерсен считал, что она исполнена между 1890 и 1900. Датировка Ревалда — ок. 1900.

Происхождение: пост. в 1934 по завещанию Лили Блисс. Ранее: собр. сына художника, Париж; Галерея Бернхейм-Жен; с 1916 Галерея Монтросс, Нью-Йорк; с 1916 собр. Лили Блисс, Нью-Йорк

Выставки: 1907 Париж-II, № 32; 1916 Нью-Йорк; 1920 Филадельфия, № 52;1977—1978 Нью-Йорк—Хьюстон—Париж, № 90; 1982 Тюбинген—Цюрих, № 66

Литература: Wright W. H. Paul Cézanne // International Studio, February 1916, p. CXXX; Venturi 1936, N° 977; Barr 1977, p. 531, 651; Andersen W.V. Watercolor in Cézanne's Artistic Process // Art International, May 23, 1963, p. 25

А. К.

44. Дама в голубом. Ок. 1900
Dame en bleu

R. 944

Холст, масло. 90 х 73,5
Государственный Эрмитаж, Санкт-Петербург
Инв. № ГЭ 8990

В своем каталоге *raisonné* 1936 Вентури, основываясь на иконографических и стилистических сближениях, поместил картину в одну группу с несколькими произведениями, отнесенными им к 1900—1904. Сюда вошли «Итальянка, облокотившаяся о стол» (частное собр., Нью-Йорк, R. 812), «Старуха с четками» (Национальная галерея, Лондон, R. 808) и «Женщина с книгой» (Коллекция Филипс, Вашингтон, R. 945). Однако сейчас эта группа не воспринимается как монолитная: наметилась тенденция дать каждому из полотен свою датировку. Позднее сам Вентури уточнил датировку «Дамы в голубом», сведя ее к 1900. На фотографии картины в архиве Воллара имеется пометка — 1899.

Эрмитажную композицию сопоставляют обычно с «Женщиной с книгой», где у модели те же самые платье и шляпка. Ревалд даже отождествил обеих женщин, что, конечно, ошибочно. Он отнес «Даму в голубом» к 1904. Рефф считал, что она исполнена раньше — в 1900—1902. Компромиссной датировки — 1900—1904 — придерживается Франсуаза Кашен в каталоге ретроспективы Сезанна 1995—1996. Гоуинг, оставляя за «Женщиной с книгой» 1902—1903, предложил для эрмитажной картины значительно более раннюю датировку — 1892—1896. Он считал, что «Дама в голубом» исполнена в Эксе на улице Булегон. Деталь этой картины — ковер в правой нижней части — фигурирует в натюрморте «Яблоки и апельсины» (ок. 1899, Музей Орсэ, Париж, R. 847), а также в «Итальянке, облокотившейся о стол», которую теперь принято относить к 1900. Учитывая стилистическую близость этой работы к «Даме в голубом», представляется целесообразным принять датировку — ок. 1900 — и для эрмитажной картины.

Кто послужил моделью картины, остается неизвестным. Вентури ошибочно видел в ней жену художника. Ревалд предположил, что моделью могла быть мадам Бремон, экономка и кухарка Сезанна в Эксе, и указал, что покрой платья, в котором представлена «дама», сделался модным в самом конце 1890-х. Считая, что картина написана ок. 1904, он попытался объяснить, почему художник воспользовался здесь несколько «старомодным» нарядом. Однако для 1900 платье было как раз по моде.

Франсуаза Кашен истолковывает левую часть фона как воспроизведение угла одной из картин Сезанна. Она считает, что эта картина — скорее всего «Большие купальщицы» (1900—1905, Фонд Барнса, Мерион). Действительно, Сезанн не раз прибегал к подобным приемам автоцитирования. Так обстоит дело с эрмитажным «Курильщиком» (см. № 29) и «Крестьянином в синей блузе» из Художественного музея Кимбелла (см. № 30). Если Сезанн поместил свою респектабельную модель рядом с изображением целой группы обнаженных женщин, то в таком сопоставлении, совсем не очевидном теперь, мог выразиться его своеобразный юмор.

Происхождение: пост. в 1948 из ГМНЗИ. Ранее: Галерея Воллара; собр. С.И. Щукина; с 1918 МНЗЖ-1; с 1923 ГМНЗИ

Выставки: 1926 Москва, № 20; 1956 Ленинград-I, с. 56; 1956 Ленинград-II, № 21; 1965 Бордо, № 57; 1965—1966 Париж, № 59; 1972 Ленинград, № 391; 1974 Ленинград, № 55; 1977 Нью-Йорк—Хьюстон, № 54; 1979 Париж, № 11; 1982 Токио, № 7; 1984 Токио—Нара, № 2; 1986 США, № 7; 1986 Квебек, № 7; 1987 Лугано, № 19; 1988 Лондон, № 30; 1993 Тюбинген, № 77; 1995—1996 Париж—Лондон—Филадельфия, № 188

Литература: Тугендхольд 1914, с. 17; Venturi 1936, N°. 705; Сезанн 1975, № 21; Костеневич 1989, № 60, 61

А. К.

45. Портрет крестьянина. Ок. 1901
Portrait de paysan

R. 943

Холст, масло. 90,8 х 75,6
Национальная галерея Канады, Оттава
Инв. № 5769

Ревалд считал картину одним из самых поздних изображений крестьян, исполненным в 1904—1906. Датировка, предлагавшаяся Вентури, — 1900—1904, Реффом — 1898—1900. Сын Сезанна аннотировал фотографию картины 1901 (архив Воллара). Последняя датировка представляется наиболее убедительной.

Картина из Оттавы, несомненно, продолжает или замыкает череду таких произведений «фигурного жанра» 1890-х, как «Крестьяниин в синей блузе» (см. № 30). Они появились первоначально в связи со стремлением создать многофигурную композицию с «игроками в карты». После 1896 Сезанн не обращался к вариациям этой большой темы, но продолжал писать одиночные изображения крестьян, живших рядом с Жа-де-Буффан. Они писались в комнатах замка Жа, и можно предположить, что интерьер в «Портрете крестьянина» представляет собой такое помещение, которое художник использовал в качестве мастерской. Темно-синий прямоугольник в правой части — деталь, понадобившаяся для того, чтобы связать различные части пространственной среды, передний план и тот, что следует за ним. Этот прямоугольник и простой ковер-половик, на котором стоит табурет, служат геометрическими скрепами аморфной пространственной среды. Такие структурные элементы импонировали кубистам, десятилетие спустя бросившимся изучать живопись Сезанна, но здесь эта деталь означает папку с рисунками художника, традиционную примету картин, трактовавших мотив ателье или автопортрет в ателье. В те годы Сезанн не писал автопортретов, но какая-то нота самоотождествления мастера с его персонажем звучит в картине. Художник одевался примерно так же, как его «Крестьянин». Он глубоко уважал образ жизни своих героев и предельно спокойную манеру вести себя. Погрузившись в собственные мысли, крестьянин принял такую позу, в какой мог бы, не двигаясь, сидеть часами, — качество, всегда необходимое Сезанну в его работе.

«Портрету крестьянина» явно предшествовал «Сидящий крестьянин» (собр. Уолтера Анненберга, картина завещана Музею Метрополитен, Нью-Йорк, R. 827), датируемый обычно концом 1890-х, где представлена другая модель, но общая композиция и некоторые подробности, включая грубый деревенский табурет, хорошо согласующийся с обликом персонажей, характер одежды и поза весьма близки. Жюль Борели, посетивший Сезанна в Эксе примерно в то время, когда писался «Портрет крестьянина», вспоминал, как, глядя на какого-то хозяина небольшого кафе, сидящего в дверях, художник воскликнул: «Какой стиль!» (Borely J. Cézanne à Aix // L'Art vivant, 1926, N° 2, p. 493).

Происхождение: приобр. в 1950. Ранее: Галерея Воллара; собр. наследников Воллара

Выставки: 1950 Оттава, № 4; 1952 Ванкувер, № 46; 1954 Торонто, № 67; 1956 Гаага, № 50; 1956 Мюнхен, № 62; 1956 Цюрих, № 80; 1956—1957 Кельн, № 30; 1974 Токио, № 60; 1984 Мадрид, № 53; 1993 Тюбинген, № 78

Литература: Venturi 1936, N°. 712; New Acquisitions for Canadian Galleries // Canadian Art, 1951, p. 75; Hubbard R. The National Gallery of Canada. Catalogue. Vol. II. Ottawa, 1959, No. 5769, p. 6

А. К.

46. Листва. Ок. 1900–1904
Etude de feuillage **R. W. 551**

Бумага, карандаш, акварель. 44,7 x 56,8
Музей современного искусства, Нью-Йорк
Инв. № 21a. 34

Вентури датировал эту акварель 1895–1900. Ревалд, а вслед за ним и Ришел, отодвинули время исполнения к 1900–1904.

На листе сохранились легкие предварительные карандашные наметки, но их очень немного; в основном художник вел работу кистью, стремясь передать движение трепещущей листвы, а не строение отдельных листьев, так, что вся композиция воспринимается как довольно абстрактное произведение. Сквозь листву проступают фиолетовато-синие линии ветвей, а кроме того пятна розового цвета (по мнению Шаппюи — герань, по мнению Ревалда — розы).

Мотив трепещущей листвы был подсказан Сезанну Клодом Моне и Писсарро и отразился в таких его работах импрессионистического периода, как «Вид Жа-де-Буффан» (1875–1876, нынешнее местонахождение неизвестно, R. 270) и «Бассейн в Жа-де-Буффан» (ок. 1878, Художественная галерея Олбрайт-Нокс, Буффало, R. 380), но оставался нехарактерным для его творчества. Даже в то время структурность композиции была для него важнее возможностей воспроизвести движение. В конце 1870-х мотив листвы привлек внимание мастера в натюрмортном варианте: в изображении пышно разросшихся комнатных цветов — «Бегонии» (ок. 1879, частное собр., Швейцария, R. 470), акварель «Горшки с цветами» (ок. 1885, Кабинет рисунка, Лувр, Париж, R. W. 194). В поздних картинах Сезанн охотно изображал зелень деревьев, воспринимая ее обобщенной массой. Лишь работа в технике акварели позволила ему снова обратиться к мотиву листвы с выделением ее элементов, из которых строится автономная художественная структура.

Происхождение: пост. в 1934 по завещанию Лили Блисс. Ранее: собр. Поля Сезанна, сына художника; с 1907 Галерея Бернхейм-Жен; с 1916 Галерея Монтросс, Нью-Йорк; с 1916 собр. Лили Блисс

Выставки: 1907 Париж-II, № 44; 1909 Париж, № 3; 1916 Нью-Йорк, № 35; 1934 Филадельфия, № 50; 1952 Чикаго—Нью-Йорк, № 125; 1963 Нью-Йорк, № 42; 1973 Ньюкасл—Лондон, № 90; 1977–1978 Нью-Йорк—Хьюстон—Париж, № 69

Литература: Wright W. H. Paul Cézanne // International Studio, February 1916, p. CXXX; Venturi 1936, N° 1128; Reff 1963, p. 19; Barr 1977, p. 530, 651

А. К.

47. Цветы. 1902–1903
Bouquet de fleurs d'après Delacroix **R. 894**

Холст, масло. 77 x 64
Государственный музей изобразительных искусств им. А.С. Пушкина, Москва
Инв. № 3411

Трудно представить, что этот необычный натюрморт мог быть исполнен по чужой модели. Однако в его основе лежит акварель Делакруа «Букет цветов (Розы и гортензии)» (Музей Орсэ, Париж), высоко ценимая самим ее автором, что отмечено в его завещании.

Искусство Делакруа привлекло внимание Сезанна в Париже в 1862–1865. В то время в Лувре можно было увидеть картину знаменитого мастера «Данте и Вергилий», которую Сезанн начал копировать в 1864, а также выполненную Делакруа роспись плафона галереи Аполлона. Все это вдохновило Сезанна на замысел так и не законченного полотна «Апофеоз Делакруа», к которому художник неоднократно возвращался вплоть до конца жизни. Сезанн чувствовал себя единомышленником Делакруа; его воображение будоражила красочная стихия великого мастера и динамика его композиционных решений. Он собрал в своей мастерской около десятка репродукций с полюбившихся ему композиций Делакруа и исполнил двадцать две копии и варианта маслом картин, отдельных групп и фигур своего кумира, а также ряд рисунков и акварелей. Однако ни одно из его прямых обращений к творчеству мастера нельзя назвать «копией» в общепринятом смысле этого слова.

К числу немногих парижских друзей Сезанна принадлежал страстный коллекционер современного искусства Виктор Шоке, владевший редким для того времени собранием картин и рисунков Делакруа. В 1875 этот любитель, обладавший незаурядным и независимым вкусом, увлекся живописью импрессионистов и познакомился с Ренуаром. Вскоре Ренуар привел Шоке в лавку папаши Танги, где тот приобрел первый пейзаж никому еще неизвестного Сезанна. Ренуар познакомил Шоке с художником, и они подружились. «Посредником» в этой дружбе стал Делакруа. Современники вспоминали, что Сезанн и Шоке подолгу рассматривали акварели и офорты Делакруа со слезами на глазах. В числе этих работ была и акварель «Букет цветов». Дальнейшая судьба этой замечательной акварели и ее обретение Сезанном известны нам из воспоминаний Амбруаза Воллара.

«Сезанн сказал мне: "Надо пойти посмотреть произведения Делакруа из коллекции Шоке, которые поступят в продажу". В частности, он указал мне на очень интересную акварель, изображающую цветы и купленную Шоке на аукционе у Пирона. Этот последний приобрел ее на распродаже, устроенной после кончины Делакруа, чьим душеприказчиком он являлся. Сезанн рассказал мне, что Делакруа в своей последней воле предоставил наследникам право выбрать себе любую его вещь, кроме этой акварели, которая должна была фигурировать на его посмертном аукционе. Желая показать Сезанну, насколько я был заинтересован его рассказом, я разыскал завещание Делакруа и на следующий день, придя позировать, сказал: "Я прочел завещание Делакруа. Я убедился, что он действительно говорит о большой акварели, изображающей цветы, словно наобум помещенные на синем фоне". — "Несчастный! — вскричал Сезанн, делая два шага по направлению ко мне и угрожая мне кулаками, — вы осмеливаетесь говорить, что Делакруа писал наобум!"» (Воллар А. Сезанн. Л., 1934, с. 103).

События, описанные Волларом, относятся к 1899, ибо в июле состоялась распродажа коллекции Шоке. Воллар приобрел эту акварель за 1325 франков и в начале 1902 передал ее Сезанну, о чем можно судить из письма Сезанна в январе этого же года: «...Благодарю Вас за великолепный подарок, картину великого мастера» (из письма Сезанна А. Воллару от 23 января 1902, Cézanne 1978, p. 278–279. Впоследствии Воллар сообщил, что передал Сезанну эту акварель Делакруа в обмен на его произведение (см.: Rewald J. Choquet et Cézanne // Gazette des Beaux-Arts, juillet 1969, p. 89, fig. 41). Возможно, что Сезанн предложил Воллару сделать для него свою копию с акварели Делакруа для обмена, и тогда можно считать московский натюрморт «Цветы» этой работой, но это только предположение. В своих воспоминаниях Эмиль Бернар отметил, что видел акварель Делакруа в спальне ателье Сезанна в Эксе, считая ее покупкой художника у Воллара: «Что было действительно прекрасно в его комнате — это акварель Делакруа, которую Сезанн приобрел у Воллара после распродажи Шоке. Сезанн ею всегда восхищался у своего друга коллекционера, и многому научила его эта акварель в понимании гармонии. Он окружал ее большими заботами: она была вставлена в раму; чтобы предохранить ее от выцветания, Сезанн повесил ее лицом от света и так, чтобы она не касалась стены, отстоя от нее на целую ладонь» (Бернар Э. Поль Сезанн, его неизданные письма и воспоминания о нем. М., 1912, с. 41).

Обладание акварелью любимого мастера подтолкнуло Сезанна в последний раз обратиться к прототипу Делакруа. Видимо, работу над натюрмортом с цветами, как бы «случайно» брошенными на сине-серо-зеленом фоне, Сезанн начал в год получения акварели Делакруа, о чем, быть может, свидетельствуют строки из его письма Воллару: «... Мне пришлось бросить этюд ваших цветов. Я им не был доволен ...» (из письма Сезанна А. Воллару от 9 января 1903, Cézanne 1978, p. 292). Очень старые царапины, нанесенные, похоже, черенком кисти, свидетельствуют о том, что этот натюрморт был автором отвергнут, и Воллар так и не получил от Сезанна этот этюд при его жизни. Картина попала к нему после смерти Сезанна с видимыми повреждениями. Сезанн в ярости испортил и попросту уничтожил много своих работ на глазах у Воллара.

Сезанн был далек от мысли о простом подражании. Динамика основной массы его букета отчасти уравновешена тонко написанным фоном, тронутым широкими пятнами размытой синей, зеленой и розовой красок. Сливающиеся с фоном нежно-пурпурные и бледно-голубые цветы в правом верхнем углу уподобляются рисунку на обоях, многократно интерпретированному в натюрмортах и портретах Сезанна. Два оранжевых бутона справа внизу и слева вверху, там, где на акварели Делакруа изображены раскрытые цветки гортензий, — у Сезанна превратились в сферические объекты, напоминающие плоды из его натюрмортов, висящие на невидимых ветвях. «Копия» перестала быть похожей на свой прототип, сведя на нет сопоставление и заняв свое место среди других натюрмортов Сезанна с цветами и растениями, исполненных в поздний период творчества.

Упругие, как бы шевелящиеся листья букета перекликаются с листообразными формами этюда Сезанна «Фрукты и листья» (частное собр., Ницца, R. 647). Впоследствии эту работу приобрел Матисс и даже сделал с нее литографию для альбома Галереи Бернхейм-Жен. Этюд, представляющий собой разработку растительного мотива (род геометрического орнамента из гибких линий и округлых сфер-плодов) не имеет строгой датировки. Ревалд датировал его ок. 1890. Если от московского натюрморта этюд отделяет десять лет или больше, это означает, что Сезанн помнил о своем эксперименте, работая над букетом — «копией» с Делакруа. Можно допустить также, что разработка мотива с фруктами и листьями сделана после работы над отставленным в сторону московским натюрмортом, приближающимся к ней по трактовке листьев и включению шаровидных плодов-бутонов. В любом случае обе работы родственны друг другу.

Происхождение: пост. в 1948 из ГМНЗИ. Ранее: собр. Воллара; с 1909 собр. И.А. Морозова (приобр. у Воллара за 20 000 франков); с 1918 МНЗЖ-2; с 1923 ГМНЗИ

Выставки: 1926 Москва, № 23; 1956 Ленинград-II, № 23; 1976 Прага, № 14; 1978 Париж, № 7

Литература: Маковский 1912, с. 23, ил.; Venturi 1936, No. 754; Lichtenstein S. Cézanne and Delacroix // The Art Bulletin, March 1964, p. 56, note 22; Сезанн 1975, № 22; Bessonova, Barskaya 1985, Nr 95, p. 353 — 354; Каталог ГМИИ 1995, с. 394, 395

М. Б.

48. Черный замок. 1903–1904
Château noir

R. W. 940

Холст, масло. 73,6 x 93,2
Музей современного искусства, Нью-Йорк
Инв. № 137. 57

Черный замок, состоящий из двух старых полуразрушенных зданий, был построен во второй половине XIX века в стиле псевдоготики. Он находится на полпути между Эксом и деревней Ле Толоне. Из окон замка открывается прекрасный вид на оливковую рощу с горой Св. Виктории на дальнем плане. К Черному замку ведет дорога Толоне, изображенная в эрмитажной «Горе Св. Виктории» (см. № 42), где он скрыт за деревьями. Со стороны леса, находящегося вокруг Черного замка, написана гора Св. Виктории в холсте из собр. Форд в Гросс-Поинт-Шорз (ок. 1904, R. 902).

Замок овеян различными легендами. Он будто бы принадлежал алхимику, заключившему договор с чертом, и его даже называли Замком дьявола. Говорили также, что его строил торговец углем, намереваясь выкрасить в черный цвет. Однако ничего черного в окраске замка никогда не было, да и быть не могло: он выстроен из светло-желтого песчаника. Сезанну нравился Черный замок, он работал там, а позже, когда пришлось распрощаться с Жа-де-Буффан, даже пытался купить его, но безуспешно.

Сезанн несколько раз писал Черный замок. Трижды, включая данный пейзаж, он делал это от Дома Марии. Две другие картины находятся в вашингтонской Национальной галерее (R. 937) и в Музее Пикассо в Париже (принадлежала Пикассо, R. 941). Вероятно, все три пейзажа исполнены приблизительно в одно время. Вашингтонскую картину сын художника датировал то 1903, то 1904, что наряду со стилистическими приметами, по-видимому, побуждало Ревалда датировать и два других холста 1903–1904. Эти два холста особенно близки друг другу и явно написаны с одной и той же точки. Оба представляют Черный замок в вечернем освещении, когда он особенно выделяется на фоне синего неба.

«Сезанн писал Черный замок только с расстояния, как только он вырастал из-за деревьев. Обычно он предпочитал работать в лесу, вскарабкиваясь на довольно крутой холм через заросли и крупные валуны, кажется, расставленные по склону какой-то таинственной силой. Здесь ветви скрывают небо, воздух чист и ароматен, а тишину оживляет неустанная песнь цикад. Достигнув вершины, Сезанн оказывался на месте, где цепь больших скал протягивается вдоль гребня холма. Нагромождаясь друг на друга, они создают пещеры, полускрытые растительностью. Это труднодоступное место, и он был уверен, что здесь его не побеспокоят. После более или менее ухоженной земли Жа Сезанн открыл природу, нетронутую человеческой рукой и все же наделенную почти интимной атмосферой: уединенное место, где среди нагромождения камней кустарник сделался надежной опорой дикости» (Rewald 1977, p. 90, 93).

«Черный замок» украшал спальню Клода Моне. Однажды, показывая картину какому-то посетителю, пришедшему вместе с Жоржем Клемансо, Моне заметил: «Да, из всех нас Сезанн — величайший» (Georges-Michel M. De Renoir à Picasso. Paris, 1954, p. 24).

Вентури датировал картину 1904–1906, затем расширил эту датировку — 1902–1906. На обороте фотографии в архиве Воллара рукой сына художника проставлено — 1901.

Происхождение: пост. в 1957 (дар г-жи Дэвид Леви). Ранее: собр. Клода Моне, Живерни; собр. Мишеля Моне, Живерни; Галерея Поля Розенберга, Париж; Галерея Поля Розенберга, Нью-Йорк; собр. Дэвида Леви, Нью-Йорк

Выставки: 1936 Париж, № 111; 1936 Лондон, № 96; 1938 Амстердам, № 38; 1939 Париж, № 34; 1942 Нью-Йорк, № 23; 1952 Чикаго—Нью-Йорк, № 117; 1983 Базель, № 29; 1990 Экс-ан-Прованс, № 29; 1993 Тюбинген, № 95

Литература: Venturi 1936, No. 794; Novotny 1938, S. 195, N°. 10; Badt K. Die Kunst Cézannes. München, 1956, S. 42; Schapiro M. Paul Cézanne. Paris, 1973, pl. 46; Kendall 1988, p. 286; Machotka 1996, p. 110–111

А. К.

49. Голубой пейзаж. Ок. 1904—1906
Paysage bleu **R. 882**

Холст, масло. 100,5 x 81

Государственный Эрмитаж, Санкт-Петербург

Инв. № ГЭ 8993

В датировке картины исследователи расходятся между собой. Вентури обозначил ее границы 1900—1904, позднее расширив их до 1900—1906. Ревалд склонялся к 1904—1906. А. Барская, сближая эту работу с «Черным замком» (см. № 48), отнесла ее к 1903. Гоуинг считал, что «Голубой пейзаж» написан ок. 1905 в лесу Фонтенбло. Твердых доказательств, что картина написана именно там, однако, нет. Пожалуй, гораздо больше оснований полагать, что она исполнена в окрестностях Экса. Ревалд, в частности, предположил, что топографию этого пейзажа можно связать с областью холмов Лов (*Les Lauves* — по-провансальски «плоские камни»), откуда Сезанн нередко писал гору Св. Виктории. Он начал работать в студии Лов с осени 1902. «Голубой пейзаж» имеет черты стилистической близости с отдельными изображениями Черного замка, горы Св. Виктории и другими холстами, обычно датируемыми временем ок. 1904. Акварель «Поворот дороги» (собр. Битти, Нью-Йорк) перекликается с эрмитажной картиной и, возможно, представляет тот же мотив. Из картин, близких «Голубому пейзажу», следует выделить незаконченный «Поворот дороги» (1902—1906, Национальная галерея, Вашингтон, R. 930).

В центральной части картины находится зареставрированный старый прорыв. Существует предположение, что он нанесен самим художником в порыве раздражения, — во всяком случае в Галерею Воллара картина поступила в таком виде.

Происхождение: пост. в 1948 из ГМНЗИ. Ранее: собр. Поля Сезанна, сына художника; в 1907 приобр. совместно Галереей Воллара и Галереей Бернхейм-Жен; Галерея Воллара; с 1912 собр. И.А. Морозова (приобр. у Воллара за 35 000 франков); с 1918 МНЗЖ-2; с 1923 ГМНЗИ

Выставки: 1926 Москва, № 26; 1956 Ленинград-II, № 24; 1972 Оттерло, № 6; 1973 США, № 6; 1974 Ленинград, № 58; 1977 Нью-Йорк—Хьюстон, № 47; 1978 Париж, № 59; 1985 Венеция—Рим, № 11; 1987 Лугано, № 20; 1993—1994 Эссен—Москва—Санкт-Петербург, № 35

Литература: Маковский 1912, с. 23; Venturi 1936, N°. 793; Сезанн 1975, № 21 Костеневич 1989, № 63

А. К.

50. Гора Св. Виктории. Ок. 1902–1906
La Montagne Sainte-Victoire vue des Lauves

R. W. 587

Бумага, карандаш, акварель. 36 x 55
Галерея Тэйт, Лондон
Инв. № 5303

Вентури датировал эту акварель в пределах 1900–1906. Гец Адриани в каталоге выставки акварелей Сезанна в Тюбингене в 1982 отнес ее к последним произведениям мастера с датировкой 1905–1906. Композиционно акварель точно соотносится с одноименной картиной, хранящейся в Художественной галерее Нельсона, Музей Аткинса, Канзас-Сити (1902–1906, R. 913).

Точка зрения, с которой написана эта акварель, — одна из излюбленных у Сезанна. С этой точки он написал одиннадцать холстов, в том числе пейзаж, принадлежащий ГМИИ (см. № 51). Именно здесь, на холмах Лов, по живым впечатлениям, изобразил художника, занятого воспроизведением горы Св. Виктории, Морис Дени в своей картине «Сезанн, пишущий на натуре» (1906, частное собр.), на дальнем плане которой виднеется силуэт горы, а Руссель сделал несколько фотографий Сезанна перед мольбертом. У подножия Лов миндальные деревья образуют своего рода барьер.

В феврале 1904 Эмиль Бернар впервые навестил Сезанна в Эксе, где оставался в течение месяца, время от времени сопровождая его, когда он отправлялся «на мотив», в частности к горе Св. Виктории. «В тот день он опять отправился писать акварель у горы Св. Виктории, я остался с ним. Его рабочий метод был удивителен, совершенно непохож на обычные приемы и отличался исключительной сложностью. Он начинал с легкой тени, наносил пятно, покрывал его другим, большим пятном, затем третьим, пока все эти цветовые градации, перекрывая друг друга, не вылепливали цветом форму предметов. Я сразу понял, что его работой руководил закон гармонии и что все цветовые модуляции были заранее продуманы им...» (Bernard E. Souvenirs sur Paul Cézanne // Mercure de France, 1 octobre 1907). Эти воспоминания, появившиеся через год после смерти мастера, сразу сделались широко известны и до сих пор остаются важным источником. Однако, как это нередко бывает с мемуаристами, Бернар, по крайней мере частично, присвоил Сезанну свои собственные представления об искусстве. Если бы цветовые модуляции заранее продумывались, а не возникали в результате напряженной работы на натуре, творческая задача оказалась бы достаточно простой и каждое новое произведение подчинялось бы некой уже заданной гармонии, что вело бы к монотонности, как то произошло с собственной живописью Бернара. Кроме того, даже описание процесса работы вызывает сомнение при исследовании конкретных акварелей.

Действия художника при создании акварели из Галереи Тэйт таковы, что он не стремился воспроизвести одну деталь пейзажа с тем, чтобы, покончив с ней, перейти к следующей, а работал сразу над всей композицией. Подчиняясь определенному ритму, кисть касалась то первого, то второго плана, то неба. Мазки успевали просохнуть, и когда Сезанн снова обращался к тому или иному участку, новое легкое наложение краски не приводило к размыванию уже положенных цветовых пятен. Тем самым он избегал какой бы то ни было «замученности», замутненности цвета, возникающей подчас при работе по-сырому, а акварель на всех этапах работы над ней сохраняла поразительную прозрачность.

Происхождение: пост. в 1941 по завещанию сэра Хьюга Уолпола. Ранее: Галерея Воллара; с 1932 Галерея Пьера Леба, Париж; с 1934 Галерея Пьера Матисса, Нью-Йорк; с 1936 Галерея Далзела Хатфилда, Лос-Анджелес; с с 1937 собр. сэра Хьюга Уолпола

Выставки: 1946 Лондон, № 19; 1973 Ньюкасл—Лондон, № 99; 1974 Токио, № 82; 1978 Париж, № 94; 1982 Льеж—Экс-ан-Прованс, № 47; 1982 Тюбинген—Цюрих, № 77

Литература: Venturi 1936, N°. 1030; Novotny 1938, S. 11, 193 ; Alley R. Tate Gallery Catalogues: The Foreign Paintings, Drawings and Sculptures. London, 1959, p. 36

А. К.

51. Гора Св. Виктории, вид со стороны Лов (Пейзаж в Эксе). Ок. 1906
Le Mont Sainte-Victoire vu des Lauves R. 932

Холст, масло. 60 x 73
Государственный музей изобразительных искусств им. А.С. Пушкина, Москва
Инв. № 3339

Картина представляет один из самых последних в творчестве Сезанна видов горы Св. Виктории, запечатленной со стороны дороги между холмами Лов, где художник в 1901 году построил для себя мастерскую, чтобы приблизиться к излюбленному мотиву. На север от мастерской, спускаясь с холмов, дорога разветвлялась на две тропы, правая из которых, получившая название дороги Маргариток, приводила к лужайке, раскинувшейся на пологом склоне холма. Здесь художник изо дня в день в хорошую погоду ставил свой мольберт, чтобы писать маслом и акварелью открывающиеся на востоке отроги и пик горы. Отсюда ее вид был наиболее выразительным.

Приятель Сезанна и сын его школьного товарища, писатель Ж. Гаске в своей книге о художнике привел его высказывание об этом избранном мотиве: «Посмотри на Святую Викторию отсюда... Ее каменные глыбы сотворены из огня. И огонь все еще живет в них» (Gasquet 1921, p. 82–83). В полной мере это переживание мощи таинственных природных сил воплотилось в московской картине, наиболее тщательно проработанной на всех участках холста, что выделяет ее среди других холстов и акварелей данного цикла. Слова известного художника-сюрреалиста Андре Массона, по следам Сезанна приехавшего в Экс и написавшего книгу в память о нем, как будто сказаны непосредственно о московской картине: «Концентрация энергии здесь такова, что красочная поверхность “взрывается”. Это, воистину, феномен искусства будущего» (Masson A. Le Tombeau de Cézanne. Paris, 1956, p. 38).

С будущим искусства ее связывает и до мелочей продуманная система письма. Почти кристаллические фрагменты живописной поверхности, из которых состоит ее сложная, беспокойная фактура, поражают колористическим богатством. Несмотря на то, что многообразие цвета присуще склонам реальной горы Св. Виктории и ее окрестностям, конкретные элементы натурного мотива освобождены от примет описательности. Поделенные на отдельные участки поля с домами фермеров, ясно читаемые на других поздних изображения горы Св. Виктории, здесь практически неразличимы: они отождествлены с квадратными участками живописной фактуры. Исчезло и деление пейзажа на три пространственные зоны, различимые оттуда, где Сезанн ставил свой мольберт. Даже небо лишилось простора и значения смыслового «верха»: в отличие от остальных поздних пейзажей, оно интегрировалось с многократно прописанным «низом» многоцветной долины. Сезанн решительно устранил насыщенные по цвету контуры — границу предметов.

Невольно возникает мысль о датировке произведения, как бы синтезировавшего кропотливый труд многих лет, не только последними годами, но и месяцами его жизни. Это мнение разделяют все исследователи творчества Сезанна, имевшие возможность видеть и изучить московскую картину. Трудно представить, что после этой картины могли появиться более традиционные и описательные виды «Горы Св. Виктории со стороны Лов» из Художественной галереи Йельского университета в Принстоне (R. 910), Художественной галереи Нельсона, Музей Аткинса, Канзас-Сити (R. 913) или Художественного музея в Филадельфии (R. 912). Правда, Джон Ревалд датировал картину 1904—1906, а Джозеф Ришел в каталоге последней ретроспективы Сезанна — 1904—1905. Гоуинг указывал в каталоге выставки 1978, что она исполнена в 1906.

Сохранившийся на обороте подрамника ярлык с текстом: «Ancienne Maison Toussaint A. P. Ferret — P. Ferret. Neveu successeur / Emballeur de la direction des Beaux-Arts, Paris ... rue Valeau. Cézanne 1. Exposition 1905», — указывает на возможность экспонирования данного полотна в Осеннем салоне, открывшемся 18 октября 1905. На нем были представлены десять холстов Сезанна под общим названием «Виды Прованса». Ревалд, изучивший картину на выставке поздних работ Сезанна в Париже в 1978, высказал предположение, что этот ярлык (редкость для картин на выставках Осеннего салона) принадлежал Галерее Воллара и был им наклеен перед продажей полотна. Дата на ярлыке, таким образом, не дает возможности безоговорочно датировать «Пейзаж в Эксе» 1906.

И все же можно считать московскую картину последним завершенным аналитическим произведением Сезанна. Кристаллообразующая поверхность этого полотна непосредственно подводит к следующему этапу — новому живописному языку композиций Пикассо и Брака 1908—1911. Не случайно один американский журналист написал о Сезанне: «Если бы он прожил еще несколько лет... то, возможно, сам стал бы “изобретателем” кубизма» (Jewell E.A. Paul Cézanne. New York, 1944, p. 9).

Происхождение: пост. в 1948 из ГМНЗИ. Ранее: Галерея Воллара; с 1911 собр. С.И. Щукина; с 1918 МНЗЖ-1; с 1923 ГМНЗИ

Выставки: 1926 Москва, № 25; 1956 Ленинград-II, № 25; 1965 Бордо, № 58; 1965—1966 Париж, № 50; 1972 Оттерло, № 7; 1978 Париж, № 91; 1983 Лугано, № 8; 1986 США, № 8; 1988 Лондон, № 31; 1990 Чикаго—Нью-Йорк, № 33; 1993—1994 Эссен—Москва—Санкт-Петербург, № 33; 1995-1996 Париж—Лондон, № 205

Литература: Каталог Щукина 1913, № 210; Тугендхольд 1914, с. 45; Venturi 1936, N°. 803; Сезанн 1975, № 25; Bessonova, Barskaya 1985, N° 100, p. 355; Каталог ГМИИ 1995, с. 394, 395

М. Б.

52. Садовник Валье. Ок. 1906
Le Jardinier Vallier

R. 950

Холст, масло. 65,5 x 55
Галерея Тэйт, Лондон
Инв. № 4724

В последние годы жизни, после того, как Ортанс перестала позировать ему, Сезанн чаще всего писал Валье, бывшего моряка, работавшего у Сезанна садовником и ухаживавшего за его студией в Лов. На террасе перед студией он и изображен. Известно шесть его портретов маслом и три акварели. За три месяца до смерти, 25 июля 1906 Сезанн писал сыну: «Мне в моем возрасте надо жить замкнуто и заниматься живописью. Валье делает мне массаж, поясница болит немного меньше» (Cézanne 1978, p. 317). Такая фраза многозначительна в устах человека, который всю свою жизнь патологически боялся чьих-либо прикосновений. Но Валье, действительно, оставался доверенным лицом художника, и он почти всегда был рядом, если Сезанну нужна была модель для работы. Очень важно еще и то, что работе именно с этой моделью он придавал огромное значение. «Если мне удастся портрет этого человека, значит моя теория верна». Эти слова о профильном портрете Валье (1906, частное собр., Лондон, R. 954) записали Ривьер и Шнерб, когда навестили Сезанна в январе 1905 (Rivière R. P., Schnerb J. F. L'Atelier de Cézanne // Conversations avec Cézanne 1978, p. 91). По традиции незаконченный профильный портрет Валье считается самым последним произведением Сезанна.

Работы над портретами Валье делятся на три стадии. Первые три называются «Моряк» (R. 948, 949, 951) и представляют старого садовника в морской фуражке, поколенно, сидящим на табурете внутри дома. Для каждого художник избрал холст большого формата и над каждым явно работал очень долго. Прежде они датировались 1905—1906, но Ревалд предпочел расширенную датировку 1902—1906. Многослойная живопись этих картин со всей очевидностью свидетельствует, что Сезанн упорно бился над ними, снова и снова призывая Валье принять привычную позу: он всюду сидит, положив ногу на ногу.

Между тремя версиями «Моряка» и последним профильным портретом Валье стоят работы, к которым принадлежит и картина из Галереи Тэйт. В этих работах, одинаково называющихся «Садовник Валье», персонаж представлен анфас и во весь рост (две акварели R. W. 639, 640 и картина из Фонда Бюрле, Цюрих, R. 953) . Еще одно отличие: он показан на пленэре. Сама по себе идея создания портрета под открытым небом весьма необычна для Сезанна. То был прием, свойственный Ренуару, и вполне возможно, что пример друга побудил Сезанна на склоне лет обратиться к подобной задаче, но не с тем, разумеется, чтобы написать что-либо подобное, а чтобы «сделать из импрессионизма нечто солидное...», если воспользоваться его знаменитой, часто цитируемой фразой.

Ни одно из изображений Валье на пленэре не производит впечатления «солидного» искусства, но намерение, несомненно, заключалось в том, чтобы живое непосредственное ощущение («мое маленькое ощущение», — как говорил художник) соединилось со строгим расчетом. Представив Валье фронтально, художник слегка сдвинул фигуру влево, поскольку поза модели такова, что ноги смещаются немного вправо; при этом коленная чашечка верхней ноги оказывается точным геометрическим центром всей композиции. Картина начата с широко проложенных пятен, подчиненных общей красочной структуре и ритму. Тон задал силуэт персонажа, но проработка деталей была неимоверно трудным делом. По мере уточнения подробностей пятна цвета менялись, становились плотнее и насыщенее, но их равновесие должно было сохраняться, как и их красота: живому ощущению нельзя было дать исчезнуть. Никакая законченность не могла бы соблазнить художника, если она достигалась ценой утраты его «маленького ощущения». «Садовник Валье» — картина незаконченная, но гармония всех отношений в ней уже установлена. Версия из Фонда Бюрле, написанная на холсте точно таких же размеров, закончена еще в меньшей степени. Ревалд датировал ее 1906, несколько расширив границы исполнения картины из Галереи Тэйт. Он явно исходил из степени законченности, однако соображений такого рода недостаточно. Если работа у Сезанна почему-то не шла, он отставлял холст, чтобы приняться за другую постановку. Отнюдь не случайно холстам из Галереи Тэйт и Фонда Бюрле сопутствуют акварели. Работа маслом велась в технике, напоминающей работу акварелью — жидкой краской, которая прокладывается легко и свободно. Одна из акварелей, аналогичная картине во всех деталях, только имеющая более узкий формат (1906, собр. Бергрюэна, Париж, временно хранится в Национальной галерее, Лондон, R. W. 640) столь близка картине из Галереи Тэйт, хотя проработана гораздо меньше, что возникает желание поставить их рядом и по времени исполнения.

Гаске считал, что в изображения Валье вложено больше личного, автобиографического, чем требовалось бы для портретов, что метафорически — это автопортреты. «Он заставлял позировать старика. Часто этот бедняга не приходил из-за болезни. Тогда Сезанн позировал себе сам. Он переодевался перед зеркалом в это грязное рубище. И происходила странная перемена, мистическое или, может быть, преднамеренное замещение, когда в глубине холста смешивались черты старого бродяги с чертами старого художника. И обе жизни сливались в одном небытии или в том же самом бессмертии (Gasquet 1921, p. 112).

Меньше чем за месяц до смерти Сезанн писал сыну: «Я по-прежнему пишу Валье, но реализация идет так медленно, что меня это печалит» (Cézanne 1978, p. 329). Франсуаза Кашен указывает, что, говоря о последней работе Сезанна и называя ею профильный портрет Валье (частное собр., R. 954), опираются всегда на книгу Гаске. Она добавляет, что его воспоминания в данном случае не вполне надежны, ибо Гаске мало виделся с Сезанном в конце жизни. По ее мнению, у «Садовника Валье» из Галереи Тэйт ничуть не меньше оснований считаться последней картиной Сезанна, чем у профильного портрета.

Происхождение: пост. из собр. Фрэнка Ступа (по завещанию). Ранее: Галерея Воллара; собр. Фрэнка Ступа, Лондон

Выставки: 1954 Эдинбург—Лондон, № 65; 1978 Париж, № 16; 1995—1996 Лондон—Филадельфия (в каталог не включена)

Литература: Venturi 1936, N°. 715; Sitwell C. The Gardener // Completing the Picture. Tate Gallery, London, 1982, p. 73—76

А. К.

Выставки, литература

ВЫСТАВКИ

1895 Париж
Paul Cézanne. Galerie Ambroise Vollard, Paris, 1985

1898 Париж
Exposition Cézanne. Galerie Ambroise Vollard, Paris, 1898

1900 Париж
Centennale de l'Art français de 1800 à 1899. Grand Palais, Paris, 1900

1900 Берлин
III. Jahrgang der Kunst Ausstellungen. Galerie Bruno und Paul Cassirer, Berlin, 1900

1903 Вена
Entwicklung des Impressionismus in Malerei und Plastique. Sécession. Wien, 1903

1904 Париж
Salon d'Automne. Petit Palais, Paris, 1904

1904 Берлин
Cézanne. Galerie Paul Cassirer, Berlin, 1904

1906 Париж
Salon d'Automne. Grand Palais, Paris, 1906

1907 Париж
Retrospective d'œuvres de Cézanne. Salon d'Automne, Paris, 1907

1907 Париж-II
Galerie Bernheim-Jeune, Paris, 1907

1908 Москва
«Золотое руно», Москва, 1908

1909 Берлин
III. Ausstellung. Galerie Paul Cassirer, Berlin, 1910

1909 Париж
Aquarelles et pastels. Galerie Bernheim-Jeune, Paris, 1909

1910 Флоренция
Prima mostra italiana dell'impressionismo. Lyceum Club, Firenze, 1910

1910 Париж
Paul Cézanne. Galerie Bernheim-Jeune, Paris, 1910

1911 Амстердам
Moderne Kunst Kring. Stedelijk Museum, Amsterdam, 1911

1911 Будапешт
Collection M. de Nemes. Szépmüvészeti museum, Budapest, 1911

1912 Дюссельдорф
Sammlung Marczell von Nemes, Budapest. Stadtische Kunsthalle, Dusseldorf, 1912

1912 Кельн
Sonderbund. Städtische Ausstellungshalle, Köln, 1912

1912 Париж
Peintures et sculptures. Musée de Luxembourg, Paris, 1912

1913 Берлин
Sammlung Reber. Galerie Paul Cassirer, Berlin, 1913

1914 Бремен
Internationale Ausstellung. Kunsthalle, Bremen, 1914

1914 Дрезден
Französische Malerei des XIX. Jahrhunderts. Galerie Ernst Arnold, Dresden, 1914

1915 Сан-Франциско
Panama-Pacific International Exposition. San Francisco, 1915

1916 Питтсбург
Retrospective Collection of French Art. 1870—1910. Carnegie Institute, Pittsburgh, 1916

1916 Нью-Йорк
Cézanne. Montross Gallery, New York, 1916

1917 Стокгольм
French Art. Nationalmuseum, Stockholm, 1917

1920 Венеция
Mostra individuale di Paul Cézanne. Biennale. Venezia, 1920

1920 Париж
Cézanne. Galerie Bernheim-Jeune, Paris, 1920

1920 Филадельфия
Paintings and Drawings by Representative Modern Masters. Pennsylvania Academy of Fine Arts, Philadelphia, 1920

1921 Базель
Cézanne. Kunsthalle, Basel, 1921

1921 Берлин
Cézanne-Ausstellung. Galerie Paul Cassirer, Berlin, 1921

1921 Нью-Йорк
Impressionist and Post-Impressionist Paintings. Metropolitan Museum of Art, New York, 1921

1922 Париж
Les Maîtres du siècle passé. Galerie Paul Rosenberg, Paris, 1922

1923 Лондон—Манчестер
Masterpieces of French Art of the 19th Century. Thomas Agnew & Sons Gallery, London—Manchester, 1923

1925 Берлин
Von Delacroix bis Picasso. Galerie Hugo Perls, Berlin, 1925

1925 Вена
Sécession. Wien, 1925

1925 Лондон
Paintings and Drawings by Paul Cézanne. Leicester Galleries, London, 1925

1926 Лондон
Great Masters of the French XIXth Century. French Gallery, London, 1926

1926 Москва
Поль Сезанн — Винсент Ван Гог. Государственный музей нового западного искусства, Москва, 1926

1926 Париж
Trente ans d'art independent (1984–1914). Grand Palais, Paris, 1926

1927 Нью-Йорк
The Classics of Modern Painting. De Hauke & Co., New York, 1927

1927 Торонто
Portraits. Art Gallery of Toronto, Toronto, 1927

1928 Нью-Йорк
Paul Cézanne. Wildenstein Galleries, New York, 1928

1929 Кембридж—Массачусетс
French Painting of the 19th and XXth Centuries. Fogg Art Museum, Cambridge, Mass., 1929

1929 Нью-Йорк
Cézanne, Gauguin, Seurat, van Gogh. Museum of Modern Art, New York, 1929

1930 Провиденс
Modern French Art. Rhode Island School of Design, Providence, 1930

1931 Нью-Йорк
The Collection of the late Lilie P. Bliss. Museum of Modern Art, New York, 1931

1931 Париж
Grands maîtres du XIXe siècle. Galerie Paul Rosenberg, Paris, 1931

1932 Нью-Йорк
Quelques œuvres importantes de Manet à van Gogh. Durand-Ruel Gallery, New York, 1932

1933 Чикаго
A Century of Progress. The Art Institute of Chicago, 1933

1934 Филадельфия
Cézanne. Pennsylvania Museum of Art, Philadelphia, 1934

1934—1935 Балтимор
A Survey of French Painting. Baltimore Museum, 1934–1935

1936 Лондон
Masters of French 19th Century painting. New Burlington Galleries, London, 1936

1936 Париж
Cézanne. Musée de l'Orangerie, Paris, 1936

1937 Нью-Йорк
French Painting. Marie Harriman Gallery, New York, 1937

1937 Париж
Chefs-d'œuvre de l'art français. Palais National des Arts, Paris, 1937

1938 Амстердам
Hondert Jaar Fransche Kunst. Stedelijk Museum, Amsterdam, 1938

1938 Ленинград
Выставка портретов XVIII—XX веков. Государственный Эрмитаж, Ленинград, 1938

1939 Бостон
Paintings, Drawings, Prints from Private Collections in New England. Museum of Fine Arts, Boston, 1939

1939 Лион
Centenaire de Paul Cézanne. Musée de Lyon, 1939

1939 Москва
Французский пейзаж XIX—XX вв. Государственный музей нового западного искусства, Москва, 1939

1939 Нью-Йорк
Cézanne. Centennial Exhibition. Marie Harriman Gallery, New York, 1939

1939 Париж
Cézanne. Galerie Paul Rosenberg, Paris, 1939

1940 Детройт
The Age of Impressionism. The Detroit Institute of Art, 1940

1942 Нью-Йорк
Paintings by Cézanne. Paul Rosenberg Gallery, New York, 1942

1944 Ричмонд
Nineteenth Century French Painting. Virginia Museum of Fine Arts, Richmond, 1944

1945 Париж
Chefs-d'œuvre de la peinture. Musée du Louvre, Paris, 1945

1946 Лондон
Paul Cézanne, an Exhibition of Watercolours. Tate Gallery, London, 1946

1947 Нью-Йорк
Cézanne. Wildenstein Galleries, New York, 1947

1947 Сан-Франциско
Nineteenth Century French Drawings. California Palace of the Legion of Honor, San Francisco, 1947

1947 Филадельфия
Masterpieces of Philadelphia Private Collections. Philadelphia Museum of Art, 1947

1948 Нью-Йорк,
Six Masters of Post-Impressionism. Wildenstein Galleries, New York, 1948

1950 Нью-Йорк
Impressionist Painting. Knoedler Galleries, New York, 1950

1950 Оттава
Paintings from the Vollard Collection. National Gallery of Canada, Ottawa, 1950

1952 Ванкувер
French Impressionists. Art Gallery, Vancouver, 1952

1952 Чикаго—Нью-Йорк
Cézanne. Art Institute of Chicago; Metropolitan Museum of Arts, New York, 1952

1953 Экс-ан-Прованс—Ницца—Гренобль
Cézanne. Peintures, aquarelles, dessins. Musée Granet, Aix-en-Provence; Musée Massenas, Nice; Musée de Grenoble, 1953

1954 Эдинбург—Лондон
Paintings by Cézanne. Royal Scottish Academy, Edinburgh; Tate Gallery, London, 1954

1954 Осло
Paul Cézanne. Kunstnerforbundet, Oslo, 1954

1954 Париж
Hommage à Cézanne. Musée de l'Orangerie, Paris, 1954

1954 Торонто
European Masters. Art Gallery of Toronto, 1954

1955 Лион
L'impressionnisme français. Musée de Lyon, 1955

1955 Москва
Французское искусство XV—XX вв. Государственный музей изобразительных искусств им. А.С. Пушкина, Москва, 1955

1955 Рим
Capolavori dell'ottocento francese. Palazzo degle Esposizioni, Roma, 1955

1956 Гаага
Paul Cézanne. Gemeentemuseum, Haag, 1956

1956 Копенгаген
From Renoir to Villon. Copenhagen, 1956

1956 Ленинград-I
Французское искусство XII—XX вв. Государственный Эрмитаж, Ленинград, 1956

1956 Ленинград-II
Поль Сезанн. К 50-летию со дня смерти. Государственный Эрмитаж, Ленинград, 1956

1956 Мюнхен
Paul Cézanne. Haus der Kunst, München, 1956

1956 Цюрих
Paul Cézanne. Kunsthaus, Zurich, 1956

1956—1957 Кельн
Cézanne. Ausstellung zum Gedenken an sein 50. Todesjahr. Wallraf-Richartz-Museum, Köln, 1956–1957

1957 Нью-Йорк
Masterpieces Recalled. Paul Rosenberg Gallery, New York, 1957

1958 Брюссель
50 ans d'Art Moderne. Exposition Universelle. Bruxelles, 1958

1960 Москва
Французское искусство второй половины XIX века из фондов художественных музеев СССР. Государственный музей изобразительных искусств им. А.С. Пушкина, Москва, 1960

1961 Вена
Paul Cézanne. Belvedere, Wien, 1961

1962 Вашингтон
Collection of Mr. And Mrs. Andre Meyer. National Gallery of Art, Washington, 1962

1962 Нью-Йорк
Modern French Paintings. Wildenstein Galleries, New York, 1962

1963 Нью-Йорк
Cézanne and Structure in Modern Painting. Solomon R. Guggenheim Museum, New York, 1963

1964—1965 Мюнхен
Französische Malerei des 19. Jahrhunderts, von David bis Cézanne. Haus der Kunst, München, 1964–1965

1965 Бордо
Chefs-d'œuvre de la peinture française dans les musées de Léningrad et de Moscou. Musée de Bordeaux, 1965

1965—1966 Париж
Chefs-d'œuvre de la peinture française dans les musées de Léningrad et de Moscou. Musée du Louvre, Paris, 1965–1966

1966 Вашингтон
Paintings from the Collections of Mr. And Mrs. Paul Mellon and Mrs. Mellon Bruce. National Gallery of Art, Washington, 1966

1966 Гаага
In het licht van Vermeer. Mauritshuis, Haag, 1966

1966 Париж
Dans la lumière de Vermeer. Musée de l'Orangerie, Paris, 1966

1966—1967 Токио—Киото
Masterpieces of Modern Painting from the USSR. The Hermitage, The Pushkin, The Russian, and The Tretyakov Museums in Leningrad and Moscow. The National Museum of Western Art, Tokyo; City Art Museum, Kyoto, 1966–1967

1967 Монреаль
Terre des Hommes. Expo-67, Montreal, 1967

1969 Будапешт
Szépmüvészeti museum. Francia Mesterek. A Leningrádi Ermitázsból. Budapest, 1969

1970 Нью-Йорк
100 Paintings from the Boston Museum. Metropolitan Museum of Arts, New York, 1970

1971 Вашингтон—Чикаго—Бостон
Cézanne: An Exhibition in Honor of the Fiftieth Anniversary of the Phillips Collection. Phillips Collection, Washington; The Art Institute of Chicago; Museum of Fine Arts, Boston, 1971

1972 Ленинград
Искусство портрета: Древний Египет, Античность, Восток, Западная Европа. Из собрания Государственного Эрмитажа. Государственный Эрмитаж, Ленинград, 1972

1972 Оттерло
From van Gogh to Picasso. Nineteenth and Twentieth Century Paintings and Drawings from the Pushkin Museum and the Hermitage in Leningrad. State Museum Kroller-Muller, Otterlo, 1972

1972 Прага
Od Poussina k Pikassovi. Mistrovská díla Muzea A.S. Puškina v Moskvě. Národní Galerie v Praze, Šternbersky Palas, Praha, 1972

1973 Ньюкасл—Лондон
Watercolour and Pensil Drawing by Cézanne. Laing Art Gallery, Newcastle; Hayward Gallery, London, 1973

1973 США
Impressionist and Post-Impressionist Painting from the USSR Lent by the Hermitage Museum, Leningrad, and the Pushkin Museum, Moscow. The National Gallery of Art, Washington; M. Knoedler and Co., New York; Los Angeles County Museum of Art; The Art Institute of Chicago;

The Kimbell Art Museum, Fort Worth; The Institute of Art, Detroit, 1973

1974 Ленинград
Живопись импрессионистов. К 100-летию первой выставки 1874 года. Государственный Эрмитаж, Ленинград, 1974

1974 Нью-Йорк
Seurat to Matisse: Drawing in France. Museum of Modern Art, New York, 1974

1974 Париж
Cézanne dans les Musées Nationaux. Musée de l'Orangerie, Paris, 1974

1974 Токио
Cézanne. The National Museum of Western Art, Tokyo, 1974

1974–1975 Москва
Живопись импрессионистов. К 100-летию первой выставки 1874 года. Государственный музей изобразительных искусств им. А.С. Пушкина, Москва, 1975

1975 Токио–Осака–Нагоя
Шедевры из Государственной Третьяковской галереи и Государственного музея изобразительных искусств им. А.С. Пушкина. Универмаг Иссетан, Токио; универмаг Хансип, Осака; универмаг Ментэцу, Нагойя; Музей изобразительных искусств Фудзи, Фудзимия; Муниципальный музей изобразительных искусств, Китакюсю, Токио, 1975

1975–1976 США
Master Paintings from the Hermitage and the State Russian Museum, Leningrad. National Gallery of Art, Washington; M. Knoedler & Co., New York; The Institute of Art, Detroit; Los Angeles County Museum of Art; The Museum of Fine Arts, Houston, 1975–1976

1976 Виннипег–Монреаль
Master Paintings from the Hermitage and the State Russian Museum, Leningrad. The Winnipeg Art Gallery; The Montreal Museum of Fine Arts, 1976

1976 Мехико
Pinturas maestras de los museos estatales Ermitage y Ruso, Leningrado. Museo de Arte Moderno, Mexiko, 1976

1976 Прага
Francouzské malířství. Mistrovská díla Muzea A.S. Puškina v Moskvé i Státní Ermitáz v Leningradě. Národní Galerie v Praze, Šternberský Palás, Praha, 1976

1977 Аллентаун
French Masterpieces of the 19th Century from the Henry P. McIlhenny Collection. Allentown Art Museum, 1977

1977–1978 Нью-Йорк–Хьюстон–Париж
Cézanne. The Late Work. Museum of Modern Art, New York; Museum of Fine Arts, Houston; Grand Palais, Paris, 1977–1978

1978 Гавр
La Peinture impressionniste et post-impressionniste du Musée de l'Ermitage. Musée des Beaux-Arts André Malraux, Le Havre, 1978

1978 Париж
De Renoir à Matisse. Grand Palais, Paris, 1978

1979 Бостон
Corot to Braque. Museum of Fine Arts, Boston, 1979

1979 Париж
Paris–Moscou 1900–1930. Centre Georges Pompidou, Paris, 1979

1979 Япония
Exhibition of Works by French Artists of the Late 19th – Early 20th Century from the Collections of the Hermitage and the State Pushkin Museum of Fine Arts. The City Museum of Fine Arts, Tokyo; The National Museum of Modern Art, Kyoto; The Museum of Modern Art, Kamakura, 1979

1981 Мехико
Impressionistas franceses de los museos Ermitage y Puschkin. Museo del Palacio de Bellas Artes, Mexico, 1981

1982 Льеж–Экс-ан-Прованс
Cézanne. Musée Saint-Georges, Liège; Musée Granet, Aix-en-Provence, 1982

1982 Нью-Йорк–Лондон–Кливленд
A Century of Modern Drawing: 1881–1981. Museum of Modern Art, New York; British Museum, London; Cleveland Museum of Art, 1982

1982 Токио
Женщина в искусстве. Галерея Ничидо, Токио, 1982

1982 Тюбинген–Цюрих
Paul Cézanne: Aquarelle. Kunsthalle, Tübingen; Kunsthaus, Zurich, 1982

1983 Базель
Paul Cézanne. Peintures, aquarelles, dessins. Basel, 1983

1983 Дрезден
Das Stilleben und sein Gegenstand. Eine Gemeinschaftsausstellung von Museen aus der UdSSR, der ČSSR und der DDR. Albertinum, Dresden, 1983

1983 Лугано
Capolavori impressionisti e postimpressionisti dai musei sovietici. Collezione Thyssen-Bornemisza. Villa Favorita, Lugano, 1983

1983 Филадельфия
Cézanne in Philadelphia Collections. Philadelphia Museum of Art, 1983

1984 Ленинград–Москва
Натюрморт в европейской живописи. Выставка картин из музеев СССР и ГДР. Государственный Эрмитаж, Ленинград; Государственный музей изобразительных искусств им. А.С. Пушкина, Москва, 1984

1984 Мадрид
Paul Cézanne. Museo Español de Arte Conemporaneo, Madrid, 1984

1984 Токио–Нара
Выставка произведений французских художников конца XIX — XX века из Государственного Эрмитажа и Государственного музея изобразительных искусств им. А.С. Пушкина. Токийский столичный художественный музей; Префектуральный художественный музей, Нара, 1984

1984—1985 Лос-Анджелес—Чикаго—Париж
A Day in the Country; Impressionism and the French Landscape. Los Angeles County Museum of Art; The Art Institute of Chicago; Grand Palais, Paris, 1984–1985

1985 Венеция—Рим
Cézanne. Monet. Renoir. Gauguin. Van Gogh. Matisse. Picasso. 42 capolavori dai musei sovietici. Venezia, Museo Correr all napoleonica. Venezia; Roma, Musei Capitolini, 1985

1985—1986 Токио
The Impressionist Tradition: Masterpieces from the Art Institute of Chicago. Seibu Museum of Art, Tokyo, 1985

1986 Вашингтон
The New Painting, Impressionism: 1874—1886. National Gallery of Art, Washington, 1986

1986 Квебек
Tableaux de maîtres français impressionnistes et post-impressionnistes de l'Union Soviétique. Musée de Quebec, 1986

1986 США
Impressionist to Early Modern Paintings from the USSR. Works from The Hermitage Museum, Leningrad, and The Pushkin Museum of Fine Arts, Moscow. National Gallery of Art, Washington; Las Angeles County Museum of Art; The Metropolitan Museum of Arts, New York, 1986

1986 Япония
Cézanne. Isetan Museum of Art, Tokyo; Hyogo Prefectural Museum of Modern Art, Kobe; Aichi Prefectural Art Gallery, Nagoya, 1986

1987 Лугано
Capolavori impressionisti e postimpressionisti dai musei sovietici II. Collezione Thyssen-Bornemisza. Villa Favorita, Lugano, 1987

1987 Япония
Works by Western European Masters of the 19th and 20th Centuries from the Hermitage Collection. The Hokkaido Museum of Modern Art, Sapporo; Art Museum, Fukuoka; Art Museum of Hiroshima District, 1987

1988 Лондон
French Painting from the USSR. Watteau to Matisse. The National Gallery, London, 1988

1988 Сидней—Мельбурн
Masterpieces of Western European Art of the 15th – 20th Centuries from the Hermitage, Leningrad. Art Gallery of New South Wales, Sydney; National Gallery of Victoria, Melbourne, 1988

1988 Япония
Barbizon School. Impressionist, Early Modern Paintings from the Hermitage Museum. Yasuda Kasai Museum of Art, Tokyo; National Museum of Modern Art, Kyoto; The City Art Museum, Nagoya, 1988

1988—1989 Лондон—Париж—Вашингтон
Cézanne. The Early Years. 1859—1972. Royal Academy of Arts, London; Musée d'Orsay, Paris; National Gallery of Art, Washington, 1988–1989

1989 Базель
Paul Cézanne: Die Badenden. Kunstmuseum, Basel, 1989

1989 Хельсинки
Ranskalaista impressionismia Moskovan Pushkin-Museosta. Suomen Taideakatemia, Sinebrychoffin Taidemuseo, Helsinki, 1989

1990 Нью-Йорк—Чикаго
From Poussin to Matisse. The Russian Taste for French Painting. A Loan Exhibition from the USSR. The Metropolitan Museum of Arts, New York; The Art Institute of Chicago, 1990

1990 Эдинбург
Cézanne and Poussin: The Classical Vision in Landscape. National Gallery of Scotland, Edinburgh, 1990

1990 Экс-ан-Прованс
Sainte-Victoire Cézanne. Musée Granet, Aix-en-Provence, 1990

1990—1991 Япония
Сто шедевров из Государственного музея изобразительных искусств им. А.С. Пушкина. Художественный музей Бункамура, Токио, 1990; Муниципальный музей, Киото, 1990; Городской выставочный центр, Фукуока, 1990; Музей изобразительных искусств, Саппоро, 1991

1993 Вена
Französische Impressionisten aus dem Puschkin-Museum, Moskau. Historischen Museums des Stadt Wien, Wien, 1993

1993 Тюбинген
Cézanne: Gemalde. Tübingen Kunshalle, 1993

1993—1994 Эссен—Москва—Санкт-Петербург
Щукин и Морозов — русские коллекционеры. От Моне до Пикассо. Музей Фольkванг, Эссен; Государственный музей изобразительных искусств им. А.С. Пушкина, Москва; Государственный Эрмитаж, Санкт-Петербург, 1993—1994

1994—1995 Нью-Йорк
Origins of Impressionism. Metropolitan Museum of Arts, New York, 1994–1995

1995 Санкт-Петербург
Неведомые шедевры. Французская живопись XIX—XX веков из частных собраний Германии. Государственный Эрмитаж, Санкт-Петербург, 1995

1995—1996 Париж—Лондон—Филадельфия
Cézanne. Galeries nationales du Grand Palais, Paris; Tate Gallery, London; Philadelphia Museum of Art, 1995–1996

1996 Гаага
Van Monet tot Matisse. Franse Meesters uit het Poesjkin Museum in Moskou. Haags Gemeentemuseum, Haag, 1996

1996 Милан
Da Monet a Picasso. Capolavori impressionisti e postimpressionisti dal Museo Puškin di Mosca. Palazzo Reale, Milano, 1996

1996 Япония
Интерьер в европейской живописи и гравюре из фондов Государственного музея

изобразительных искусств им. А.С. Пушкина. Shizuoka Prefectural Museum of Art; The Museum of Fine Arts, Gifu; The Museum of Modern Art, Wakayama; Fukui Fine Arts Museum, Shizuoka, 1996

1997 Касама
Paul Cézanne. Kasama Museum of Art, Tokyo, 1997

КАТАЛОГИ СОБРАНИЙ

Каталог ГМИИ 1995
Государственный музей изобразительных искусств им. А.С. Пушкина. Каталог живописи. М., 1995

Каталог Щукина 1913
Каталог картин собрания С.И. Щукина. М., 1913

ЛИТЕРАТУРА

Костеневич 1989
Костеневич А.Г. От Моне до Пикассо: Французская живопись второй половины XIX — начала XX века в Эрмитаже. Л., 1989

Костеневич 1995
Костеневич А. Государственный Эрмитаж. Неведомые шедевры: Французская живопись XIX—XX веков из частных собраний Германии. Нью-Йорк—Санкт-Петербург, 1995

Маковский 1912
Маковский С. Французские художники из собрания И.А. Морозова // Аполлон. 1912. № 3—4

Малевич 1995
Малевич К. Собрание сочинений: В 5 т. М., 1995. Т. 1

Сезанн 1972
Сезанн: Переписка: Воспоминания современников. М., 1972

Сезанн 1975
Поль Сезанн. Автор вступительной статьи А. Барская. Авторы статей каталога Е. Георгиевская и А. Барская. Л., 1975

Тугендхольд 1914
Тугендхольд Я. Французское собрание С.И. Щукина // Аполлон. 1914. № 1, 2

Barr 1977
Barr A. Painting and Sculpture in the Museum of Modern Art. 1929–1967. New York, 1977

Bessonova, Barskaya 1985
Bessonova M., Barskaya A. Impressionnistes et post-impressionnistes dans les musées soviétiques. Léningrad, 1985

Cézanne 1978
Paul Cézanne. Correspondance recueillie, annotée et préfacée par John Rewald. Paris, 1978

Chappuis
Chappuis A. The Drawings of Paul Cézanne: A Catalogue Raisonné. 2 Vols. Greenwich Conn., 1973

Conversations avec Cézanne 1978
Doran P.M., ed. Conversations avec Cézanne. Paris, 1978

Denis 1914
Denis M. Cézanne // Kunst und Künstler. Januar 1914

Dorival 1948
Dorival B. Cézanne. Paris; New York, 1948

Duret 1906
Duret T. Histoire des peintres impressionnistes. Paris, 1906

Fontainas, Vauxcelles 1922
Fontainas A. et Vauxcelles L. Histoire générale de l'art français. Paris, 1922

Faure 1911
Faure E. Paul Cézanne // L'Art Décoratif. October 1911

Gasquet 1921
Gasquet J. Cézanne. Paris, 1921

Gowing 1956
Gowing L. Notes on the Development of Cézanne // Burlington Magazine. June 1956

Kendall 1988
Kendall R., ed. Cézanne by Himself. London, 1988

Machotka 1996
Machotka P. Cézanne. Landscape into Art. New Haven; London, 1996

Mack 1936
Mack G. Paul Cézanne. New York, 1936

Meier-Graefe 1910
Meier-Graefe J. Paul Cézanne. München, 1910

Novotny 1938
Novotny F. Cézanne und das Ende der wissenschaftlichen Perspektive. Wien, 1938

R.
Rewald J. In collaboration with W. Feilchenfeldt and J.Warman. The Paintings of Paul Cézanne: A Catalogue Raisonné. 2 Vols. New York, 1996

Reff 1963
Reff T. Cézanne: the Logical Mystery // Art News, April 1963

Reff 1977
Reff T. Cézanne's Late Bather Paintings // Art Magazine. No. 2. October 1977

Reff 1979
Reff T. The Pictures within Cézanne's pictures // Art Magazine. No. 10. June 1979

Rewald 1939
Rewald J. Cézanne, sa vie, son œuvre, son amitié pour Zola. Paris, 1939

Rewald 1977
Rewald J. The Last Motifs at Aix // Cézanne: The Late Work. The Museum of Modern Art. New York, 1977

Rewald 1989
Rewald J. Cézanne and America, Dealers, Collectors, Artists and Critics, 1891–1921. Princeton; London, 1989

Rivière 1923
Rivière G. Le Maître Paul Cézanne. Paris, 1923

R. W.
Rewald J. Paul Cézanne: The Watercolors. A Catalogue Raisonné. Boston, 1983

Venturi 1936
Venturi L. Paul Cézanne: Son art – son œuvre. 2 Vols. Paris, 1936

Vollard 1914
Vollard A. Paul Cézanne. Paris, 1914

Vollard 1923
Vollard A. Paul Cézanne: His Life and Art. New York, 1923

2. *Художники русского авангарда. Диалоги с Сезанном*

Принятые сокращения

АХР — Ассоциация художников революции (1928—1932)

АХРР — Ассоциация художников революционной России (1922—1928)

ВА — Ведомственный архив

ВНИИТЭ — Всесоюзный научно-исследовательский институт технической эстетики

Всекохудожник — Всероссийское кооперативное товарищество «Художник», Москва

ВХУТЕИН — Высший художественно-технический институт

ВХУТЕМАС — Высшие художественно-технические мастерские

ГИНХУК — Государственный иститут художественной культуры (1923—1926), Петроград—Ленинград

Главнаука — Главное управление научными, научно-художественными и музейными учреждениями в составе Наркомпроса РСФСР (1922—1933)

ГМИИ — Государственный музей изобразительных искусств им. А.С. Пушкина, Москва

ГМНЗИ — Государственный музей нового западного искусства, Москва (1923—1948)

ГМФ — Государственный музейный фонд, Москва

ГРМ — Государственный Русский музей, Петроград—Ленинград—Санкт-Петербург

ГСХМ — Государственные свободные художественные мастерские, Москва

ГТГ — Государственная Третьяковская галерея, Москва

ГЭ — Государственный Эрмитаж, Петроград—Ленинград—Санкт-Петербург

МГХИ — Московский государственный художественный институт Академии художеств СССР

МЖК — Музей живописной культуры, Москва

МИИИ — Московский институт изобразительного искусства Академии художеств СССР

МХК — Музей художественной культуры, Петроград—Ленинград

Наркомпрос — Народный комиссариат просвещения РСФСР

ОР — Отдел рукописей

ПГСХУМ — Петроградские государственные свободные художественно-учебные мастерские

Пролетарский музей — 7-й Пролетарский музей им. А.В. Луначарского Бауманского района Москвы

РАХН — Российская академия художественных наук

РГАЛИ — Российский государственный архив литературы и искусства, Москва

РГИА — Российский государственный исторический архив, Санкт-Петербург

УНОВИС — «Утвердители нового искусства»

ЦГА СПб — Центральный государственный архив Санкт-Петербурга

ЦГАЛИ СПб — Центральный государственный архив литературы и искусства Санкт-Петербурга

д. — дело

л. — лист

об. — оборот

ок. — около

оп. — опись

пост. — поступил (а)

приобр. — приобретен(а)

собр. — собрание

ф. — фонд

В рубриках «Выставки» и «Литература» указаны только основные экспозиции и публикации.

Русская художественная критика перед «проблемой Сезанна» (К истории определения «русские сезаннисты»)

И.А. Вакар

В отличие от своих французских коллег, критики в России не были создателями терминологического словаря нового искусства: художники, как правило, предпочитали сами давать имена своим открытиям. Среди немногих исключений — крылатое слово «авангард», иронически произнесенное Александром Бенуа по адресу П. Кузнецова, М. Ларионова и Г. Якулова в 1910 году[1]. Известное выражение «русские сезаннисты» также вышло из-под критического пера, но имеет значительно более узкий «спектр действия» — его обычно применяют для характеристики художников, входивших в объединение «Бубновый валет». Начиная с 1920-х годов это определение не подвергалось сколько-нибудь существенному пересмотру, активно используется оно и в современном искусствоведении.

Уязвимость названной формулы обнаруживает себя только в случаях, когда произведения Сезанна и его русских почитателей оказываются в непосредственной близости и становятся предметом прямого сопоставления; любая «совместная» выставка заставляет вновь пересматривать вопрос о правомерности этого определения, и прежде всего — его конкретном смысле. Что вкладывали в это понятие его создатели? Характеризует ли оно пластическую систему художников «Бубнового валета», их знаменитый «натюрмортизм» или какие-то иные аспекты творчества?

Если в поисках ответа обратиться к истокам этого выражения, окажется, что его родословная достаточно туманна. Трудно определить его автора и точное время возникновения. О влиянии Сезанна на русскую живопись писали многие, употреблялось и слово «сезаннисты», но, как по другому поводу выразился А. Эфрос, «из клички художников не выходило названия движения»[2]. В 1916 году А. Бенуа называет «русскими сезаннистами» П. Кончаловского и И. Машкова[3]: взятое в кавычки, определение выглядит то ли цитатой, то ли не вполне сложившейся формулой. Еще через десятилетие Я. Тугендхольд уверенно заявляет: «Как известно, мастера “Бубнового валета” (1911—1916) получили название русских, или, еще точнее, московских сезаннистов». Заметим при этом, что сам он не пользуется в предшествующие годы этой формулой, предпочитая развернутые характеристики.

Интересно, что названное словообразование осталось в русской профессиональной лексике единственным в своем роде. Оно зафиксировало какую-то совершенно особенную роль Сезанна в становлении новейшего русского искусства; другие, не менее сильные источники воздействия — Гоген, Матисс, кубисты — не получили терминологического закрепления. Не привились, к примеру, ни эфросовское прозвище «гогенид», данное П. Кузнецову (может быть, дело просто в неблагозвучии?), ни выражения типа «русские матиссы», «подматиссчики» и «подмангенцы» (от Мангена)[4], в изобилии рассыпанные по страницам периодических изданий. Критические отзывы на выставки молодых русских живописцев вообще пестрят именами французских мастеров, где Сезанн упоминается не иначе, как через запятую, в общей обойме пост- или неоимпрессионистов, фовистов и кубистов. Быть может, под «русским сезаннизмом» следует понимать просто французскую составляющую новой русской живописи? Приблизительно так понимал его, по-видимому, А. Эфрос, утверждавший, что это определение «отвечает сути дела, если под словом “сезаннизм” подразумевать не прямое подражательство Полю Сезанну, хотя оно и было, а главным образом зависимость от той фазы послесезанновской французской живописи, которая получила кличку “fauves” — дикие, “необузданные” живописцы и т. д.»[5]. Сюда можно было бы прибавить еще один источник — кубизм.

Очевидно, в выражении «русский сезаннизм» имя Сезанна в значительной степени абстрагируется от своего реального носителя, чтобы стать обозначением не столько конкретной живописной или мировоззренческой системы, сколько художественной тенденции, некого первотолчка для последующего развития искусства. Именно так оценивали роль Сезанна и молодые бубнововалетцы, называвшие французского мэтра «освободителем». Что же касается критики, то для нее выделение имени Сезанна имело, как представляется, несколько иной смысл: в этой статье я постараюсь показать, что несмотря на многочисленные хвалебные отзывы, Поль Сезанн остался для нее самым нелюбимым и труднопостигаемым художником эпохи, начавшейся после импрессионизма, а его творчество — водоразделом, за которым простиралась духовно чуждая и так до конца и не освоенная территория.

В 1912 году С. Маковский отмечал происшедший в России за короткий срок резкий скачок в искусствопонимании: «Как недавно сравнительно картины импрессионистов — и самый термин импрессионизм — казались новыми, “последними” в живописи, а в России как еще близко время, когда восхищаться "Стогом сена" Моне значило обнаружить верх смелости и попасть в ряды самых отъявленных модернистов! И вот сегодня, т. е. каких-нибудь десять лет позже, импрессионизм не только не представляется нам последним дерзанием, но апостолы его уже успели сделаться своего рода "классиками"...»[6]. Именно в этот переходный момент просвещенные ценители в России впервые услышали о Сезанне. Почти одновременно на горизонте русской критики встала проблема отечественного «сезаннизма».

В 1905 году, в возмущении от молодых живописцев, впервые энергично заявивших о себе на выставке Московского товарищества художников, С. Яремич писал И. Грабарю: «Вся молодость "гениальных" отпрысков масочного класса московской школы живописи (т. е. начальных классов Московского училища живописи, ваяния и зодчества. — *И. В.*) заключается в том, что они начали переводить на русскую почву безвкусных гогенов и сезаннов... Говорю с такой уверенностью потому, что в самих оригинальных гогенах и сезаннах художественный элемент отсутствует, нет кухни, нет брио... нет настоящего, т. е. физиологического чувства тона и краски, равно как отсутствуют и вкус, и форма... Что же остается, когда отсутствуют все эти элементы? В лучшем случае глухое упорство и курьез ярмарочной вывески»[7].

В ответном письме И. Грабарь дипломатично замечает, что «кое-кто из этой молодежи очень талантлив, и всем им мешает их хулиганский дух. <...> Что касается Сезанна и Гогена, то я с Вами не совсем согласен: мы сходимся в одном, оба их не любим. Но я, не любя, часто даже не вынося, не переваривая их, не могу не видеть, что это не два шулера. Относительно, например, Сезанна для меня мучительно ясно, что это одна сплошная искренность, без примеси йоты шарлатанства. <...> Гоген по-своему любит красивое, и я видал у него замечательные вещи». Самая высокая оценка, однако, выпала на долю Ван Гога: «В нем я многое не только ценю, но и люблю»[8].

Днем позже Грабарь еще более азартно защищает тех же художников в письме к А. Бенуа — главному критическому арбитру тех лет, причем пытается не только приноровиться к вкусам своего авторитетного друга («Иногда у него [Сезанна] выходили отличные вещи, т. е., конечно, грубые, если хочешь, в известном смысле, но все же, я на этом настаиваю, — отличные»), но и заставить его изменить систему критериев: «Не лезь к ним с мерками, годными для фрагонаров, рубенсов и веласкесов», «мерить вещи на один аршин тоже не приходится». Тут же Грабарь добавляет, что «ван-гогчики, гогенчики, а уж о сезаннчиках и говорить нечего... расплодившиеся по Европе и появившиеся теперь и в Москве, — это гадость! Это шарлатанство»[9]. Все в этих высказываниях чрезвычайно характерно. Первое и самое удивительное: московские «гогенчики» и «сезаннчики», о которых идет речь, — это будущие участники выставки «Голубая роза»: П. Кузнецов, С. Судейкин, Н. Милиоти, П. Уткин и другие, чья «туманная» позднесимволистская живопись, берущая начало в творчестве Врубеля и Борисова-Мусатова (а из французов, скорее всего, — Э. Каррьера, О. Редона и М. Дени), вовсе не вписывается в сезанновскую традицию. Как ни странно, ни С. Яремичу — автору монографии о М. Врубеле и его ученику, ни соприкасавшимся со стилем модерн Бенуа и Грабарю не очевидна и, главное, неинтересна реальная родословная молодых; в отличие от самих этих молодых все названные художники-критики классифицируют и оценивают явления искусства не по формально-стилистическим признакам. Их занимает другое — проблема подлинности, связанная с этическими категориями «искренности» или «шарлатанства».

В истории новой живописи трудно найти более тривиальное обвинение, предъявляемое публикой к художнику, чем обвинение в шарлатанстве (мистификаторстве); начиная с импрессионистов с ним сталкивались все крупнейшие художники конца XIX — начала XX века. Причины этого ясны — быстрая смена, а затем и полное разрушение критериев качественной оценки художественного произведения в условиях ограничения, а затем и отказа от миметической функции искусства. Однако при всей типичности русский вариант той же ситуации имеет свои особенности.

Прежде всего, здесь в конфликт вступают не художник и общество, а — скорее — художник и художник. Если во Франции в эпоху импрессионизма критики вербовались главным образом из литераторов и журналистов, то в России на рубеже веков сложилась школа художественной эссеистики, состоявшая из людей, профессионально занимавшихся живописью (к именам таких художников-критиков, как С. Глаголь, А. Шервашидзе, И. Грабарь, М. Волошин, А. Койранский, Я. Тугендхольд следует прибавить незаурядных знатоков искусства С. Маковского и П. Муратова). Это были сторонники и пропагандисты новой, постпередвижнической живописи, много сделавшие для приобщения широкой публики к новым формам в искусстве — к символизму и модерну, свободному письму русских импрессионистов и «стилизму» мирискусников. Художественная идеология этого поколения, сложившаяся под покоряющим влиянием идей и личности А. Бенуа, состояла прежде всего в требовании свободы творчества и апологии творческой индивидуальности; любые формы добровольной зависимости — подчинение «направлениям», авторитетам, влияниям, моде или господствующим вкусам, с этой точки зрения являются проявлением неподлинности искусства, измены художником своему дару. Признание особости, неповторимости каждого истинного таланта в практике «Мира искусства» приводило, по словам самого Бенуа, к «эклектике» — совмещению на выставках и страницах журнала стилистически резко различающихся явлений искусства, причем Бенуа это не смущало, в то время как проявления «стадности» отталкивали и воспринимались как оскорбление духовного аристократизма, присущего подлинному искусству.

Вот почему слово «шарлатанство» в устах его соратников и друзей имеет не столь примитивный смысл. Оно связано с целым рядом излюбленных критиком понятий, относимых как раз к современному искусству — «гримаса», «выверт», «нарочитость», «притворство», — и объединяемых в понятие «неискренность».

Но вернемся к оценкам Грабаря живописи Сезанна. В обзоре персональной выставки художника в Берлине (1904) Грабарь начинает с такого тезиса: «Во всем искусстве Сезанна есть одно огромное, необычайное достоинство, это его искренность... Я полагаю, что искренность — гораздо более редкая гостья в современном искусстве, чем это принято думать... Например, в известном смысле все, что делает Морис Дени — неискренно. <...> Но что нам за дело до того, что это притворство, если оно так красиво. Сезанн искренен до последней возможности, искренен, как неиспорченное дитя, как средневековый миниатюрист»[10]. Доказательством для критика служит естественная преемственность в эволюции художника: «Как писал человек сорок лет тому назад, так и теперь пишет. Просто не может иначе».

Однако искренность — необходимое, но не достаточное условие полноценного искусства, это лишь залог гармонии между его формой и содержанием. Для Бенуа, по его признанию, всегда было важнее второе — выраженное в органичной для художника форме поэтическое чувство, символ его веры или, точнее, предмет любви — любви к прекрасному или трогательному, возвышенному, изящному или «скурильному» и т. п. Естественно, для Бенуа и его единомышленников небезразлично, что пишет художник — Мадонну или капусту[11], хотя и капусту можно увидеть поэтическим взглядом: в этом русскую критику начинает убеждать творчество импрессионистов.

Но именно этого взгляда она не находит у Сезанна. «Что за ужасный глаз! — возмущается Яремич. — Как портретист он не пишет свои персонажи, а оплевывает их и бьет по щекам. Невозможно без боли смотреть на искривленные в каких-то судорогах лица с скошенными глазами и с сбитыми черепами. Это коллекция исключительных уродов, серых, грязных и безжизненных. <...> Как пейзажист он нисколько не веселее. <...> Краски налеплены как куски пластыря. Это мозаика из липких пластырей состоит из четырех убийственных оттенков цветов — кирпично-красного, зеленого, синего и красно-серого. И вот этакого чудилу один из известных здешних художественных критиков, Гюстав Жеффруа <...> ставит в ряд с такими мастерами как Мане, Дегаз (Дега. — *И. В.*) и Ренуар!»[12]. Восприятие Грабаря гораздо адекватнее: он отмечает сезанновские «энергичные nature mort'ы, с суровыми, почти металлическими контурами, бодрыми, не компромиссными, а смело говорящими за себя красками. В них есть какая-то откровенная нагота природы, та слегка циническая нагота, которая в тысячу раз милее и драгоценнее ханжеских и лицемерных нарядов, в каких щеголяет ординарное выставочное искусство». И все же Грабарь приходит к аналогичному выводу: «Никогда Сезанну не стать рядом не только с такими гигантами, как Мане, Моне и Дегас, но и с такими большими мастерами, как Ренуар». Общее впечатление, которое оставила в нем выставка Сезанна — «самое обидное из всех разочарований»[13].

С рассматрения той же проблемы начинает свою статью «Сезанн» и А. Шервашидзе[14]. Н. Харджиев называет ее первой работой русского автора, посвященной Сезанну[15]; важно и то, что здесь впервые в русской прессе его творчеству дается положительная оценка. Шервашидзе начинает анализ как бы с позиций Бенуа и Грабаря, внутренняя интрига статьи состоит как раз в преодолении этих позиций, не вмещающих всего того, что открылось критику в живописи Сезанна. «В этом искусстве нет *красивого* (здесь и далее выделено А. Шервашидзе. — *И.В.*). Нет *красивых* людей, ни *красивых* движений, ни правильного рисунка, ни даже перспективы». Нет и «желания украшать, радовать, услаждать глаз. Изысканность, поэзия формы, линий и красок, композиция, красота борьбы света и тени, игра вибрирующих красок далекого воздуха — Сезанн отказался от этого богатства, от этой радости, чтобы сказать только правду, открыть тщательно скрытую от глаз подкладку жизни. <...> Да, — это калеки, изломанные жизнью люди, с короткими руками и искривленными лицами, les vaincus de la vie (побежденные жизнью. — *И. В.*), — да, конечно. Но почему вы хотите, чтобы искусство было дубликат природы, и притом природы, которую видите вы, которую вы *хотите видеть*? Нет, не нужно, неинтересно, нельзя видимое всеми; *но видимое только художником, — невидимое*. Все безобразное, все прекрасное настолько важно, насколько оно волнует художника; только *формы* этого волнения нам дороги и священны, и, чтобы властвовать над нами, они должны быть значительны и прекрасны». Шервашидзе сталкивает противоположные точки зрения (точнее, как бы переходит с одной на другую), описывая работы Сезанна как картины «ужасного, уродливого рисунка», безрадостные пейзажи «без всякой композиции», и тут же заявляя об относительности критерия прекрасного в искусстве: «Нет правил для выбора... впечатлений и нет правил для выражения их. Картина — свободное, независимое выражение личности, темперамента художника, и только эта личность, этот темперамент имеют цену». Художник вправе трансформировать натуру, вносить в нее «поправки», которые есть «не ошибки, а *уклонение от правил*, в которых, может быть, кроется сезанновский секрет выражения характера. Я не могу сказать, что незнание веками накопившихся традиций составляет необходимое условие для создания столь замечательного искусства; но кто знает, что нужно знать и что нужно не знать, для того, чтобы создать chef-d'œuvre? Кто измерил количество знания Чимабуэ и Джотто? В каких академиях проходили долгую выучку тонко чувствовавшие художники, зарисовавшие с такой искусной простотой стены доисторических пещер Дордони и Пиренеев?»

Заметим, что здесь по существу уже сформулирована программа первого авангардного течения в русской живописи — неопримитивизма. Шервашидзе хорошо ощутил и тот временной слом, революцию вкуса, тот сплав архаики и органической новизны, которые позволят русским авангардистам почувствовать свое родство с французским мастером: «Сезанн — художник другого времени, другого склада души, чем мы, и мы должны многое забыть, от многого отказаться, чтобы оценить его, проникнуться им. Его искусство гораздо ближе к неумелым фрескам первых десяти веков христианства, к удивительным по своему реализму портретам анкостикой (в технике энкаустики. — *И. В.*) Помпеи и Рима, чем к нам, к нашему искусству, к нашим традициям. <...> Сезанна нельзя отнести ни к какой группе, и родословную его найти невозможно... В его лице мы видим, может быть, единственный в истории живописи нашего времени пример мастера, имевшего необыкновенное мужество стать, без традиций и без знаний, лицом к лицу с многообразной жизнью».

Однако труднее всего критику объяснить то позитивное, что он находит в живописи художника. По его мнению, в мировое искусство Сезанн «внес свое значительное, величественное упрощение формы, широкую и благородную интерпретацию простых и незначительных сторон жизни... Его холсты, непосредственные впечатления природы, в которых так заметен труд, составляют как бы части огромной фрески, одного огромного холста, — так все они связаны одним общим и глубоким чувством, так много в них спокойствия, благородства, и самый небольшой холст написан так, как если бы это была обширная стена монументального здания».

Однако ни внутренняя монументальность, ни «логика целого», ни другие отмеченные качества сезанновских полотен все же не объясняют их значительности. Статье Шервашидзе недостает того «во имя», которое Бенуа считал краеугольным камнем искусства.

Стремясь примирить публику с непривычным художественным явлением, критика, как правило, шла несколькими путями. Один из них — путь создания индивидуальной легенды, дающей возможность «вчувствования» в произведения художника через живое ощущение его личности (путь, во многом присущий, например, А. Бенуа как критику). Статья Шервашидзе также вносит в «сезанновский миф» определенную лепту: «...Эта личность удивительно огромна, и удивительно одинока... Он не имеет учителей, он один, он единственный, и судьба подарила ему величайшее благо, которое можно пожелать каждому выдающемуся человеку — одиночество».

Постоянство Сезанна, его неудовлетворенность собой, одержимость искусством, «простота» и «глубочайшая первобытная искренность»[16] становятся особенно значимы после смерти художника (1906) и усиления его влияния на молодое поколение. Все чаще его биография окрашивается в краски легенды: М. Волошин называет Сезанна «Савонаролой современной живописи» и сравнивает с вымышленным Паоло Угелло — фанатиком и аскетом, ищущим философский камень в живописи и губящим своих близких[17]. Пессимистичен и вариант сезанновской биографии у Н. Гумилева: «Будучи уже автором многих картин, обнаруживающих большой вкус и знание техники, он внезапно взялся за отыскивание новых путей для искусства, приняв исходной точкой стиль ассирийцев и халдеян. Затворившись в своей мастерской, он начал упорно работать, стараясь прежде всего отделаться от прежних, мешавших ему, приемов творчества. Быть может, для искусства и запылала бы новая заря, но Сезанн умер в конце своей подготовительной работы»[18].

«Сезанновский миф» все же не получает подлинно романтической окраски — этому препятствует, вероятно, сам характер живописи художника. Складывается даже некая антилегенда, смысл которой заключается в противопоставлении жизни художника и его искусства. Излюбленным свойством, характеризующим Сезанна, у критики становится его «упорство» (не забудем, что в русской традиции это признак «сальерианства») и тесно связанная с этим качеством «ограниченность» интересов: «Сезанн — исключительно живописец, для которого просто не существует в живописи ничего, кроме самой живописи»; «этот гениальный “неудачник”, этот упорный до вдохновенности, искренний до трагизма... революционер живописи... этот одинокий художник-мещанин, умевший придавать “большой стиль” провинциальной обыденности людей и предметов»[19]. «Его жизнь — жизнь нелюдимого чудака, провинциального буржуа..., жизнь косная, суеверная и слепая во всем, что касалось морали и этикета провинциального общежития. Его искусство — искусство революционно-вольное и гениально прозорливое, непохожее ни на что кругом и рядом, непонятное даже наиболее передовым из его современников-импрессионистов»[20].

Я. Тугендхольд, напротив, строит свою характеристику Сезанна на сближении поверхностно рассмотренных социальных аспектов жизни художника, его слегка вульгаризированных высказываний и тематики и образного смысла его картин. «...Католик и консерватор Сезанн был состоятельным домохозяином, не зависел от публики, работал спокойно и уравновешенно, регулярно принимал душ и посещал мессу»[21]. Провинциал, проживший всю жизнь вдали от большого города, «недоросший» до импрессионизма, он знает лишь свое «маленькое ощущение» — до остального ему нет дела. Не развитый как личность, от природы лишенный воображения (Тугендхольд пишет иначе: «Он не вплетает в грубую жизнь легких кружев фантазии»), он лишь преображает цветом окружавший его косный обывательский мир. «Вот “Крестьянин” с огромными руками и какими-то черными дырами вместо глаз, грузно, как ком, сидящий на стуле и написанный почти рельефными слоями красок. Это — гениальное олицетворение мертвой, стопудовой, вандейской силы... Его игроки с их тупыми лицами и флегматической игрой»[22] — «мелкие лавочники, вознесенные на пьедестал монументального стиля»[23].

Остро ощущая своеобразие художника, умея выразительно описать его живописный язык, Тугендхольд тем не менее находится в плену своей концепции «мелкого индивидуализма» Сезанна, а потому видит на его полотнах то «старчески перекошенные тарелки»[24], то «грубых самок», в пейзажах находит «что-то вечно пасмурное и безрадостное, мужицкое и неподвижное», а сезанновская живопись в целом видится ему как «магический круг, замкнутый в себе, неподражаемый, непроницаемый»[25].

Выходом из «тупика индивидуализма» представляется Тугендхольду творческий опыт Гогена; вообще противопоставление этих художников — один из излюбленных сюжетов критики середины — конца 1900-х годов. Несомненно, судьба и личность Гогена в гораздо большей степени подошла для романтической мифологизации во вкусе русской критики; но и помимо этого, сама живопись Гогена показалась ей значительно содержательнее, «человечнее», ближе к традиционному кругу ценностей: у Гогена, пишет Бенуа, «появляется прелесть сюжета, "литература", появляется и декоративность, внешняя красивость; он сам искал ласки, утешения, и его живопись содержит эту ласку. <...> Гоген уже не вершина, овеваемая ледяным воздухом, но уже некий склон, нечто более доступное, манящее, женственное. *Хороши картины Сезанна; хорошо на картинах Гогена* (выделено А. Бенуа. — *И. В.*)»[26].

Упоминание декоративности Гогена здесь не случайно; пожалуй, это один из самых существенных пунктов, примирявших русскую критику с живописью постимпрессионизма. Не забудем, что идея grand art, синтеза искусств и эстетического преображения жизни принадлежала к самым дорогим и заветным в творческом кругу, формировавшем в эти годы художественную критику. Если в тугендхольдовском сравнении полотен Сезанна с гобеленами чувствуется натяжка, то Гоген дает богатую пищу для моделирования образа художника-универсала, чья живопись «требует стен», а идеология — преодоления индивидуализма в пользу коллективного творчества; в противоположность Сезанну, Гоген у Тугендхольда — «гармонически развитая личность, Гоген, как образец прекрасного духовно-телесного человеческого существа, — остается еще невоплощенным идеалом грядущих эпох...»[27].

Характерно в этой связи и то, что обзорные статьи, посвященные новой французской живописи, выстраиваются, как правило, в последовательности от Сезанна к Гогену, затем к Матиссу и фовистам; основанием для этого служит преодоление Гогеном сезанновского влияния. «От Сезанна непрерывная нить идет к Гогену, от Гогена к Денису (Дени. — *И. В.*), Вюйару, к Герену, ко всей живописи новейшего поколения. Что же удивительного в том, что это поколение считает Сезанна своим пророком и учителем?»[28]. Однако интуиция подсказывает наиболее проницательным, что значение Сезанна вовсе не определяется отношением к проблеме «большого стиля». Вернемся еще раз к уже цитировавшейся статье Грабаря 1904 года о Сезанне: «...Я все же ушел с его выставки совершенно разочарованным. Я не нашел на ней самого главного, того grand art, перед которым преклоняется столько людей, мнение которых я искренне уважаю. Он — интересный, но не великий художник»[29]. Грабарь оказался еще не способным оценить монументальность станковой формы у Сезанна, которую отметил Шервашидзе и которая будет привлекать к художнику французских и русских кубистов.

Неуверенность слышится и в высказываниях С. Маковского, утверждавшего, что «именно теперь наступило время для *большого декоративного стиля* (выделено С. Маковским. — *И. В.*), преемственно связанного со всем, достигнутым в этой области в последнее десятилетие», и чувствовавшего несовместимость этих прогнозов с реальным художественным процессом, наблюдаемым на примере современной французской живописи. Говоря о Париже, критик с некоторым недоумением замечает: «Живописью признается только письмо маслом с натуры, и хорошей живописью — только произведения, отличающиеся мастерством кисти... красотой самого "вещества" живописи. Идеология, стилизация, настроение, мистика, выдумка, оригинальность рисунка, интересная раскраска — все это считается посторонними элементами... Лишь природа, этот материальный, вечно-изменчивый мир... может превращаться на холсте художника в настоящую живопись; ее не заменит никакая мечта. <...> Живопись для живописи — вот формула французской школы»[30].

Кульминацией размышлений русской критики о Сезанне явилась статья А. Бенуа из серии его «Художественных писем»[31], посвященных выставке «Сто лет французской живописи», впервые широко представившей жителям Петербурга новейшие живописные школы. Как и Шервашидзе, Бенуа начинает с критики, чтобы закончить откровенной апологетикой, от поверхностных, расхожих оценок — к их решительному пересмотру, причем стоящее за этим напряженное усилие автора придает его заключениям характер личного открытия. Тон статьи необычен для Бенуа, всегда уверенного в своих суждениях и артистически-свободно рефлексирующего перед читателем; в нем чувствуется потрясенность от собственного прорыва к пониманию и почти беспомощность от невозможности словесного выражения своих ощущений; той же проникновенностью тона будет отмечена через год статья, в которой Бенуа сделает признание: «Я очень много пережил за эти два дня на выставке Гончаровой...». Заметим, что в дальнейшем ни Гончарова, ни Сезанн не станут его «любимцами»; восторженный отзыв о них — памятник почти героической попытке критика переступить через эстетические барьеры своего круга и поколения.

«Сезанн — француз до мозга костей. Именно то, что он вел буржуазный образ жизни, что он упорно эксплуатировал себя, как другие эксплуатируют какое-нибудь торговое предприятие или клочок земли, это характерно для француза. Сезанн «несимпатичный» художник, ибо он черствый, упорный, не знающий ласки, не любящий ближних, нелюдимый, одинокий. Он весь ушел в цитадель своего творчества и там был неприступен. Как Микеланджело весь ушел в лицезрение образа идеального человека, возникшего перед его духовными очами, так и Сезанн весь ушел в какой-то мир идеальной, абсолютно прекрасной краски. Он не идет навстречу, а нужно *идти к нему* (здесь и далее выделено А. Бенуа. — *И. В.*). Нужно суметь побороть все препятствия, которые он воздвигает в своей ненависти компромисса между собой и зрителем. Сезанн с виду неряшлив, коряв, угрюм; формы его кривы и даже краска на первый взгляд какая-то "кислая", терпкая. Характерные его аккорды глубокой зелени с желтым и синим, серо-синего с оранжевым и белым — действуют, пока не поймешь их, как нечто оскорбительное. Точно так же Микеланджело приводит в ужас грузностью своих форм, пустынностью композиции картины, бедностью красок.

Но стоит вглядеться, и картина меняется. Внезапно вы зашли за какой-то волшебный круг, и все приобретает новое значение. Неряшливость оказывается непосредственностью, корявость — игнорированием несущественного, угрюмость — благородством, кривизна форм — особой стилистической системой, единственно подходящей для задач Сезанна (ведь известно, что стоит академически "испортить" (так в тексте, по смыслу — "исправить". — *И. В.*) "плохой" рисунок византийцев или готиков, чтобы вся прелесть его была погублена). И вот с этого момента начинает пленять и краска Сезанна; красочный вкус зрителя быстро развивается, а раз одолев Сезанна, по-прежнему остаются дорогими лишь самые большие маги краски: Тициан, Тинторетто, Веронез, Греко, Веласкез, Делакруа, — но удовольствие от второстепенного вам испорчено. Бесцветным кажется Сарто, приторным Пальма, холодным Прюдон, черным Мане и *ни один русский художник* (за исключением разве кусков живописи Венецианова и Иванова) не представляется в красочном отношении *интересным*. Сезанн из положения какого-то неудачника, дилетанта и калеки — прокладывает в вашем сознании дорогу к первым тронам Аполлонова неба, он оказывается первейшим красавцем; гением, ясновидцем. Сезанн покоряет. Французский буржуа оказывается каким-то фантастическим деспотом, каким-то художественным Наполеоном».

Изменение точки зрения самому автору представляется непостижимым — ни рационально объяснить, ни адекватно описать его не удается. Бенуа всегда утверждал, что «искусство есть тайна», однако ему самому не раз удавалось проникнуть в тайну если не создания, то воздействия искусства, выразить «самую душу» произведения, почувствовать и передать все то, «в чем с особой яркостью сказывается "искра Божия"». «Я в некотором смысле даже "эксперт" именно в этой области», — заявлял Бенуа[32]. Однако объяснить феномен воздействия Сезанна он, по-видимому, оказался бессилен. «Я никогда не мог добиться от почитателей Сезанна ясного и точного ответа, почему он им нравится», — признавался в 1907 году Морис Дени[33]. Тем более трудно было бы ожидать такого ответа от русского критика. А. Эфрос как-то язвительно заметил: «Русские художники — очаровательные рассказчики... русские картины можно читать без устали»[34]. Не потому ли и критики в России так тяготели к беллетристике? Сюжет, психология, «настроение», интерпретация мотива, наконец, настроение и восприятие самого критика становились основой любой статьи, посвященной искусству. Там, где живопись безмолвствует, обращаясь к глазу, а не к воображению и уму, как правило, немеет и критик. Или, как Бенуа, задается неразрешимыми вопросами.

«Что это за штука: живописная сущность (или скульптурная и вообще всякая художественная сущность)? Что это — бессюжетность? Однако Делакруа был весь полон трагической страсти, и разве нет поэзии, сюжетности у барбизонцев? Что это — исключительное чувство красоты красок? Однако разве уродливы краски у художников, по нашему мнению, не познававших живописной сущности — напр.<имер>, у Макарта? Что это — живопись мазка? Но разве не виртуозный мазок был у Ленбаха, Кнауса, нашего Репина, Крамского — опять-таки представляющихся нам не познавшими "живописной сущности"? Почему, с другой стороны, можно сказать, что ядовито-зеленый, "скверно намазанный" этюд Сезанна — обладает живописной сущностью, и что ею же обладает и пылающий красками Делакруа, и черный Курбе? Почему мы чувствуем, что существует более кровное родство между Микеланджело, Греко и Сезанном, между Веласкезом, Вермером, Шарденом, Коро и Мане, между Рафаэлем, Пуссеном, Энгром и Дега, а что нет никакого родства, а имеется лишь внешнее далекое сходство между, напр.<имер>, Рембрандтом и Репиным, или тем же Рафаэлем и Овербеком. Родственная связь именно и заключается в "живописной сущности"»[35].

Оценивая Сезанна столь высоко, складывая оружие перед «художественным Наполеоном», преступившим через академические правила и сложившиеся каноны вкуса, Бенуа вовсе не склонен позволять это другим, а тем более вообще отрицать правила и каноны. Напротив, в эти годы он выступает как адепт «традиции» и «школы» в борьбе с «анархическими» требованиями свободы творчества, все громче раздающимися из лагеря молодых авангардистов. Поэтому выводы критика достаточно тенденциозны:
«И вот спрашивается: что означают оба художника в исторической эволюции современной живописи, — как в порядке чисто живописном, так и более широком? Означают ли они образцы, достойные подражания, или же они вехи окончательно пройденного? <...> Ответ должен получиться довольно определенный. Не образчики они, а именно граница; дверь, закрывшаяся на пройденном. <...> Пример Сезанна и Гогена лишь в одном смысле действителен — это в смысле того неустанного усердия, той полноты отдачи себя, которыми отличается их твор-

чество. От картин их веет здоровой атмосферой *труда*, пытливого доискивания, неостывавшего энтузиазма перед жизнью природы и ее красотой. Невнимательный посетитель увидит в их зале на выставке одни лишь внешние черты живописных приемов. И такими невнимательными учениками представляются мне все наши доморощенные сезаннисты и гогенисты... Сравните затем "выстраданные в каком-то неугасаемом восторге" вещи обоих мастеров с тем дешевым баловством, которым отличаются произведения нашей "задорной молодежи", не признающей никого и ничего, а главное, не желающей работать, и для вас станет многое недоуменное в русском художестве понятно. <...>

И стилизаторы, и импрессионисты, и пуристы, и люминисты, и фокусники, и искренние — все страдают одним недостатком: спешной, непродуманной работой, "дешевкой". Это отсутствие того, что называется "школой" (и что так ясно сквозит в творчестве Сезанна и Гогена, отчасти даже у Матисса и Пикассо), покрывается словами: самобытность, темперамент, ярь, радость творчества, примитивизм, свобода. Но разве не отсутствие это порождает самый худший из родов художественного творчества — *скучный* род?»[36].

Итак, эволюция критических оценок искусства Сезанна, происшедшая менее чем за десять лет, очевидна: от подозрения в шарлатанстве до признания его одним из современных классиков, понимания того, что его искусство — это «чистая», «абсолютная» живопись, образная интерпретация которой затруднена, и, соответственно, затруднено объяснение ее смысла и ценности; того, что эта ценность не имеет прямого отношения к сфере жизненных проявлений, ее «духовность» проблематична. Признавая исключительное качество этой живописи (в особенности сезанновский цвет), критика, однако, не способна оценить в ней все то, что окажется особенно важным для художников авангарда: архитектонику, новое понимание пространства и пластики, соотношение натурного начала и его активной интерпретации. Критики по-разному рассматривают место Сезанна в истории живописи: для одних это первооткрыватель, художник вне традиций, для других — их завершитель, конец, а не начало, «ледяная вершина», на которую не рекомендуется взбираться последователям великого учителя. Обратимся теперь к проблеме этих последователей.

По мере признания Сезанна тактика русской критики в отношении отечественных новаторов начинает меняться: теперь она не столько сближает, сколько разводят эти явления. Французский мастер из предводителя «деформистов»[37], научившего современников «неряшеству рисунка»[38], превращается в недосягаемый образец подвижничества в искусстве. Противопоставляются не только «легенды»: стилистические сравнения становятся также осторожнее и точнее.

Любопытно, что первая выставка «Бубновый валет» (1910—1911) отнюдь не была расценена как сезаннистская. В наиболее серьезной (хотя и выдержанной в тоне «зубоскальства») и доброжелательной рецензии, принадлежащей М. Волошину[39], имя французского мастера упоминается лишь однажды — как очередное увлечение «переимчивого» П. Кончаловского: «По его нынешним холстам можно тотчас же убедиться, что после Ван Гога он предавался Сезанну, интересовался Матиссом, работал вместе с Машковым. В своей "Испании" Кончаловский как бы более сам по себе, он больше интересуется тем, что пишет, чем манерой письма, но все же он слишком много видел картин на своем веку». В целом же проблематика статьи далека от тезиса о подражательности русских. Волошин подчеркивает особую, эпатажно-несерьезную атмосферу этого «действа»: «Надо отдать справедливость устроителям выставки: они сделали все, чтобы привести в неистовство глаз посетителя», — и объясняет это тем самым «молодым задором», который с раздражением упоминал Бенуа: «Вина "валетов" вовсе не так велика: они просто вынесли на большую публику интимную обстановку большой мастерской, в которой работает много талантливых и молодых художников, и вынесли не только вещи законченные, но и те подрамники, которые уже давно были свалены в углу, и даже куски стены, на которой нарисованы веселые и грубоватые рапенские шаржи. (Через год в статье, посвященной выставке "Ослиный хвост", Волошин разовьет тему рапенов — художников, завершающих ученичество и находящихся в стадии высмеивания своих учителей. — *И. В.*) На "Бубновом валете", конечно, есть много вещей "pour epater", много наивных подражаний наиновейшим образцам, много неверных теорий, заводящих в живописные тупики, но вместе с тем — много действительной талантливости и "веселого ремесла", а главное — молодости». Переходя к отдельным участникам выставки, критик отмечает у «наиболее живописца» из бубнововалетцев И. Машкова его портреты, напоминающие «серьезно трактованные шаржи. Их сходство преувеличенно точно и доведено до грани карикатуры», в то время как портреты Сезанна, как мы помним, вызывали упреки в безличной натюрмортности, «деревянности» и бездушии. Если в сезанновских полотнах находили тяжесть и суровость, то у «валетов» критику бросилась в глаза кипучая жизнерадостность, «наивность и непосредственность». Волошин подчеркивает и стремление бубнововалетцев *«к вещности, к предметности»* (выделено М. Волошиным. — *И. В.*), но связывает это опять же не с сезанновским влиянием, а с эстетикой вывески и находит это качество прежде всего у Ларионова: «Его "Хлеб" — действительно, только хлеб: большой, цельный, хорошо пропеченный хлеб, который составил бы счастье любой булочной, будь он написан на жестяной вывеске. Вообще стиль вывесок очень прельщает "валетов". К нему склонны и Машков, и Гончарова, но истинным мастером в этой области является Ларионов. Что он очень талантлив это бесспорно, но в его талантливости есть что-то весело-дурацкое». Это качество, так же, как и «рапенское хулиганство Машкова», который «играет своим даром», само собой, прямо противоположны духовному облику Сезанна.

Вывод Волошина таков: «Машков, Лентулов, Кончаловский, Ларионов, Гончарова — вот на наш взгляд ядро “Бубнового валета”. Они различны по темпераментам, но составляют одну цельную группу. У них есть живописный инстинкт, они талантливы, они дерзко-искренни, но они слишком доверяются непроизвольным жестам руки, которая водит кистью, они не умеют себя ограничивать и недостаточно строго сами себя судят».

Хотя критики и поддались на художественную провокацию, приняв за личностные качества «валетов» их групповую публичную «маску», их заключение о «легком» отношении русской молодежи к своему делу все же косвенно затрагивает какую-то существенную сторону новой живописи. Ранний авангард рождался в России легко, его создания как-то стихийно выплеснулись на холсты целого поколения художников; трудный, иногда долгий период подготовки, учебы, поисков неожиданно дал мощный толчок смелой и свободной самореализации. В этом смысле русским действительно было легче, чем первооткрывателям: путь был уже указан. Критики, однако, не понимали природы этой легкости. Одним, как Бенуа, казалось, что дело в личных качествах молодых художников — безответственности, стремлении к легкому успеху; другие предполагали, что писать по-новому вообще не трудно; наивность их представлений удачно спародировал М. Ларионов названием выставки «Ослиный хвост». Конечно, рассуждая о «непроизвольных жестах руки», Волошин не доходит до подобного абсурда, но следует все же отделить точность его наблюдения от негативности оценки. Авангард на раннем этапе действительно культивировал спонтанность письма, позволяющую художнику следовать своей интуиции в обход знаний, правил и иных рациональных моментов; вслед за Сезанном русские художники шли от своего «ощущения», другая часть его системы — умение «строить» — будет осознана ими позднее.

Оценка М. Волошиным раннего «Бубнового валета» была бы не полной без сделанного им вскоре после выставки добавления — небольшой заметки о вечере-бале «Ночь в Испании», декорированном П. Кончаловским. «Постановочная часть — бой быков, танцы и песни были забавны, но не настолько, чтобы об них стоило сообщать в московской хронике. Вся же декоративная сторона: украшение зала и сцены, панно, афиши, исполненные П. Кончаловским в сотрудничестве с Якуловым, представили настолько интересную манифестацию декоративных принципов “Бубнового валета”, что ее нельзя пройти молчанием. <...> Декорации ...вполне убедили меня в художественной правоте последней манеры П. Кончаловского. Он выказал себя здесь очень интересным декоратором и доказал на широких плоскостях, что имеет право быть таким, какой он есть. Он нашел, ни в чем не изменяя своей технике, истинную декоративность, без малейшей слащавости, без каких бы то ни было общих мест... Я могу совершенно беспристрастно сказать, что еще ни разу — ни в России, ни в Париже — не видал художественного бала, устроенного с таким вкусом и, главное, с таким темпераментом»[40].

Позиция критика показательна: только с помощью пресловутого «синтеза искусств» художник-новатор получает право быть самим собой! Точно также Бенуа оценит Гончарову, когда ощутит, что ее холсты «требуют стен», а Тугендхольд увидит призвание А. Экстер в театре и «прикладничестве». Что касается Волошина, то его сначала частичное, а теперь и полное признание «Бубнового валета» все же поразительно: еще в 1904 году он считал, что станковая живопись вообще отжила свое и «масляных картин» писать более не нужно[41].

Начало «текстуального освоения Сезанна» художниками объединения «Бубновый валет», относящееся к 1912—1913 годам[42], несколько меняет характер критического интереса к проблеме отечественного сезаннизма. Русских теперь не столько ругают за подражание, сколько оценивают соотношение национального и усвоенного во французской живописи, отныне рассматриваемой как «школа». Описывая работы Машкова и Кончаловского на выставке парижского Салона независимых, Тугендхольд укоряет первого за то, что в его натюрморте «нет ничего национального, это — увеличенный в несколько раз Сезанн. Зато второй дал хороший пейзаж (“Монастырь”), один из лучших экспонатов на выставке, сочетающий русскую колористическую сочность с формальными заветами Сезанна»[43]. «Типичными сезаннистами» называют Фалька и Куприна, причем у первого отмечается слишком буквальное следование манере учителя[44]. Художник-авангардист и критик А. Грищенко тоже сокрушается по поводу Фалька: «Душа сезанновская улетела и остался скелет, голый скелет без плоти и крови. Можно подражать Сезанну, но так, как сам он подражал Курбе, Коро, Делакруа, подражая не их формам... а духу их творчества, подходу к природе и к картинам. Как бы возмутился Сезанн, если бы он увидел все эти бутылки, груши, апельсины, вазы, смятые скатерти и полотенца, всю эту бездушную бутафорию, без которой ни один холст сезанниста не может обойтись»[45].

Раньше других национальным начинает признаваться Машков: «Трудно отрицать народный характер широкого размаха, колоритного темперамента Ильи Машкова, — пишет И. Аксенов. — Этого художника считают вариатором Матисса, может быть, он и сам так думает, во всяком случае в картинах Машкова никто не отыщет следов той расчетливой сдержанности, той геометрической обдуманности ритма окрашенных плоскостей, которые унаследованы Матиссом от автора “Карнавала”»[46]. Особенно настойчиво развивает эту тему Тугендхольд: считая бубновалетцев типичными представителями московской живописной школы, он постоянно отмечает их «профессиональное обучение живописному мастерству у французов» и смену учителей — Ван Гога, Гогена, Сезанна и Дерена[47].

Парадоксально, что как раз в те годы, когда сезаннизм «бубновых валетов» стал в значительной степени программным, в их творчестве стали подчеркивать национально-самобытное и традиционное начала. Именно на этой теме строит свою статью 1916 года о Машкове и Кончаловском А. Бенуа[48]. Сам факт ее появления, как и приглашение бывших «валетов» вступить в «Мир искусства», ознаменовал новую фазу во взаимоотношениях сезаннистов и критики: вслед за французским мэтром признание, наконец, получили и его последователи.

«...Мы имеем чем гордиться в их лице. Правда, для чисто национального самолюбия, быть может, зазорно, что они так «иностранны». Столько-то досталось им от французских импрессионистов, столько-то от Сезанна, столько-то от Ван Гога... Однако разве в этих обвинениях есть малейшее основание по существу, и имеется ли самый состав преступления? ...Разве в этих наших "русских сезаннистах" не имеется совершенно своеобразная нотка — в их прямолинейности, в некоторой их простодушной грубости, в свежести их энергии... Во всяком случае, я не знаю в современной западной живописи чего-либо более здорового, свежего, простого и в то же время декоративного, нежели их натюрморты. Как бы ни относиться к их эстетике и ко всем другим картинам обоих художников, эти сочные груды написанных с величайшим мастерством яств и предметов домашнего обихода полны самого подлинного художественного вкуса, полны *искусства* (выделено А. Бенуа. — *И. В.*), полны живописных чар».

Бенуа, таким образом, не только узаконивает определение «русские сезаннисты», но и придает содержательный смысл обеим его частям. Русская «свежесть» и декоративность соединились, по Бенуа, с сезанновской «чистой живописью»; в подтексте статьи сквозит и сезанновская антипоэтичность, узость мышления и ограниченность интересов, однако Бенуа избегает таких определений, напротив, с немного наигранным воодушевлением стремится представить эти качества своих подопечных в выгодном свете: «Вот два здоровых, крепких, простых живописца. Для них все сосредоточилось на их "ремесле", для них важнее всего передавать краски и формы всяких предметов. Им это важно потому, что природа вложила в них "живописное чувство", т. е. способность радоваться разным цветам, разным комбинациям цветов, разному зрительному ощущению от поверхностей и от материала. Почти безразлично, — что, лишь бы получалась посредством их картин зараза этой самой радостью, наслаждение спектаклем видимости».

Машкова критик называет «одержимым живописью» — «он в нее влюблен, все его интересы сводятся к ней». Бенуа как будто даже готов согласиться с утверждением, что «для истинного живописца нет достойных и недостойных изображений», но его все же коробит присутствие на картине Машкова образца тогдашнего китча[49], причем критик объясняет это «подстроенным намерением»: художнику якобы «хочется доказать, что безобразного для глаза живописца ничего нет, и для этого доказательства нарочно выбирается то, что самому художнику кажется безобразным. <...> И оказывается, что, пока Машков и Кончаловский собирают в одно целое вещи грубые, простые, мужицкие, но сами по себе благородные или безобидные, до тех пор аплодируешь им. И, разумеется, согласен с ними, что золотистость плюшки или глянец краюхи хлеба — так же прекрасны, как ... хотя бы "Венера" Тициана. Но если увидишь у них на картине "Венеру Бодаревского", то отвернешься с ужасом. А именно "ковер с Наполеоном"... той же самой категории, того же привкуса, как и "Венера Бодаревского"».

Последний пассаж говорит о фатальной несовместимости «стареющего» Бенуа с принципами нового искусства. Надо ли говорить, что авангард равнодушен к категории вкуса, что сравнение красоты плюшки и Тициана — для Бенуа искусственная натяжка, что психологическая мотивация машковского произведения надумана и неверна. Так же странно противопоставление остепенившихся героев статьи Ларионову и Лентулову, которые «застряли на чудачестве»: Бенуа демонстрирует непонимание того, что и характер творческой эволюции, и другие представления и ценности в авангарде принципиально отличны от культурных традиций предшествующего поколения.

Утверждая, что бывшие бубнововалетцы «успокоились», Бенуа, конечно, был прав; однако их эволюция не была столь радикальной, как изменение его собственной позиции. На примирение с «русскими сезаннистами» повлияло другое — появление зрелого авангарда в лице кубофутуристов и беспредметников.

Уже знакомство с кубистическими полотнами Пикассо заставило критиков переоценить предшествующее искусство: рядом с чудовищами кубизма красочная живопись Сезанна и Матисса начала казаться радостной и гуманной. Тугендхольда в кубистах отталкивает настоящий «холод души», утрата «любовного внимания к миру» (к слову сказать, возмущает его и их убежденная станковость)[50]. Почти теми же словами, исполненными глубочайшей патетики, обращается к читателю Бенуа, потрясенный выставкой «0,10» и ее центральным полотном — «Черным квадратом» К. Малевича: для него это «попрание всего любовного и нежного», всего, «что есть на всем свете самого пламенного и возвышенного, самого тайного и радостного»[51]. Это уже не «ледяная вершина», а смертельный холод пустоты, распространившийся по бесконечному пространству современной культуры и всей современной жизни. Апокалиптический взгляд Бенуа, сближающий авангард с мрачной атмосферой мировой войны, разделяет и Тугендхольд, пытающийся противопоставить этим явлениям традиционную русскую духовность: «...Пафосом подлинно французского искусства является равновесие чувства и интеллекта... Стихией же русского искусства было всегда глубоко религиозное отношение его к жизни (колористическая жизнерадостность народного творчества и, наоборот, покаянность и нарочная скромность интеллигентского искусства). Это ничего, что в Мюнхене мы учились азбуке рисования. Это хорошо, что на Сезанне мы учимся художественной форме, но будет худо, если мы откажемся в искусстве от нашей русской *духовности* (выделено Я. Тугендхольдом. — *И. В.*) — особенно теперь, когда мы боремся с германской культурой, холодной и бездушной, культурой не словесного, но железного футуризма»[52]. Показательно, что оба критика не замечают ни фольклорных, ни нигилистически-интеллигентских корней русского авангарда и полностью отлучают его от духовной проблематики.

В этой ситуации «обжорная живопись» Машкова, Кончаловского и других «валетов» воспринимается ими как воплощение душевного здоровья, "теплоты" и человечности. Правда, критики не устают повторять, что в картинах этих художников присутствует «тело», но недостает «духа», и ждут какого-то грядущего искусства, в котором «встретятся: добрая культура стиля, подлинная жизненная значительность, хорошее ремесло ценной техники. Сейчас всем этим, вместе взятым, не владеет никто: ни одно направление и ни один художник. Но к иным из них будущее обратится за отдельными элементами, из которых оно сложит свое искусство». «Мир искусства» даст стиль, а из «Бубнового валета» «по преимуществу возьмет будущее другой элемент — "культуру палитры", добротное мастерство живописания»[53].

Та же мысль будет звучать и у Тугендхольда, ретроспективно оценившего путь «валетов» как «крупную художественную миссию» сближения русской живописи с французской культурой[54], как твердое следование «линии живописного мастерства, которую, в сущности, один только и вел в новом русском искусстве «Бубновый валет» за все четырнадцать лет своего существования»[55].

Эволюция понятия «русские сезаннисты» отразила разные стадии и перипетии конфликта между новым русским искусством и художественной критикой. В его основе лежало не отсутствие проницательности или дальновидности у пишущих об искусстве, не дерзость и агрессивность художников-авангардистов, вообще не чьи-либо личные качества, но беспрецедентная динамика художественного процесса в России начала XX века, в которой головокружительная быстрота соединилась с решительностью пересмотра всех эстетических ценностей.

...«Из этой истории следует, что броские определения, которыми награждают какое-нибудь направление, могут иметь лишь относительную ценность и, при всем их удобстве, ограничивают жизнь художественного течения и мешают признанию отдельных художников» (Анри Матисс).

1. Бенуа А. Художественные письма: Выставка Союза: Статья IV // Речь. 1910. 19 марта. Определение подхватывает С.К. Маковский: «Наша молодежь... рвется в авангард» (Маковский С. Художественные итоги // Аполлон. 1910. № 7, с. 30).
2. Эфрос А. Профили. М., 1930 (репринтное изд. 1994), с. 126.
3. Бенуа А. Художестенные письма: Машков и Кончаловский // Речь. 1916. 15 апреля.
4. Выражение Г. Лукомского, см. его заметку о выставке «Салон "Золотого руна"»: Аполлон.1910. № 5. С. 67.
5. Эфрос А.М. Мастера разных эпох. М., 1979, с. 195.
6. Маковский С. Французские художники из собрания И.А. Морозова // Аполлон. 1912. № 3—4, с. 6.
7. Письмо С.П. Яремича И.Э. Грабарю от 28 августа 1905 г. // Игорь Грабарь: Письма: 1891—1917 / Ред.-сост. Л.В. Андреева и Т.П. Каждан. М., 1974, с. 383.
8. Письмо И.Э. Грабаря С.П. Яремичу от 16 сентября 1905 г. // Игорь Грабарь: Письма, с. 170.
9. Письмо И.Э. Грабаря А.Н. Бенуа от 17 сентября 1905 г. // Игорь Грабарь: Письма, с. 171—172.
10. Грабарь И. По европейским выставкам: Сезанн // Мир искусства. 1904. № 8—9, с. 156—158.
11. Л. Жегин вспоминал «спор между Ларионовым и философом Степуном. Ларионов утверждал (это было на вечере "Свободной эстетики" в Литературно-художественном кружке), что для художника совершенно безразлично — капуста или Мадонна, так как все дело сводится к чисто живописным качествам: важны цвет, фактура, структура, передача материала, объема и т.д. Степун возражал: "Возьмем, — говорил он, — ваш пример — две картины: одна изображает капусту, другая Мадонну. В одном случае образ капусты, в другом — образ Мадонны. Ведь образ Мадонны все же значительней образа капусты? Вы согласны?" Не желая затягивать спор, который успел ему надоесть, Ларионов как бы соглашался, но не изменял своему живописному "кредо", которое, отчасти, могло быть названо "эстетическим нигилизмом" — ниспровержением всех, так сказать, классических ценностей». (Жегин Л.Ф. Воспоминания о В.Н. Чекрыгине. Цит. по: Харджиев Н.И. Статьи об авангарде: В 2 т. М., 1997, т. 1, с. 186—187). Разрешение приведенного спора по существу возможно только в плане рассмотрения внеобразной природы авангардного искусства (и, соответственно, изменения характера образности на начальных стадиях авангарда).
12. Яремич С. Осенний салон // Мир искусства. 1904. № 11, 12, с. 237—238.
13. Грабарь И. По европейским выставкам, с. 156—158.
14. Шервашидзе А. Сезанн // Искусство. 1905. № 4, с. 40—47. Далее цитаты из этой статьи даются без ссылок на источник.
15. Харджиев Н.И. Статьи об авангарде, т. 1, с. 325.
16. Муратов П. Поль Сезанн: Некролог // Весы. 1906. № 12, с. 41.
17. Волошин М. Новые устремления французской живописи // Золотое руно. 1908. № 7—9, с. I —IX.
18. Н.Г[умилев]. Два Салона // Весы. 1908. № 5, с. 103.
19. Маковский С. Французские художники из собрания И.А. Морозова, с. 10.
20. Россций (А. Эфрос). Поминки по Сезанну // Русские ведомости. 1916. 22 октября.
21. Тугендхольд Я.А. Из истории западноевропейского, русского и советского искусства: Избранные статьи и очерки. М., 1987, с. 45.
22. Там же, с. 45—46.
23. Тугендхольд Я. Выставки Сезанна и Валлоттона в Париже // Аполлон. 1910. № 5, с. 14.
24. Тугендхольд Я. Проблема «мертвой природы» // Аполлон. 1912. № 3—4, с. 27.
25. Тугендхольд Я.А. Из истории... с. 48.
26. Бенуа А. Художественные письма: Сезанн и Гоген // Речь. 1912. 27 января.
27. Тугендхольд Я.А. Из истории... с. 56.
28. Муратов П. Поль Сезанн, с. 41.
29. Грабарь И. По европейским выставкам, с. 158.
30. Маковский С. Художественные итоги, с. 29.
31. Бенуа А. Сезанн и Гоген.

32. Бенуа А. Мои воспоминания: В 5 кн. М., 1993, кн. 1, с. 180.
33. Дени М. Сезанн (Статья. 1907. Сентябрь) // Поль Сезанн: Переписка: Воспоминания современников / Сост. Н.В. Яворская. М., 1972, с. 233.
34. Эфрос А. Профили, с. 191.
35. Бенуа А. Выставка-музей // Речь. 1912. 20 января.
36. Бенуа А. Сезанн и Гоген.
37. Выражение С. Маковского. см.: Маковский С. Художественные итоги, с. 24.
38. «То пренебрежение к форме, почти уже намеренное, переходящее иной раз прямо в кокетство неряшеством рисунка и ухарством красок... имеет своим источником, несомненно, Сезанна. Только этот писал так, как умел, и иначе у него не могло и выйти, а те могут и иначе, но не хотят» (Грабарь И. По европейским выставкам, с. 157).
39. Волошин М. Московская хроника: Выставки: «Бубновый валет» // Русская художественная летопись: Приложение к журналу «Аполлон». 1911, январь, № 1, с. 10—12. Далее цитаты из статьи даются без ссылок на источник.
40. Волошин М. Москва: Художественная жизнь: «Ночь в Испании» — декорации П. Кончаловского // Русская художественная летопись. 1911, Март, № 6, с. 96—97.
41. Волошин М. Скелет живописи // Весы. 1904. № 1, с. 50—51.
42. По словам Г.Г. Поспелова, «наиболее текстуальное освоение Сезанна приходилось у них на вторую половину и на конец 1910-х годов», однако у ряда мастеров (например, Кончаловского) начало этого процесса отмечается в 1912—1913 годах. (См.: Поспелов Г.Г. «Бубновый валет»: Примитив и городской фольклор в московской живописи 1910-х годов. М., 1990.)
43. Я. Т[угендхольд]. Письмо из Парижа // Аполлон. 1912. № 6, с. 43.
44. Гершенфельд М. Письмо из Одессы: Весенняя выставка картин // Аполлон. 1912. № 5, с. 58.
45. Грищенко А. О группе художников «Бубновый валет» // Аполлон. 1913. № 6, с. 37—38.
46. Аксенов И. К вопросу о современном состоянии русской живописи // Сборник статей по искусству / Изд. общества «Бубновый валет». М., 1913, с. 13.
47. См. отзывы Я. Тугендхольда о «Бубновом валете»: Московские выставки // Аполлон. 1913. № 3, с. 56—58; Выставка картин: 1923 // Тугендхольд Я.А. Из истории... с. 188—193.
48. Бенуа А. Художественные письма: Машков и Кончаловский. Далее цитаты из этой статьи даются без ссылок на источник.
49. Речь идет о картине И. Машкова «Русская Венера (Россия и Наполеон)», ок. 1914, частное собр., Москва.
50. Тугендхольд Я. Парижские письма // Аполлон. 1913. № 1, с. 34.
51. Бенуа А. Художественные письма: Последняя футуристическая выставка // Речь. 1916. 1 января.
52. Тугендхольд Я. Pro domo nostra // Аполлон. 1915. № 2, с. 79.
53. Россций (А. Эфрос). «Бубновый валет» // Русские ведомости. 1916. 8 ноября.
54. Тугендхольд Я. А. Из истории... с. 235.
55. Там же, с. 189.

Русский сезаннизм начала XX века

Г. Г. Поспелов

Сезаннизм — одно из широких живописных движений первой трети XX столетия. Следование в фарватере того или иного крупного мастера было в то время обычным делом. Творческие революции конца XIX — начала XX века оказывались по силам лишь самым ярким индивидуальностям, в затылок которым выстраивались сонмы приверженцев. В России второй половины XIX века не было подражателей персональным приемам Сурикова или Ге, но уже в 1900-е годы распространились влияния Мусатова и Ларионова, в конце 1910-х в число лидеров выдвинулись Малевич, Матюшин, Филонов, сформировавшие вокруг себя своеобразные живописные школы. В предвоенное десятилетие пальма первенства принадлежала французам, и непосредственно перед началом первой мировой войны возросло воздействие Пикассо, отчасти Матисса, а несколько раньше — французских постимпрессионистов, среди которых центральное положение занимали Гоген и Сезанн.

На начинающих русских художников влияния новых французов обрушились внезапно и, главное, скопом. Это был нерасчлененный поток впечатлений, способный сбить с ног неоперившегося живописца. «Училище живописи переживает период увлечения модными французами: Матиссом, Сезанном, Ван Гогом и т. п. Галерея С.И. Щукина и выставка "Золотого руна" захватили симпатии учеников»[1]. В работах молодых живописцев эти наития отразились по-разному. «Портрет дочери» П.П. Кончаловского (1910, собр. семьи художника) М.А. Бессонова поместила в орбиту Гогена[2], и это верно: разве не таитянка эта круглолицая «Наташа на стуле» с красными выпяченными губами и чуть раскосым разрезом глаз? Но некоторые холсты того же периода, вроде «Любителя боя быков», свидетельствуют и о знакомстве Кончаловского с картинами Сезанна.

Не менее плотно переплетались Гоген и Сезанн в работах другого будущего бубнововалетца И.И. Машкова. В его «Фруктах на блюде» («Синие сливы», 1910, ГТГ) от Сезанна — предметный состав натюрморта: круглые фрукты на белом блюде, углы стола и т. п., а от Гогена — загадочность этих фруктов, чуть экзотичных, похожих на затаившиеся живые существа. Натюрморт рождает и иные ассоциации, идущие от цветности полотна, в особенности — от оранжевого апельсина, скруженного синими сливами. Увидев «Фрукты на блюде» в парижском Осеннем салоне, Серов сообщил в Москву М.А. Морозову: «Очень неплох был наш московский Матисс-Машков — серьезно. Его фрукты весьма бодро и звонко написаны»[3].

Однако в целом влияния Гогена и Сезанна ложились в основу разных живописных течений. Способы адаптации русских художников к искусству Гогена уже проиллюстрированы выставкой «Гоген. Взгляд из России», состоявшейся в 1989 году в Москве и Ленинграде, где «гогеновское» движение предстало явлением многосоставным. Одних мастеров, подобно М.С. Сарьяну или П.В. Кузнецову, влекло течение вечности в медлительных ритмах древней цивилизации, других, как Н.С. Гончарову, — вдохновляла торжественная монументальность полотен Гогена. У раннего М.Ф. Ларионова очевидно сочувствие к органичности жизни гогеновских таитян, к нерасчленимому единению людей и животных в их жарком естественном бытии. «Ларионов — южанин, — скажет позднее Гончарова о связи художника с его родным Тирасполем. — Там цветет белая пахучая акация. Дома желтые, розовые, голубые, красные... между деревьями, рядом с домами небо... синее-синее. В России тоже можно найти Таити»[4].

Сезанна же восприняли прежде всего бубнововалетцы и — косвенно — некоторые из русских кубистов. Сезаннистское движение приходилось в России на 1910—1920-е годы, и, конечно, значение Сезанна оказалось здесь совершенно иным, нежели во Франции 1880—1890-х, ибо иным был художественный контекст, в который должны были вписаться произведения французского мастера.

Во Франции XIX века открытия Сезанна (как и Ван Гога или Гогена) происходили на фоне импрессионизма и сводились прежде всего к изменению временного масштаба, которому подчинялась изображаемая реальность. Время в работах импрессионистов в первую очередь — время-движение, выявлялось ли оно в движениях балерин у Дега, в скольжении влажных облаков у Сислея или в бликах света на гребнях волн у Клода Моне. Реальность Сезанна мы воспринимаем как неподвижную. Его натюрморты — царство «мертвой» природы. Столь же недвижимы и человеческие фигуры — крестьяне, курильщики или картежники — кряжистые, налитые окаменелой, упрямо неподатливой силой. На пейзажах Сезанна с их высокими соснами на фоне горы ничто не течет и не сдвигается с места. Его деревья не гнутся под ветром, как они гнулись в «Возе сена» Коро, но лишь соседствуют с очертаниями гор на фоне синего неба. Сезанн «впервые обратился к великим временным длительностям, превратив свои полотна в поле их... сжатия, экспрессивной концентрации. <...> Чудо состоит в том, что... мощные драмы материи, в реальном мере всегда протекающие незримо, здесь совершаются на наших глазах... время, измеряемое сотнями тысяч лет... здесь как бы уплотняется, убыстряется и обнародует свое движение»[5].

В России начала века не было импрессионизма как самостоятельного течения, и художественные движения, аналогичные французским, протекали в более сглаженных формах. Например, от неустойчивых состояний пейзажа, выражаемых названиями «Насупилось» или «Притихло», — типичных для исхода XIX столетия, живописцы приходили к более прочным приметам ландшафта. Некоторые из мастеров «Союза русских художников» обнаруживали привязанность к зимним пейзажам, к заснеженным полям и холмам, в которых зима оголяла их складывавшиеся веками очертания, к высоким деревьям без листьев, какими они бывают зимой или ранней весной, и очень часто — к зданиям соборов, кремлей, монастырей с их крупными (кирпичными) массами, с оттаивавшими по весне колокольнями и стенами.

Но те же тяготения к неменяющейся прочности пейзажных мотивов еще сильнее проступали в сезаннистских работах, например, в итальянских пейзажах Кончаловского, начинавшего, кстати, как живописец «союзовского» типа. В них тоже присутствуют не листва и трава, меняющиеся каждое лето, не влажные покровы природы, но иссушенная твердь итальянской земли. На месте больших стволов «союзовских» пейзажистов — растительность, скрученная в жесткие купы: белесые кроны олив, очерченных скупыми мазками. «Союзовская» же привязанность к историческим памятникам продолжалась у Кончаловского в башнях Сан Джиминьяно («Сан Джиминьяно») или же в глинистых массах старинного аббатства в Сиене («Сиена», оба 1912, ГРМ). Мы увидим позднее, что соприкосновения «союзовской» и бубновалетской традиций произошло на московской почве совсем не случайно. Привязанность «бубновых валетов», в особенности Лентулова, к старинной «пестрой» архитектуре нельзя отделить от соответствующих пристрастий Юона или Кустодиева. При всех стилевых переломах российская и особенно московская живопись представляла единое русло, отмеченное особым национальным колоритом.

Но в главном претворение сезаннистского опыта в России было, конечно, совершенно иным. Главное состояло в том, что неподвижности изображенной натуры и сам Сезанн, и следовавшие за ним мастера смогли противопоставить впечатление движения живописи. В XX веке у последователей Сезанна эти приемы дифференцировались и обособились друг от друга, положив начало нескольким несхожим течениям, нередко вступавшим между собой в прямые конфликты.

Московские бубновалетцы восприняли сезанновское «движение живописи» прежде всего как живописный «ход», как чередование мазков и пятен, ложащихся на картине рядом друг с другом. Живопись переживалась ими как вполне обособленный от неподвижного мотива обозримый процесс, в котором и «убыстрялось», и «обнародовалось» движение тысячелетнего времени. В самом деле, созерцая картины Сезанна, следишь не за действиями их персонажей (тех же курильщиков или крестьян), но за поведением кисти, мазок за мазком созидающей живописное целое. Освоить и пережить такие произведения — значит проделать глазами весь путь кисти на поверхности полотна. Становление живописи превращалось в метафору становления мира, выявляя те «драмы материи», которые «в реальном мире всегда протекают незримо».

Более того, русские сезаннисты начала столетия еще и гиперболизировали и недвижимость натуры, и движение живописи. Чтобы заострить неподвижность мотива, Кончаловский и Машков в начале 1910-х годов апеллировали, в том числе, и к искусству примитива — к провинциальным вывескам, к купеческим фотографиям, где персонажи представали не просто недвижимыми, но нарочито застывшими. В групповом «Сиенском портрете» (1912, собр. семьи художника), в многочисленных автопортретах Кончаловский стилизовал композиции этих выразительных снимков. «Портрет Г. Якулова» (1910, ГТГ) напоминал о вывесках магазинов восточных сабель (нам неизвестно, существовали ли такие магазины!), а постановка «Хлебы на зеленом» (1913, ГТГ) — об очень характерных вывесках булочных, распространенных тогда по всей России. Вполне последовательное впечатление производила такая же неподвижность предметов и в живописных изображениях подносов, охотно используемых Машковым. Его полотна сохраняли иной раз даже овальные формы подносов («Натюрморт с ананасом», 1910, ГРМ). Внутри подноса — гигантское блюдо с фруктами — желто-зелеными, лиловыми, красными, сияющими на черном фоне почти воинствующей недвижимостью.

Но не менее заострялось и движение живописи, принимая вид своеобразного «пересчета» мазков или пятен. У бубновалетцев эти мазки и пятна укрупнялись в размерах, причем единицами «пересчета» становились иной раз не только пятна, но и сами изображаемые предметы: кубистические домики южных пейзажей (Фальк), купы зелени, округлые фрукты и хлебы (Машков). В натюрморте Машкова «Хлебы» (1912, ГРМ) выпечные изделия навалены грудой, причем самостоятельными предметами выглядят и некоторые корки и бока хлебов, оконтуренные ультрамариновой обводкой. Эти бока и корки, равно как и написанные на фоне цветы, и выполняют роль «живописных единиц», какую у Сезанна играли мазки или группы мазков. «Живописные единицы» Машкова крупнее, стихийнее, нежели у Сезанна, но и они способны членить широко разворачивающийся «ход» его кисти по поверхности крупной картины.

Сезаннисты из бубновалетской когорты начала 1910-х годов не выглядели эпигонами Сезанна, хотя их в этом и упрекали. Нахождение в орбите крупного мастера означа-

П.П. Кончаловский. Сухие краски. 1913. ГТГ

ло в ту пору не упрощение или профанацию его достижений, но индивидуальное варьирование, обогащение их основ приобретениями из собственного опыта. Сохраняя верность сезанновскому «пересчету» единиц живописной поверхности, каждый из их продвигался неповторимо индивидуальным и всякий раз новым путем.

В натюрмортах Кончаловского «Палитра и краски», «Печка» (оба 1912, собр. семьи художника), «Сухие краски» (1913, ГТГ) — живописные членения укрупнялись, пожалуй, еще активней, чем у Машкова. Ими становились не только мазки или массы красок, но совершенно конкретные предметы — куски картона или дрова, разбросанные на полу, стоящие тут же ведра или переносная печурка, то есть увеличение масштабов членений происходит на наших глазах, в пределах самой картины, производя откровенно утрированное впечатление. В «Сухих красках» — классической вещи зимы 1912/13 года — укрупнение масштабов происходит рывком, от красочных пятен и банок на первом плане — к более крупным жестянкам с лаками или кувшину с кистями. Похожее нагромождение утвари живописца описал в свое время Б. Лившиц, посетивший в 1911 году бубнововалетцев братьев Бурлюков: «На полу, среди блестящих досекинских туб... босховой кухней расположились ведерца с... красками, банки с белилами, охрой и сажей, жестянки с лаками и тинктурами, скифские кувшины, ершившиеся кистями, скоблилками и шпахтелями...»[6]. Можно подумать, что Лившиц, писавший эти слова в начале 1930-х годов, не столько вспоминал о визите двадцатилетней давности, сколько смотрел на натюрморт Кончаловского, уже висевший к этому времени в Третьяковской галерее.

Однако всей толчее «прекословящих» предметов противостояла упрямая кисть живописца. Любопытно, что художник как бы разделил голоса натуры и кисти, драматизировал их отношения, ибо работа кисти, как кажется нашему глазу, соединена не с яркими красками — синей, желтой, оранжевой — но с противостоящими им охрами, белилами и сажей. Кисть, напитанная разбелкой и сажей, вгоняет на свои места толпу кричащих краской предметов, оконтуривает цветовые пятна, напористыми мазками огибает края кувшина и банок, подчиняя их «дикий табор» (выражение Б. Лившица) своей воле.

Работы Р.Р. Фалька 1910-х годов составляли очевидный контраст произведениям Кончаловского. У него нет и намека на примитивистский напор, равно как и на воинственную приверженность охрам и саже. Стержень его искусства — цветовое одушевление изображенной реальности, во многом уже отходящее от Сезанна, хотя и движущееся в тех же границах «обозримого живописания».

Наибольшую текстуальную близость этому живописцу демонстрируют относительно ранние работы Фалька — «Портрет старика» (собр. семьи художника), «Натюрморт с фикусом» (Государственная картинная галерея Армении, Ереван), «Старая Руза» (ГРМ, все 1913), с их отчетливо сезаннистским составом натуры. «Старик» — очевидное напоминание о сезанновских фигурах, тогда как постановка с фикусом ближе распространенному стандарту сезанновских натюрмортов с их скатертями, свисающими через край столешницы, с фруктами на фарфоровом блюде или на столе и т. п.

Но уже и здесь предметы очевидно психологизированы. Если у Сезанна живые фигуры казались иной раз «мертвой натурой», то в натюрморте Фалька темный горшок у задней стены — заведомо мертвый предмет — выглядит живым существом. Вспомним, что и в «Синих сливах» Машкова фрукты ощущались отчасти как живые создания, однако только у Фалька и фрукты, и фикус, и тот же горшок, окруженный темными тенями, отбрасываемыми им на стену, — предметы не только живые, но одушевленные, пребывающие в таинственных отношениях друг с другом. В более поздних крымских пейзажах Фалька 1915 и 1916 годов степень одушевленности возросла почти до персонифицирования изображаемых предметов. В пейзаже «Солнце. Крым. Козы» (ГТГ) на небесах, как у раннего Пастернака, — сияет воодушевленное белое солнце, лучами достигающее гор, а перед ними «отшатываются», стоящие в ряд темно-зеленые тополя, словно прикованные взором к солнцу.

И здесь все перечисленное включено в состав обозримо движущейся живописи. Нередко единицами живописного «хода» у Фалька становились не сезаннистские южные домики, но пресловутые «сдвиги», привнесенные эпохой кубизма. Лицо и фигура поэта М. Рефатова (1915, ГТГ) кубизированы еще очевидней, нежели домики на фоне портрета. «Сдвинутые» формы выстраиваются рядом друг с другом, проходят по полотну, организуя его структуру и вместе с тем не теряя психологической напряженности. Персонаж портрета изображен в неуютно стесненной позе, с чуть повернутым в сторону страдающим смуглым лицом — такое ощущение от его личности Фальк передает утонченно-хрупкими, словно ломающимися линиями, по которым, будто по линиям ладони, можно узнать судьбу человека.

И.И. Машков. Синие сливы. 1910. ГТГ

Другое течение, представленное не «валетами», а кубистами, еще решительнее уходило от первоисточника. Его можно было бы назвать не сезаннизмом, но постсезаннизмом, ибо оно решало уже совершенно иные художественные задачи. Необходимые живописцам творческие импульсы исходили в этом случае не прямиком от Сезанна, но, скорее, от французских кубистов во главе с Пикассо, радикально перерабатывавших сезанновские открытия.

В их основе лежал уже не «пересчет» мазков и предметов, но своеобразная пространственная динамика сезанновской живописи. Сезанн, пожалуй, впервые отчетливо разделил в своих произведениях пространство изображенной натуры и пространство живописи. Первое из них отличалось большой простотой, почти схематической обозримостью, тогда как второе, наоборот, обладало чрезвычайно сложным составом, приковывавшим к себе все его напряженное внимание[7]. В классический период своего творчества — 1880—1890-е годы — художник разработал особую систему пространственных форм. Самостоятельными компонентами изображений становились изломы скомканной скатерти, края стола, борта тарелок и ваз, складки горы на горизонте. Сезанн исходил из стихийно найденного им эффекта, согласно которому, всякое тело или фигура, контуры которого активно вторгаются в поле соседнего предмета, кажутся глазу расположенными ближе к зрителю, настойчиво выступая вперед. Самые естественные очертания предметов художник превращал в необходимые ему «пространственные элементы»: нужен светлый изгиб тарелки — и он почти отбрасывает другую ее половину, необходима дуга стола — и он проводит ее значительно выше того места, где ей надлежало бы быть, если исходить из очертаний стола на переднем плане. И все эти углы и загибы *отчетливо устремлены по направлению к нашему глазу*, оттесняя в глубину все окружающие их предметы.

У французских живописцев начала XX века вызывала отклик, скорее, именно эта пространственная динамичность формы, а не впечатления «хода» живописи и чередования пятен, так привлекавшие живописцев России. В цикле своих протокубистических натюрмортов 1908 года Пикассо продемонстрировал чрезвычайно активный интерес к «пространственным элементам», восходящим к Сезанну. В натюрморте «Ваза с фруктами» (1909, ГЭ) удаленная дуга стола настойчиво устремляется к нашему глазу, буквально опрокидывая горизонтальную поверхность. Или сравним активные контуры зеленой миски («Зеленая миска и черная бутылка», 1908, ГЭ) с ослабленным очертанием передней части стола. Заостренное продолжение нашла здесь и знаменитая трехцветка Сезанна, умевшего превосходно использовать свойство холодных тонов отступать вглубь, а теплых — выдвигаться навстречу глазу. Сезанновская зелень деревьев превращалась у Пикассо в холодную зеленую (хотя и утонченно дифференцированную в полотнах, которые можно условно обозначить как произведения «зеленого» периода), оранжевая земля, напитанная солнцем, — в бурую — хотя и жаркую — охру кубистов и, наконец, синева небес — в кубистический пепельно-серый, как будто сконцентрировавший в себе присущий этому направлению пафос почти героической прозаизации мира. Пространственные тяготения форм становились вызывающе откровенными (вспомним, что Сезанн еще маскировал переломы линий своих столов свисающими с них салфетками). В «Женщине с веером» плечо модели опущено непререкаемо резко, хотя в реальности оно должно было бы быть скорее приподнятым, ибо соответствующая ему рука оперлась о колено. Безапелляционное оголение сути вещей, будь то природа глиняного горшка или устройство женской фигуры, дотоле скрывавшееся от нас под романтическим флером, — все это веяния XX века. Очевидно, что фигуры женщин с их тяжелыми плотью и костяком (если освободить их от приросших к ним «наслоений культуры») и должны пред-

П.П. Кончаловский. Портрет Г. Якулова. 1910. ГТГ

ставать такими, какими они явились на полотнах «Фермерша», «Дриада» или «Женщина с веером» (все 1908, ГЭ).

Русские живописцы отлично осознавали преемственность, соединяющую Сезанна и Пикассо. По мнению А. Грищенко — приверженца приемов кубизма, — живые традиции Сезанна развивал именно Пикассо и следовавшие за ним живописцы, а вовсе не бубнововалетцы, продемонстрировавшие отход от Сезанна и его заветов. Недостаток «валетов» — в отсутствии у них «построенного пространства» при котором «убавленный или прибавленный вершок холста разом меняет всю композицию... как создают ее Сезанн, Пикассо и другие строители-живописцы»[8].

На рубеже 1910-х и 1920-х годов линия, идущая от Сезанна и Пикассо и далее к супрематистам, привлекла внимание Малевича. Отличие мастеров, представлявших эту линию, от импрессионистов с их зрительной непосредственностью подхода к миру, выразилось в присутствии в их искусстве своеобразного «модуля», стоявшего между натурой и глазом художника. Малевич назвал его «прибавочным элементом». У Сезанна это — сращение двух красочных пятен, соседствующих друг с другом на полотне, у супрематистов — короткий отрезок прямой, тогда как у кубистов — серповидная «фигура сдвига» с помощью которой и взламывалось видимое «пространство натуры» и создавалось взамен него художественное «пространство картины»[9].

Влияние Пикассо на российскую живописную практику было необычайно широким. «Дриада» (из коллекции Щукина) воздействовала даже на примитивистские фигуры Гончаровой, в целом не принадлежавшей к постсезаннизму. Из линии вееров на картинах «Женщина с веером» и «Дама с веером» состояла половина ступенек сценических лесенок на театральных эскизах Экстер. Что уж говорить о «присяжных» русских кубистах, полотна которых пестрели изгибами музыкальных инструментов, «распикассенных», как тогда говорили, по всем правилам газетными вырезками и тому подобным, причем, если в «Сухих красках» Кончаловского наклеивались русские товарные этикетки, то у большинства рядовых кубистов — для большего сходства с оригиналом — преобладали латинские буквы.

И все же в России не образовалась волна последователей Пикассо, подобная отряду московских сезаннистов. Слишком индивидуальной, артистичной, извилистой была дорога великого мастера, чтобы он мог немедленно обрасти попутчиками и подражателями. К тому же надо иметь в виду, что творческие открытия Сезанна уже успели к этим годам войти в пласт европейской культуры, тогда как привозимые Щукиным в Москву все новые полотна Пикассо способны были скорее ошарашить публику и художников, нежели воззвать к их немедленному освоению.

И, наконец, само искусство крупнейших представителей российской кубистической линии было чересчур самобытным. При сопоставлении композиций Пикассо и Малевича обращают на себя внимание скорее их глубинные несовпадения, нежели перекличка отдельных приемов. Пикассо предстает в этом сравнении воплощением утонченной живописной культуры, в течение многих столетий созревавшей в Европе, тогда как Малевич выглядит рядом с ним скорее гениальным самородком из низов, тяготевшим к пласту примитива.

Картина «Гитара и скрипка» (ок. 1912, ГЭ) была написана Пикассо лишь немногим раньше «Дамы на остановке трамвая» Малевича (1913, Городской музей, Амстердам). Натюрморт Пикассо — череда строго отобранных, аскетичных ассоциаций на тему музыкального инструмента и музыки. Завиток скрипичного грифа уподоблен спиралям меандра из орнаментальной полосы на фоне, а те, в свою очередь, — бегущим волнам какой-нибудь архаической стенописи. Изогнутые фигуры по-разному повторены и в прорези, и в очертаниях скрипки. Предметы городского артистического обихода восприняты Пикассо с их возвышенной стороны: холодные серые тона отступают в глубину от зрителя, а охры скрипки приближаются к нему, заставляя переживать движение форм как выражение изысканной оркестровки целого, почти как вибрацию деки, рождающей звучный аккорд.

«Дама на остановке трамвая» Малевича, как и другие его кубофутуристические произведения — «Авиатор», «Англичанин в Москве» — не натюрморт, а пейзаж, не сочетание возвышенных оркестровок, а своеобразный ребус из обыденных городских впечатлений — угадывается ли там популярная вывеска с силуэтом «жестяной рыбы», физиономия господина в котелке или табличка остановки трамвая с номерами московских маршрутов. Основное, что обличает в подобных работах живописца-наива — само понимание кубистической формы. У Пикассо — это череда рассечений, вскрывающих, как уже говорилось, природу изображаемых предметов, у Малевича — воспроизведение хаотичности города, род кубистического импрессионизма (что было и у других российских кубофутуристов). У Пикассо — тщательно отобранный круг деталей (скрипичный гриф, округлые бока и дека скрипки) как средоточие проникновения в материал и в мотив, у Малевича — «сырая множественность» уличных образов («жестяная рыба», аптека, авиатор, трефовый туз) как выражение поглощенности художника мельтешением города.

Чуть ближе к духу западного кубизма, а тем самым — и к постсезаннистской традиции стояло в целом искусство Татлина. Его интерес к пространственным элементам формы был более последователен, чем у Малевича той же поры. И мастер сознательно ориентировался на искусство Пикассо, назвав его позднее в числе своих главных учителей[10]. Их сближала чистота понимая формы, бескомпромиссность, сосредоточенность построения, но произведения Татлина отличала гипертрофированная односторонность приема, в целом не свойственная французской живописной школе.

Искусство Татлина 1910-х — это прежде всего гипертрофия фактуры. Бестрепетно расчлененные формы в его произведениях тоже рождают звучащие сочетания (хотя и по-иному, нежели в «Гитаре и скрипке» Пикассо), отвечающие тогдашнему определению: «Фактура... это шум, производимый поверхностью картины»[11]. В сфере этой фактуры и разворачивалась пространственная динамика его форм. Благодаря различию фактур — как это было и у Малевича с его «жестяной» разделкой объемов — отдельные части фигур казались тоже надвигающимися на зрителя, или, наоборот, уходящими в глубину.

Полотна Пикассо, одно за другим появлявшиеся у Щукина, не отличались односторонней прямолинейностью приема. По мнению А.С. Подоксика, «“аналитические деформации” мастера говорили и о чувственной природе его вдохновения, о вполне “эмпирическом переживании деталей”, а не о предвзятой конструктивной идее»[12]. У Татлина как раз превалирует, скорее, «конструктивная идея», хотя у него и нет никаких «аналитических деформаций». Его монументальная «Натурщица» (1913, ГТГ) кажется выгнутой из фанерных полос. «Шум» смыкаемых плоскостей волнообразно расходится по поверхности холста, и секущие кривые рук или бедер кажутся обрезанными не кистью, а столярным инструментом. При этом особенно очевидной становится фактурная функция татлинских красок, в которых он всецело ушел от цветовой триады Пикассо: синий, красный и тепло-коричневый не смешаны, но четко распределены по плоскости картины; в них нет ничего переходящего, смутного. Отрезки широких полукружий, сегменты и хорды рук — все обозримо, элементарно, все свидетельствует о сконцентрированной в этой работе воле художника.

Во второй половине 1910-х и в 1920-е годы существовало еще одно сезаннистское направление или, скорее, фаза того направления, о котором мы уже говорили. Речь идет о живописи поздних «бубновых валетов» — Кончаловского, Машкова, Куприна, Лентулова — на излете их раннего творчества. Если в «Сухих красках» Кончаловского или в пейзаже «Солнце. Крым. Козы» Фалька творчество Сезанна еще порождало импульсы радикализации живописи, то позднее его фигура приобретала все более консервативное, а в контексте художественного развития России — едва ли не охранительное значение.

Вспомним художественную ситуацию в Москве 1910-х годов. В начале десятилетия «валеты» еще занимали положение впередсмотрящих. «Левее» Кончаловского-сезанниста были Ларионов с его «инфантильным примитивизмом», кубофутурист Малевич, Татлин (не говоря о французах из щукинской галереи, которые находились все же вне русла российской живописи). Но в 1913—1914 годах Ларионов уже покажет и «лучизмы» и «пневмолучизмы», а через год-два разразится настоящая катастрофа: будут выставлены и «супрематизмы» Малевича, а у Ларионова на выставке «1915 год» появится женская коса, повешенная рядом с вращающимся вентилятором, и цветные панно, составленные из черепков фарфора, бумаги и т. п. Под ногами московских сезаннистов разверзалась земля. К той поре, очевидно, и относятся воспоминания Кончаловского о том, что он как за соломинку ухватился за Сезанна: известно, что за соломинку хватается тонущий, а не тот, кто нацелен на смелое обновление художественных приемов. Перед лицом наступившего кризиса форм система Сезанна представала единственной прочной системой живописания. А если вспомнить, что 1920-е годы стали временем программного отрицания станкового искусства как такового, исходившего из теории производственников, то Сезанн в этих условиях окажется уже не утлой соломинкой, а надежным плотом, за который могли ухватиться жаждущие спасения.

В середине 1910-х годов натюрморты Кончаловского приобрели спокойный, почти академический вид. «Дух» сезанновских постановок становился менее важен, чем их «буква», то есть апробированный традицией предметный состав: края столов, белые закругления ваз с положенными в них круглыми фруктами («Персики», 1913, Саратовский художественный музей им. А.Н. Радищева). О переломах линий столов, начавшихся с полотен Сезанна, теперь

А.В. Куприн. Натюрморт с воблой. 1918. ГРМ

уже никто и не вспоминал, равно как и о пресловутых «кубе, шаре и конусе», столь популярных и у французских, и у русских кубистов. Движение живописи затихало, исчезал агрессивный напор, свойственный «Сухим краскам» или другим аналогичным произведениям. Если там художник разводил «голоса» натуры и живописи, яркие краски и разбеленные охры, то теперь такие противопоставления постепенно теряли пафос.

Очень скоро у Кончаловского начались попытки прямого отождествления «состава живописи» и «состава натуры». В некоторых итальянских пейзажах оно уже осуществлялось на уровне «глин» и «земель», из которых складывались сиенские холмы и которые живописец смешивал на палитре. Однако могли отождествляться и другие стихии, например, упругое «тесто» красочной кладки и не менее крутое тесто хлебов или калачей. В уже упомянутых «Хлебах на зеленом» этот прием особенно убедителен: красочная лепка картины — вещество не хлеба, но живописи, однако она великолепно подражает материалу натуры. Доставляет бодрящее удовольствие смотреть, как напитанная сдобной охрой кисть проталкивает желтую краску в промежутки между синими мазками поливы, как она туго и липко поворачивается на месте, иссякая краской, но еще успевая захватить телесную округлость баранки.

Ближе к 1915—1916 годам холсты Кончаловского приняли своего рода «сезаннистскую схиму», вполне объяснимую в условиях распада традиции, происходившего на современных выставках. Упругая вещественность натуры нередко сковывала живописное движение, красочный слой становился скупым и косным, предметы — глинистыми, а складки ткани — почти деревянными. Во многих холстах шло нарочитое ограничение числа красок, когда «заскорузлые» земли придавали поверхности картин однообразно кроющую фактуру. Искусство Кончаловского заходило в тупик, отчетливо видный, например, в таких произведениях как «Натюрморт с фруктами» (1915, Государственная картинная галерея Армении, Ереван).

И Кончаловский был в этом не одинок. У Машкова «живописная плоть» могла в той же степени отождествляться с плотью его огромных натурщиц. Посетитель, попадавший в то время в его мастерскую, оказывался в окружении богатырских женских тел и соответствующих им по размерам предметов обихода. Место обыкновенных натурщиц с холстов 1908—1910 годов заняли поистине грандиозные модели, причем, если в 1910 году они еще стояли или сидели, то теперь их тела оседали книзу, никли на пол или расплывались на ковре.

В полотнах Куприна 1910-х годов традиция, идущая от Сезанна, приобрела вид своеобразного маньеризма. Если Сезанн порой обращался к изображению искусственных цветов, то у Куприна они — едва ли не преобладающая тема; если фрукты у Сезанна похожи на «сделанные» предметы (по выражению Б.П. Виппера) , то у Куприна они буквально заменялись раскрашенными муляжами из папье-маше, целый набор которых сохранился в его мастерской. Однако во всем этом — ни малейшего экстремизма! В кругу живописцев-«валетов» работам Куприна принадлежала отчасти та роль, какую в орбите Пикассо приобретали творения Брака: любое «оскорбляющее глаз» открытие Пикассо получало у Брака красиво-комфортное претворение. Уже в купринском «Натюрморте с синим подносом» (1914, ГТГ) серые краски фона подавались не в столь вызывающем тоне, как в некоторых ранних натюрмортах Кончаловского (не говоря уже о Ларионове): в них присутствует теплая матовость, сохранявшаяся и в других постановках, краски которых отличала «кремовая» основа. В ритмических сочетаниях предметов всегда таилась доля декоративности: дуга подноса в упомянутом натюрморте уравновешивалась загибом тарелки снизу. В иных композициях такие загибы образовывали своего рода «ведущую форму», отзвуки которой с большим благозвучием расходились по полотну, постепенно ослабевая к краям. В «искусственных цветах» исхода десятилетия подобное благозвучие достигало патетического оттенка («Розы на черном фоне», 1918, ГТГ; «Натюрморт с искусственными цветами», 1917, ГРМ). Их формы сложно дробились, образуя причудливые протуберанцы и привлекая глаз экстатичностью красок, но в них ничего не оставалось от сезаннистского духа исследования! Сезанн изучал и шел в глубину, здесь все шло, скорее, из глубины на поверхность, к вполне декоративному красочному аккорду.

В конце 1910-х годов у всех «бубновых валетов» был недолгий период, когда общественное возбуждение, поднимавшееся за стенами их мастерских, как будто толкало их под руку, заставляло работать с подъемом, воодушевлением. В это время появились некоторые «пламенеющие» «искусственные цветы» Куприна или не менее «пламенеющая» «Красная мебель» Фалька (1920, ГТГ), в целом уже уходящая от сезаннизма. Пространство интерьера (или по-прежнему натюрморта?) словно сформировано прокатывающимися по картине волнами возбуждения. Сомкнувшиеся вокруг стола предметы огненно-красной мебели кажутся собранием заговорщиков: густые тени скользят по задней стене, как тучи по небу, и еще выразительней токи тревоги, проходящие по верху дивана или по стеснившимся креслам с патетически вскинутыми вертикалями спинок. У Кончаловского к этому периоду относятся постановки, подобные «Натюрморту с самоваром» (1917, ГРМ) или нескольким натюрмортам с хрусталем, где он совершенно изменил своим привязанностям к «глинам» и «тесту», и, в особенности, картина «Скрипач. Портрет Г.Ф. Ромашкова» (1918, ГТГ), воспроизводящая не образ человека, играющего на скрипке, но как бы саму игру на этом инструменте. У Машкова это — некоторые «обнаженные», где он сумел ненадолго уйти от того «поражения живописи, понесенного от натуры», какое знаменовали его глыбообразные натурщицы середины десятилетия. Все сказанное подтверждает очевидную способность бубнововалетской живописи резонировать событиям общественной жизни. В полотне «Две обнаженные женщины на фоне драпировок» Машкова (1918, ГТГ), где перед зрителем предстает в своей естественной мощи группа из сидящей и стоящей натурщиц, кисть живописца работает раскованно и широко — словно в эскизной манере, бросая на огромный холст сверкающие голубую и желтую, зеленую и розовую краски.

Р.Р. Фальк. Пирамидальный тополь. 1915. ГРМ

Однако период этот был слишком недолгим. В 1920-е и в более поздние годы в творчестве бывших бубнововалетцев «дух» сезаннизма все более выветривался, а одновременно исчезала и верность его «букве», то есть хрестоматийному выбору предметов и тем. Если, как уже говорилось, у Сезанна преобладали «сделанные» предметы (а не живые угри, как у Эдуарда Мане), то Машков 1920-х годов писал внушительные натюрморты не только с хлебами, но и с мясом. Позже то же можно сказать и о Кончаловском с его привязанностью к битой дичи (глухарям на столе) или живым цветам (сиреням в корзинах), а по манере письма сдававшего назад, к национальным живописным традициям, сближаясь иной раз и с приемами позднего Сурикова.

Но особенно показательна эволюция творчества А.В. Лентулова между 1910-ми и 1920-ми годами. Возвращаясь к вопросу о взаимоотношениях сезаннистской традиции с предшествующим ей опытом «Союза русских художников», повторю еще раз: привязанность Лентулова к старинным русским церквам нельзя всерьез оторвать от приверженности «союзовских» пейзажистов к монастырям, кремлям и соборам (окруженным большими деревьями).

В картинах «Василий Блаженный» или «Москва» (обе 1913, ГТГ) можно было бы указать лишь на самые общие признаки этой стихии. В начале десятилетия мастер тяготел к французским фовистам или немецким экспрессионистам, сближаясь кое-где и с Кандинским, и с Г. Мюнтер, и с Ле Фоконье. Однако к концу 1910-х творческие искания привели его к Сезанну, усвоенному Лентуловым скорее текстуально («Красный мост», 1918, частное собр., Москва) или подвергнутому привычному «раскублению» формы (Портрет А.С. Хохловой», 1919, ГТГ).

В пейзажах начала 1920-х это движение продолжалось уже с большей отчетливостью. По мнению исследователей, холсты конца десятилетия были «прелюдией» к обширному Троице-Сергиеву циклу 1920—1922 годов, развивавшемуся под девизом «назад к Сезанну». В творчестве мастера между 1920 и 1922 годами можно отметить тенденцию к постепенному освобождению от «раскубленных» форм и к «сближению с “реальной натурой” на основе живописно истолкованного сезаннизма»[15].

Однако это был путь не только к натуре и не столько к Сезанну, но — одновременно — и назад, к «союзовскому» пейзажу десятилетней давности. Если «союзовец» Кончаловский переходил на рубеже 1900-х и 1910-х годов к приемам Сезанна, то сезаннист Лентулов начала 1920-х стихийно, не отдавая себе в этом отчета, двигался уже проверенным путем досезаннистской национальной традиции. Он с энтузиазмом пишет Троице-Сергиеву лавру (это чувство уже испытал на десятилетие раньше Юон) с ее не глинистыми (как в «Сиене» Кончаловского), но красно-кирпичными архитектурными массами. А рядом поднимаются большие деревья, которые Юон писал зимой и весной, а Лентулов — летом (и ему приходилось объявлять их «сухими деревьями», чтобы оправдать типично «союзовскую» приверженность к высоким стволам без листьев, устремленным к синему небу).

Разумеется, возвращение в 1920-е годы к «союзовским» темам стало проявлением творческой ностальгии по утраченной прочности устоев в тот период, когда почва уходила из-под ног. Но для нас в этом процессе интересно значение Сезанна — подлинного революционера в европейском искусстве конца XIX — начала XX века. Если «Сухие краски» Кончаловского, как и многие другие произведения русской живописи, еще писались под девизом «вперед — к Сезанну», а полотна кубистов и во Франции, и в России шли по проложенному Сезанном пути намного «дальше Сезанна», то развитие живописи в России в 1920-е годы показало, что под знаменем верности его заветам могла порой осуществляться и своеобразная «ползучая» реставрация, как бы подводившая итоги героическому этапу в истории русского искусства начала столетия.

1. Глаголь С. Мой дневник: Картинные выставки // Столичная молва. 1909. 2 января.
2. Гоген: Взгляд из России: Альбом-каталог. М., 1989, с. 341.
3. Цит. по: Терновец Б. Письма: Дневники: Статьи. М., 1977, с. 111.
4. Steneberg Ehrhard. Gontcharova se penche sur son passé // Gontcharova et Larionov: Cinquante ans à Saint Gérmain-des-Près: Temoignages et documents recueillis et présentes par Tatiana Loguine. Klincksicok. Paris, 1971, p. 114.
5. Прокофьев В. Постимпрессионизм: Альбом. М., 1973.
6. Лившиц Б. Полутораглазый стрелец. Л., 1933, с. 37.
7. Подробнее см.: Поспелов Г. О движении и пространстве у Сезанна // Импрессионисты: Их современники: Их соратники. М., 1976, с. 121—124.
8. Грищенко А. О группе художников «Бубновый валет» // Аполлон. 1913. № 6, с. 33.
9. Ковтун Е. Путь Малевича // Казимир Малевич. 1878—1935: Каталог выставки: Ленинград—Москва—Амстердам. [б/м], 1988, с. 166.
10. РГАЛИ, ф. 1938 (Анкеты художников), оп. 1, ед. хр. 59.
11. Марков В. Принципы творчества в пластических искусствах: Фактура. СПб., 1914, с. 1.
12. Подоксик А. Пикассо: Зечный поиск. Л., 1989, с. 91—92.
13. Мурина Е., Джафарова С. Аристарх Лентулов. М., 1990, с. 154.

Русские художники начала XX века о Сезанне

Е.В. Баснер

В истории живописи в лице Сезанна
мы имеем апогей ее развития.
К.С. Малевич

Знаменитые строки Маяковского: «Бывало —/ сезон / наш бог — Ван Гог, / Другой сезон —/ Сезанн», — казалось бы, сами собой напрашивающиеся в эпиграф к этой статье, не стали им прежде всего потому, что, блестяще передавая самую атмосферу тогдашней художественной жизни, именно по отношению к Сезанну совершенно неверны: увлечение русских художников Сезанном ни в коем случае нельзя назвать «сезонным». Воздействие, которое оказало творчество Сезанна на русскую живопись, — это не локальный эпизод в ее истории, а чрезвычайно значительное и, главное, продленное во времени явление, ставшее одной из качественных особенностей русской живописной культуры начала XX века. Не случайно в столь частых в 1920-е годы дискуссиях о самом понятии живописной культуры имя Сезанна склоняли чаще, чем чье-либо другое.

Переходя непосредственно к теме, здесь затрагиваемой, следует отметить, что, привлекая в качестве материала лишь непосредственные высказывания художников, оставивших нам свои суждения о Сезанне, мы неизбежно и сознательно переносим проблему, заявленную настоящей выставкой, в несколько иную плоскость, — и продиктовано это, безусловно, спецификой самого материала: художники говорят о Художнике.

С одной стороны, многие живописцы, как известно, вообще мало склонны облекать свои переживания в словесную форму, либо пользуются ею для обращения предполагаемого читателя в желаемого зрителя, — то есть такого, который воспринимал бы отныне творчество мастера именно в том ракурсе, который ему подсказан. Так например, в дошедшей до нас прямой речи В.Е. Татлина мы не найдем каких-либо указаний на влияния, которые он испытывал, — наоборот, художник всегда категорически их отрицал. Хотя, разумеется, его ранняя живопись дает возможность проследить самые различные источники творческих устремлений мастера, и в конце 1912 года, в частности, сезанновское начало в его натюрмортах проявлялось совершенно очевидно.

С другой стороны, в сохранившихся письмах, дневниках и воспоминаниях живописцев, прямо сформировавшихся под влиянием Сезанна, живописцев, чье творчество в определенные периоды представляло собой ни что иное, как *hommage à Cézanne*, мы редко встретим признания равные по страстности тому чувству, которое возбуждало в них искусство великого французского мастера. Быть может из-за того, что время подведения творческих итогов и писания мемуаров пришлось в их жизни как раз на эпоху, когда «слово “импрессионист” звучало пострашнее, чем “рецидивист”» (Энн Ветемаа). В изданной в 1951 году книге «Мастера советского изобразительного искусства», включающей в себя автобиографии ведущих советских художников, никто из прежних русских сезаннистов, бывших бубнововалетцев, не рискнул упомянуть о Сезанне, за исключением А.В. Куприна и И.И. Машкова. При этом, если Куприн просто констатировал то влияние, которое оказал на него французский живописец, то Машков, вспоминая о тех годах, признался, скорее с раскаянием, что у него «на холсте получается нечто напоминающее Сезанна»[1].

Стоит поэтому сразу и заведомо признать, что в таких случаях гораздо более объективными свидетельствами подлинного отношения к Сезанну являются сами живописные произведения, нежели отдельные подцензурные документы, вроде упомянутой выше автобиографии. Вне всякого сомнения, «Автопортрет и портрет Кончаловского» работы Машкова, где автор рядом с огромным томом, на корешке которого написано «Библия», поместил не менее объемистый том, озаглавленный «Сезанъ» (так на картине. — *Е.Б.*), ничуть не менее выразительно свидетельствует о преклонении перед живописцем, давшим имя целому направлению в искусстве (в том числе и в русском), чем если бы художник подтвердил это изустно.

Впрочем, именно бубнововалетцы в своих ранних высказываниях донесли до нас свой совершенно особый взгляд на Сезанна, как на творца, сквозь призму творчества которого можно и должно всматриваться в природу и в искусство. Именно эту мысль и это ощущение мы находим в письмах П.П. Кончаловского к И.И. Машкову, написанных летом 1908 года: «Вот о чем я невольно подумал, когда читал Ваши восторги перед фрескистами: хорошо, что Вы видели до них Ван Гога, Сезанна и других освободителей нашего времени. Если бы Вы видели фрески эти раньше, мне кажется, Вы совершенно бы иначе их восприняли. А именно, Вы бы восхищались ими как вещами историческими больше, чем как произведениями великого искусства. (Мне очень трудно изложить мою мысль, но я все же попробую.) Не буду заранее говорить, что так бы почувствовали Вы, возможно, что и нет. Но я вспоминаю себя перед прерафаэлитами, пока я еще не видел ни Ван Гога, ни Сезанна. Я чувствовал их красоту, их дивную наивность, но думал, что настоящая живопись другая, что мы должны исходить из художников, которые были после них. Поэтому они, собственно говоря, развивали во мне только чувство красоты и бесследно пропадали в смысле науки. После же наших последних художников можно просто учиться на прерафаэлитах. Действительно, если Сезанн и Ван Гог показали, что самое ценное в искусстве — сохранение ребяческого чувства, не забитого условностями, созданными долгими веками, если они показали, что освобождение от всех этих традиций есть истинный смысл настоящего искусства, этим одним они открыли для нас целый мир образцов в тех самых фресках, которые теперь перед Вами»[2].

Не менее показательны те непосредственные ассоциации, которыми Кончаловский делится с Машковым в другом письме: «На комоде у меня лежат персики — совершенный Сезанн. Все дожидаются, когда я их напишу. Страшный соблазн даже после Сезанна»[3]. И старые итальянские мастера, и живая реальность воспринимаются художником «через Сезанна» — это ли не свидетельство искреннего и всепоглощающего чувства! А о том, что это был период именно непосредственного и чувственного восприятия живописи Сезанна художником, лишь открывающим для себя возможности его метода, свидетельствует еще одно его признание: «...Видел не виданные мною до сих пор портрет Сезанна и яблоки его же. Портрет неописуем, живопись — это дуновение. Лицо — восторг, но я колеблюсь перед ним, вот почему: оно слишком nature morte, но это и качество его в то же время. Если я признаю, что так и должно быть, то это восхитительно, если не признаю этого, то остается еще желать что-то. Что же касается всего вокруг, руки например, это свыше сил. Яблоки писаны грузно, очаровательны по тону — но Сезанна я люблю, когда он только дышит на холст»[4].

Таковы самые ранние из дошедших до нас свидетельств восхищения Сезанном тех художников[5], с именами которых будет связан прежде всего русский сезаннизм. Разумеется, художники, представлявшие совершенно иные направления в русской живописи начала XX века, не разделяли чувство преклонения перед теми, кого Кончаловский назвал «освободителями нашего времени». М.В. Добужинский, например, уже в конце жизни прямо обвинял их в «растлении» молодого русского искусства: «Мы слишком любили мир и прелесть вещей, и не было тогда потребности нарочно искажать действительность. То время было далеко от всяких «измов», которые попали (к нам) от Сезанна, Матисса и Ван Гога. Мы были наивны и чисты, и, может быть, в этом было достоинство нашего искусства»[6].

Вполне объяснимо, что именно Сезанн, с его «пониманием натуры и реализацией этого понимания» (собственные его слова), исключавшими какой бы то ни было флер ретроспективизма и столь излюбленного художниками круга «Мира искусства» «стилизма», вызывал у них наибольшее раздражение. Не вполне понятно лишь то, почему большинство сохранило эту неприязнь к Сезанну и в более поздние годы, когда, казалось бы, уже должно было возобладать сознание объективной значимости сезанновской живописи. Однако этого не случилось. К.А. Сомов в своем парижском дневнике так описывал впечатления от выставки Сезанна: «... Множество народа, любуются и обсуждают его, не только снобы, были люди скромные и много художников. Непонятное наваждение! Кроме одной <одного> (а может быть, и трех) прекрасных натюрмортов почти все скверно, тускло, без валеров, несвежими красками. Фигуры же и его голые «купанья» прямо прескверны, бездарны, неумелы. Гадкие портреты...»[7].

Мнение Сомова о том, что живописью Сезанна можно восхищаться только из снобизма, разделяла и З.Е. Серебрякова, восклицавшая в одном из писем: «А все "снобы" здесь сходят до сих пор по Сезанну с ума!..»[8]. Серебрякова прямо признавалась: «Но это — "герой не моего романа"»[9], и сетовала, описывая в письме к дочери свое посещение музея Оранжери: «К сожалению, там много Сезанна, которого я совершенно не могу терпеть...» И тут же добавляла: «Зато Ван Гог, несмотря на его безумие... все же удивительный художник!»[10].

Логично было бы предположить, что художники «Мира искусства» не могли принять Сезанна, потому что трудно представить более несхожих по принципам живописцев, потому что их утонченному пониманию «стиля» претила та нутряная, первозданная мощь, которая исходит от полотен французского реформатора, потому, наконец, что это непонимание и неприятие оказались исторически предопределены их стадиальной несовместимостью: мирискусники завершали своим творчеством девятнадцатый век, в то время как живопись Сезанна была целиком устремлена в нынешнее столетие. Это понимал, прежде всего, сам Сезанн, когда писал в письме своему более молодому другу Ж. Гаске: «Может быть, я слишком рано родился. Я был художником скорее Вашего поколения, чем своего...»[11].

Все это совершенно справедливо, но, как и всегда, нет правил без исключений, и таким исключением в этом случае стал Б.М. Кустодиев — художник вполне мирискуснического склада, однако не только оценивший живопись Сезанна, но и оставивший прочувствованное описание его произведений (что, между прочим, было редкостью даже для самых самоотверженных почитателей мастера): «Часа 2 пробыл в муз<ее> Морозова, изучая Сезанна и др. Особенно Сезанн меня в этот приезд как-то глубоко пронял. Он весь собран в одно место (взяты картины от Щукина); такое цельное и сильное впечатление! Последняя комната, где висят картины "голубого" периода, исключительно хороша. Какое чувство природы и вместе с тем какой удивительно живописный подход к ней! И какое спокойствие созерцания, несмотря на бравурный прием и динамизм в технике. <...> Особенно великолепны «Гора Св. Виктории» и «Мост на реке» — одна изумрудная, с удивительными, глубокими и разнообразными зелеными цветами, другая — мглистое солнышко на серо-розовой горе с оранжевыми пятнами земли и темной зеленью садов — торжественная и богатая картина!»[12].

Не менее внимательно вглядывался в живопись Сезанна современник Кустодиева, художник также близкий к объединению «Мир искусства» — К.С. Петров-Водкин. В своих воспоминаниях он подробно остановился на том, какое мощное впечатление произвел на него один из натюрмортов на выставке мюнхенского «Сецессиона». По оставленному им описанию этого полотна у исследователей не остается сомнений в том, что речь идет именно о картине Сезанна: «Цвет в этом натюрморте не являлся только наружным обозначением "кожи" предмета, нет, каким-то фокусом мастера он шел из глубины яблока; низлежащие краски уводили мое внимание вовнутрь предметной массы, одновременно разъясняя и тыловую часть, скрытую от зрителя. Последний эффект заключался в фоне: он замечательно был увязан с предметом. У краев яблока развернулись предо мной события, которые в такой остроте, пожалуй, мне впервые представлялись. Яблоко, меняя цвет в своем абрисе, приводило к подвижности цвета́ и фон на каждом его сантиметре, и фрукт отрывался от фона, и фон, по-разному реагирующий на его края, образовывал пространство, чтоб дать место улечься яблоку с его иллюзорной шаровидностью»[13].

Весьма схожие ощущения вызывали произведения Сезанна и у художников совершенно иного склада, иной творческой ориентации, и не только у Р.Р. Фалька[14] — одного из наиболее убежденных и последовательных русских сезаннистов, признававшегося: «Из современных мастеров мой основной мэтр — Сезанн»[15], но и у М.Ф. Ларионова. Так, излагая в 1913 году принципы изобретенного им лучизма, для разъяснения того, как «к нам в глаз вместе с лучами воспринимаемого предмета попадают отраженные рефлективные лучи части других близлежащих предметов»[16], он прибегнул к анализу именно произведений Сезанна, как бы по-своему развивая — на уже новом этапе эволюции художественной мысли — наблюдения за «событиями», разворачивающимися у краев яблока: «...Сезанн обладал такой остротой зрения, что не мог не заметить того рефлективного стирания как бы небольшой части одного предмета отраженными лучами другого. От этого получалось не развертывание самого предмета, а как бы перемещение его на другую сторону и срезание части предмета с какой-нибудь из сторон — что давало реалистическую конструкцию его картинам»[17].

Однако если для Ларионова, художника, одним из первых покинувшего пределы предметного искусства, Сезанн являлся прежде всего предтечей «истинного освобождения живописи и жизни ее только по собственным законам»[18], то Петров-Водкин в те же годы апеллировал к авторитету Сезанна, утверждая неизбежность поворота живописи к поискам «нового предмета». В своем докладе, озаглавленном «Живопись будущего», прочитанном им в апреле 1912 года, Петров-Водкин процитировал фразу Гогена: «Сезанн — это Рембрандт яблока», и далее заявил: «...Великий старик Сезан<н>, положивший начало самоценности живописи, с изумительным мастерством отделывавший цветные плоскости своих яблок, как показывают многие его вещи, — искал самый предмет, а самоценный зародыш живописи явился попутно, иначе ему не пришло бы в голову упрекнуть Гогена в отхождении от рельефа в его картинах, когда в этом распространении очертаний не в глубину, а по плоскости и есть главная заслуга творчества Гогена перед живописью будущего»[19].

Для Петрова-Водкина, художника, чье пластическое мышление, при всей его смелости, не выходило за пределы предметной действительности, важным было подчеркнуть, что самоценность живописи у Сезанна вторична по отношению к предмету. Между тем, для живописцев, утверждавших, — если воспользоваться формулировками К.С. Малевича, — что «эволюция и революция в искусстве имеют одну цель: выбраться к единому творчеству — сложению знаков вместо повторения природы»[20], Сезанн знаменовал, прежде всего, начало этого движения, и наиболее существенным в его творчестве считалось то, что «в его произведениях предметы и люди уже не являются содержанием живописи, а, наоборот, живопись до некоторой степени содержит их»[21].

Необходимо отметить, что в начале 1910-х годов, когда в русской художественной жизни ясно обозначился этап принципиально нового отношения к Сезанну, когда Сезанн все более и более становился, как бы мы сказали сегодня, «культовой фигурой» для большинства живописцев, и когда редкий диспут о современном искусстве обходился без привлечения его имени разными, подчас непримиримыми, сторонами, споры, касающиеся взаимоотношения предмета изображения и живописи «как таковой», были чрезвычайно актуальны. И они не только не затухали в течение последующих десятилетий, но и выдвинулись на первый план в тот период, когда сезаннизм разрабатывался Малевичем и его учениками в рамках программ ГИНХУКа.

Не менее важное и принципиальное звучание обретали и вопросы, связанные с особенностями сезанновского видения и преобразования натуры, и волновали они, главным образом, живописцев, которые ставили и разрешали подобные проблемы в собственном творчестве. Ларионов, как уже отмечалось, отстаивая, в процессе теоретического обоснования лучизма свой основной тезис о том, что «наивысшая реальность» заключена в изображении предмета «не таким, как<им> мы его знаем, а каким видим», писал: «К этому во всех своих работах склонялся и Поль Сезанн, отчего различные предметы на его картинах как бы перемещены, немного косят. Отчасти это происходило оттого, что он писал буквально то, что видел, а ровным предмет можно увидать только одним глазом, Сезанн же писал, как видит всякий человек двумя глазами, то есть предмет и чуть-чуть справа и чуть-чуть слева»[22].

Эта же мысль впоследствии была углублена и развита М.В. Матюшиным. Для Матюшина, основателя группы «ЗОРВЕД» («зрение — ведание»), вся история изобразительного искусства отражала прежде всего эволюцию глаза художника: «Художник учит смотреть обыкновенных людей. Он показывает человеку увиденное своим новым развивающимся глазом, раздражая обывателя, который гонит все непривычное. Кончается это тем, что, привыкая, его глаз начинал радоваться тому, чего не замечал в повседневии и что ему было так нарядно и интересно показано, и незаметно начинал считать своим»[23]. Сезанну в системе создаваемой Матюшиным эволюции «художнического смотрения» отводилось совершенно особое место: после импрессионистов, которые, по образному выражению Матюшина, «распластали глаз», то есть «видели блестящую поверхность, а не самое тело», «первый прорезавший брешь в голубой закуте был *Сезанн* (Здесь и далее выделено М. Матюшиным. — *Е.Б.*).

Он уже видит не только распластанным глазом, но и вполне пассивным, отставленным от человеческого чувственного «Я», чтобы ничто не мешало объективному наблюдению.

Впервые превозмоглись всякие личные анекдоты и подсказывания сознанием глазу, и он, широко охватив виденное, побежал по всем лучам перпендикуляра из центра, *видимо* вбирая в себя сущность мировой связи. <...> Кто, как Сезанн, учился смотреть все шире и глубже, научившись, не может иначе действовать глазом, как охватывая всю массу видимости разом, в ее разнородном движении и однородном сплаве живых линий, и уже перестает видеть «правильно» по-прежнему.

Попробуйте встать внутри высокого собора и долго смотреть, широко охватывая стороны вверх, вниз, и вы увидите, как прямые начнут коситься, тогда как вначале они казались прямыми. Сезанн окончательно расшатал благополучие вертикальных и горизонтальных добрых узеньких перспективок. Быть может, он сам испугался, видя, что у него от прежнего ничего не осталось и свалил на ненормальность глаза то, что явилось следствием нового органа зрения. То, что видимо нами прямой узким маленьким взором, станет кривой, будучи продолжено в бесконечность.

Почти одновременно с Сезанном Лобачевский и Риман потянули и перекосили все параллели Эвклида»[24].

Как и многие другие художники 1910-х годов, Матюшин рассматривает Сезанна как провозвестника собственных убеждений в искусстве и в данном случае подводит читателя к восприятию Сезанна в качестве предшественника своей основной идеи — идеи «расширенного смотрения». Такой подход на определенном этапе, в процессе наиболее напряженной борьбы направлений в русской художественной жизни, был, по-видимому, неизбежен. Высказанную же им мысль о Сезанне как художнике, преодолевшем рассредоточенное, неуглубленное (по его оценке) видение импрессионистов, мы находим и у некоторых других русских живописцев.

Достаточно в очередной раз вспомнить Петрова-Водкина, который в том же докладе 1912 года провозглашал: «Импрессионизм... высказавшийся вполне, закончивший сам себя, с одной стороны, доходит до своей естественной смерти путем выработки канона чисто механического раздробления краски пуантилистами и... подобными представителями маньеризма. С другой стороны, Сезанн и Гоген выбираются из-под его обаяния и продолжают живопись дальше, к ее новой жизненности.

Сезанн занят восстановлением утерянной импрессионистами формы и плоскости, с любовью и упорством геолога изыскивает ее пласты и наслоения и говорит новое слово, что "в живописи нет света, а есть только цвет"»[25].

Об этом же, по сути, писал и М.В. Ле Дантю, который основным качеством картин Сезанна по отношению к произведениям его предшественников считал «их изумительную конструктивность». «Нужно было действительно обладать колоссальным знанием искусства (быть может, интуитивным — это безразлично), — писал он в своем трактате «Живопись всёков», — чтобы в эпоху торжества импрессионизма, упразднения синтеза и победы первичного впечатления создать такие классические формы. Холсты Сезанна так насыщены равновесием живописных элементов, так тонко понята предметность, как объект композиции, что его картины всегда будут школой живописцев. Для большей точности своей конструкции, в которой он приближается к древним мастерам расцветных времен живописи, — он умело приводит сочетания предметов не только в краске (рефлекс давно известный), но и в форме — рефлекс, утерянный искусством академий, салонов и импрессионистов»[26].

Идея противопоставления творчества Сезанна искусству «академий, салонов и импрессионистов» и сближение его с «древними мастерами» возникает в рукописи Ле Дантю не случайно. Это была одна из излюбленных тем художников круга Ларионова (к которому принадлежал и Ле Дантю) и один из главных постулатов провозглашенного ими «всёчества». Н.С. Гончарова, которую справедливо признавали одним из идейных вождей этого направления, ставила эти вопросы с еще большей определенностью, полемически заостряя, естественно, то, что отвечало ее собственным воззрениям: «Если всмотреться внимательно в произведения современных французов, начиная с Сезанна, Гогена и Ван Гога, и в русскую старинную живопись, если вдуматься, то станет ясно, что задачи той и другой совпадают. Это — единственно верная и неизменная задача в искусстве. Задача декоративности при сохранении различия философского, религиозного и литературного содержания»[27].

Однако еще более резкое звучание обрела в трактате Ле Дантю тема, которую так или иначе затрагивали едва ли не все, кто говорил и писал о Сезанне: Сезанн и его последователи. Этот сюжет был, разумеется, гораздо более актуален для молодых русских художников поколения 1910-х годов. Ле Дантю выразил свое мнение по этому вопросу наиболее желчно и безапелляционно. Сезанн, «этот гениальный мастер из *Aix*», на его взгляд, «уже во всяком случае заслуживает лучшей участи, чем стать родоначальником современных (особенно русских) футуристов»[28].

Р.Р. Фальк, имея, правда, в виду прежде всего французских художников, высказался по этому поводу также достаточно категорично: «Кубисты считают себя его преемниками. С моей точки зрения — они узурпаторы его наследства», — и тут же пояснил свою точку зрения: «Я не люблю, откровенно говоря, абстрактную живопись <...> Элементарно говоря — я реалист. Реализм — очень широкое понятие. Вульгарный реализм не может быть целью искусства. В моем понимании реализма [мне] особенно близок Сезанн»[29].

Возвращаясь несколько вспять, можно вспомнить, что Серебрякова, например, не жаловала Сезанна еще и потому, что, как она писала, «невольно обвиняешь его в последующем ложном пути, указанном им (хотя и знаю, что лично он этого не хотел)»[30].

Полярной этим мнениям — оттенки которых колеблются от ядовитой самокритики Ле Дантю до искреннего возмущения Серебряковой — предстает позиция Малевича, который в своих теоретических работах подробно останавливался на этом вопросе. Иногда его заявления могли звучать патетически громко: «Но сильные, смелые устаивали на площади искусства и на грудах сваленных позорных слов водружали знамя новой идеи. Так водрузили знамя художник Ван Гог и художник Поль Сезанн. Знамя первого понесло время в глубину наших дней футуризма. Знамя второго — кубисты»[31]. Иногда его интонация была академически бесстрастной: «Итак, Сезанн положил значительные выпуклые основы кубистического направления, расцветшего в лице Брака, Пикассо, Леже, Метценже и Глеза во Франции; <это направление> было выдвинуто в России с новым уклоном аллогизма»[32]. Но Малевич всегда последовательно отстаивал идею закономерной и исторически обоснованной преемственности кубистов — и собственной тоже — по отношению к Сезанну.

Однако, варьируя расстановку акцентов в вопросах, касающихся роли и места Сезанна по отношению к явлениям, вызванным им к жизни, Малевич не упускал случая подчеркнуть, что Сезанн лишь сообщил первый необходимый импульс новому постижению действительности и, «несмотря на огромное чувствование живописного в предмете, дал только небольшие сдвиги форм, но чисто живописной конструкции не мог дать»[33]. «Сезанн, — писал Малевич, — можно сказать, законченная трактовка мира по образцу и подобию мира классических отношений и заданий: им заканчивается искусство, державшее на привязи предметного изобразительного искусства нашу волю, заставляя идти в хвосте творческих форм жизни»[34].

Малевичу принадлежит ряд проницательных наблюдений, связанных с самым существом живописи Сезанна. Так, сравнивая Сезанна и Ван Гога, он выводил из этого сопоставления такие важные — в первую очередь, для собственных творческих задач — понятия, как «тяжесть» и «легкость»: «В искусстве живописи существуют два варианта — тяжесть и легкость. Сезанна можно отнести к тяжеловесному живописному нарастанию, Ван Гога — <к>легкому. Тяжесть Сезанна — медлительное движение; Ван Гог тоже тяжесть, но лишенная медлительности, а следовательно, больше обеспечена в длительности нарастания в пространстве. Чем сильнее и крепче хочет художник построить тело, тем <больше> фактура и формы будут насыщены весом и монументальностью постройки»[35].

Все то же сопоставление с Ван Гогом дает Малевичу возможность развернуть свои рассуждения о фактуре живописного произведения — вопросы, касающиеся фактуры, чрезвычайно занимали деятелей русского авангарда (достаточно вспомнить статью Владимира Маркова и ту «классификацию» фактур, которую предложил Давид Бурлюк в знаменитой «Пощечине общественному вкусу»[36]). Теоретические построения Малевича в этом вопросе достаточно тяжеловесны и сложны для восприятия, но вместе с тем, как всегда, оригинальны: «Как Сезанн, так и Ван Гог живописное строили на эстетическом действе, и образование фактур во многом зависело от пропорционального эстетического смешения количества цветовых лучей, из которых образовали слоистую или щетиновидную шероховатую фактуру. Сезанн развивал в фактурных слоистых поверхностях тяжесть, Ван Гог — устремленность фактурных волн к выходу из предметов, самые предметы были для него формой наибольшего насыщения динамической силы»[37].

В текстах Малевича все менее ощутимы непосредственные впечатления от произведений Сезанна — похоже, что автор сознательно избегает их за счет все более пристального внимания, уделяемого им «научному анализу» сезанновской живописи. (Кстати сказать, он почти не приводит конкретных примеров, и единственное живописное произведение, на которое ссылается — «Автопортрет» из собрания С.И. Щукина.) В отличие от тех художников, на высказываниях которых базировалась эта статья, Малевич воспринимал Сезанна не как живого мастера, чьи произведения могут волновать или оставлять равнодушным, но как явление, которое надлежит анализировать.

Именно с него начинается принципиально новый этап в усвоении творчества Сезанна — изучение живописной системы этого художника.

1. Мастера советского изобразительного искусства: Произведения и автобиографические очерки / Сост. П.М. Сысоев и В.А. Шквариков. М., 1951, с. 314.
2. Кончаловский П.П. Письма к И.И. Машкову / Подг. к печати и коммент. И. С. Болотиной // Панорама искусств' 78. М., 1979, с. 194.
3. Там же, с. 199.
4. Там же, с. 202—203.
5. Ведущий исследователь творчества И.И. Машкова И.С. Болотина пишет: «К сожалению, письма к Кончаловскому за исключением трех открыток 1908 г. ... нам неизвестны. Между тем они были, видимо, содержательны и подробны». — Цит. по: Илья Машков / Авт.-сост. И.С. Болотина. М., 1977, с. 16.
6. Добужинский М.В. Воспоминания / Подг. к изд. Г.И. Чугунова. М., 1987, с. 317.
7. Сомов Константин Андреевич. Письма: Дневники: Суждения современников. М., 1979, с. 436.
8. Из письма Т.Б. и Е.Б. Серебряковым от 14 июня 1936 г. // Зинаида Серебрякова. Письма. Современники о художнице / Авт.-сост. В.П. Князева. Примеч. Ю.Н. Подкопаевой. М., 1987, с. 112.
9. Из письма Е.Е. Лансере от 5 июля 1936 г. Там же, с. 112.
10. Из письма Т.Б. Серебряковой от 22 ноября 1955 г. Там же, с. 149.
11. Мастера искусств об искусстве, т. 5, кн.1. М., 1969, с. 146.
12. Кустодиев Борис Михайлович. Письма: Статьи, заметки, интервью: Встречи и беседы с Кустодиевым: Из дневников Вс. Воинова: Воспоминания о художнике. Л., 1967, с. 185.
13. Петров-Водкин К.С. Хлыновск. Пространство Эвклида. Самаркандия. Л., 1982, с. 405.
14. Подробнее см.: Фальк Р.Р. Беседы об искусстве: Письма: Воспоминания о художнике / Сост. и примеч. А.В. Щекиной-Кротовой. М., 1981, с. 13—14.
15. Там же, с. 14.
16. Ларионов. Лучизм. М., 1913, с. 17—18.
17. Там же, с. 18
18. Там же, с. 21.
19. Петров-Водкин К.С. Живопись будущего: Доклад, прочитанный 29 апреля 1912 г. // Мастера искусств об искусстве, т. 7. М., 1970, с. 453.
20. Малевич К.С. О новых системах в искусстве // Малевич К. Собр. соч.: В 5 т. М., 1995, т. 1: Статьи, манифесты, теоретические сочинения и другие работы: 1913—1929, с. 164.
21. Малевич К.С. Живопись // Сарабьянов Д.В., Шатских А.С. Казимир Малевич: Живопись: Теория: М., 1993, с. 329.
22. Ларионов. Указ. соч., с. 18.
23. Матюшин М.В. Опыт художника новой меры // Н. Харджиев. К. Малевич. М. Матюшин: К истории русского авангарда. Стокгольм, 1976, с. 172.
24. Там же, с. 173.
25. Мастера искусств об искусстве, т. 7, с. 453.
26. Ле Дантю М.В. Живопись всёков // Сарабьянов А.Д., Гурьянова Н.А. Неизвестный русский авангард в музеях и частных собраниях. М., 1992, с. 329
27. Против течения. 1911. № 15. 24 декабря (6 января), с. 2.
28. Ле Дантю. Указ. соч., с. 329.
29. Фальк. Указ. соч., с. 13.
30. Из письма Е.Е. Лансере от 5 июля 1936. // Зинаида Серебрякова. Письма... с. 112.
31. Малевич К. О новых системах в искусстве, с. 106.
32. Там же, с. 165.
33. Там же, с. 167.
34. Там же, с. 164.
35. Там же, с. 178.
36. Марков В. Фактура: Принципы творчества в пластических искусствах. СПб, 1914; Пощечина общественному вкусу. М., 1912.
37. Малевич К.С. О новых системах в искусстве, с. 177.

Сезанн и сезаннизм в исследовательской практике Государственного института художественной культуры

И.Н. Карасик

Хотя в начале 1920-х годов имя Сезанна сохраняло свою значимость для русской культуры, в отношении к нему произошли заметные перемены, свидетельствовавшие об окончании периода радикального формотворчества. В этот период появился своего рода «рефлексирующий сезаннизм», связанный не с непосредственным восприятием живописи Сезанна, но с интерпретацией уже существующего опыта такого восприятия.

Тема «Сезанн и русский сезаннизм» становится предметом музейной репрезентации. Так, первоначальный замысел петроградского Музея художественной культуры (МХК) предполагал совместный показ произведений русских и французских художников, в том числе и Сезанна. Последние привлекались «как исходные пункты для выявления современных течений в искусстве и научной разработки вопросов живописной культуры»[1]. В МХК признавали решающее воздействие на русских художников «основных направлений французской живописи» и считали обязательным выразить воздействие это средствами экспозиции[2].

Экспозиционные концепции МХК, инициаторами которого были сами художники, предусматривали организацию материала по основным живописным системам. Сезаннизм здесь неизменно присутствовал как самостоятельное явление, сопоставимое с кубизмом, футуризмом или супрематизмом[3].

Обратившись к практике «новейших течений», Русский музей также предполагал устройство подобных периодических экспозиций. Первой была задумана выставка «Русские последователи Сезанна»[4]. В открытой в ноябре 1927 года экспозиции созданного незадолго до того в ГРМ Отделения новейших течений присутствовал раздел «Живописные течения в группе “Бубнового валета” под влиянием Сезанна» (П. Кончаловский, И. Пуни, В. Рождественский, А. Осмеркин, И. Машков, Р. Фальк, А. Лентулов, А. Куприн)[5].

Своего рода возвратный — итоговый — сезаннизм наметился в творчестве многих мастеров, прежде всего, бубновалетской ориентации. Для большинства из них приобщение к Сезанну было началом собственного пути, вызвавшим последующий переход к более или менее выраженному кубистическому мировоззрению. Теперь круг замыкался. Пройдя через стадию экспериментов, художники вновь обращались к истокам и по-новому воспринимали и воспроизводили сезаннизм. Не как трамплин или промежуточную стадию, но как вывод, результат, итог — стабильную и современную форму живописного существования.

И, наконец, самое существенное. Наряду с «музейным» и «практическим» в это время происходило оформление сезаннизма «теоретического» или «аналитического». Причем совершалось это благодаря усилиям не теоретиков и критиков, а живописцев, что, собственно, и придало явлению уникальный характер. Если раньше отношение к Сезанну находилось в сфере частного опыта, то теперь оно отливается в типологизированные формы системы и метода. На смену живому восприятию и мнению, закрепленным в собственной живописи или в строках дружеского письма, приходит изучение и знание, фиксированные в «метрической форме» графиков, таблиц или схем, в показательных копиях и образцах, в лабораторных опытах и научных отчетах, в специальных теоретических трактатах.

Феномен «аналитического сезаннизма» связан с кругом идей и представлений Казимира Малевича и — конкретно — с «теорией прибавочного элемента», которую он разрабатывал в Государственном институте художественной культуры (ГИНХУКе). Супрематизм воспринимался его создателем как абсолютная художественная истина. Малевич был убежден, что с появлением супрематизма цикл живописного развития завершился. Место стихийной творческой практики должна поэтому занять «живопись как наука» — специфическая исследовательская деятельность, направленная на обобщение имеющегося опыта и выработку универсальной художественной методологии[6].

«Современная нам форма в искусстве — исследовательский институт», — так определял Малевич новую ситуацию[7]. Подобная «современная форма» была реализована Малевичем в практике Музея (впоследствии Института) художественной культуры, директором которого он являлся с 1923 по 1926 год. В ГИНХУКе, по словам Малевича, «старое понятие художник исчезает, на его место появляется ученый художник»[8].

В Институте изучались процессы и законы пластического формообразования, специфика и механизмы эволюции современных систем живописи (импрессионизм, сезаннизм, кубизм, футуризм, супрематизм), складывалась методология объективного анализа пространственных искусств, ориентированная на принципы и процедуры естественнонаучного знания. «...Мы роемся в самой живописи и цвете, в структурах цвета, в цветных полях, в строении формы, во всем том специфическом, что отличает художника от фотографии и кино, рекламы, газеты, книги и прочих носителей ходячих идей. Нам приходится выяснять впервые, что живопись как таковая имеет свою орбиту...», — писала В. Ермолаева о гинхуковских занятиях в Париж М. Ларионову[9].

Отношения Малевича с наукой были, конечно, весьма специфическими. Сегодня мы бы назвали такую деятельность квазинаучной, в том смысле, какой придается этому понятию в художественной практике современного концептуализма[10]. Сам же Малевич воспринимал гинхуковские исследования с абсолютной серьезностью и всячески подчеркивал институтский статус своего детища, протестуя , когда ГИНХУК считали лишь комплексом авторских мастерских. Он стремился «онаучить» весь стиль жизни ГИНХУКа, изгоняя из нее случайное и индивидуальное. Внимательно относился к документальной фиксации, ревностно соблюдал отчетность, формализовал педагогическую методику, всемерно объективизировал способы описания художественных явлений, явно заботился о своем «профессорско-директорском» имидже.

Рассматривая сегодня гинхуковские теории, вряд ли имеет смысл солидаризоваться с ними, равно как и подвергать их критическому пересмотру, выясняя (в частности, и по отношению к творчеству Сезанна), насколько обоснована методика анализа, верны отдельные наблюдения или общие выводы. Вполне очевидно, что многое здесь схематизировано, упрощено, иногда курьезно. Гинхуковские концепции, конечно, имеют касательство к рассматриваемому предмету и, без сомнения, содержат интересные и существенные суждения по поводу сезаннизма или кубизма[11]. Но, пожалуй, больше они характеризуют самого Малевича, его взгляды и психологию.

Для Казимира Малевича именно с Сезанна начиналось «искусство как таковое», равно как и собственная родословная[12]. Импрессионизм вошел в ряд основных систем позже и воспринимался скорее как предыстория, пролог нового живописного движения. О Сезанне Малевич много говорил с учениками в Витебске. «Программа единой аудитории живописи» коллектива УНОВИСа, основывавшаяся на кубизме, футуризме и супрематизме, содержала пункт: «Сезанн и его живописное мировоззрение, реализованное в живописных образах»[13]. Прохождение сквозь сезаннизм по пути к супрематизму было обязательным в учебной практике Витебского художественно-практического института.

Ученики серьезно воспринимали сезанновские уроки Малевича. Один из них — Лев Юдин попробовал в 1921 году писать статью о Сезанне. Работа шла трудно. Он много размышлял, читал Бернара, анализировал собственные наблюдения, сопоставлял разные типы сезаннизма — принцип Фалька и принцип Малевича. «Сезанн, по обыкновению, подействовал, — записал он в дневнике 8 августа 1921 года, — но в соединении с Фальком гораздо сильнее, потому что Сезанн раньше, возбуждая живописное чувство, не мог прийти на помощь, когда начинал сам работать. Живописное чувство, не имея под собой опоры, не зная, чего добиваться, пропадало. Чувствовалась бесплодность работы. Фальк дает дорогу. Его сила влияет. После Фалька Бернар становится еще ближе и понятнее.

Малевич подходил к Сезанну конструктивно. У него главное — вес. Это привело нас ко многим ошибкам. Ради веса многим пожертвовали <...>. У Фалька подчеркивание одной задачи — целого. Легче и яснее переход к кубизму — живописный, у К. С. — конструктивный...»[14]. Так в ГИНХУКе окончательно складывался феномен «аналитического сезаннизма», став, наряду с взаимосвязанным с ним кубизмом, наиболее разработанным звеном «теории прибавочного элемента».

О характере, содержании, типах и языке описания проводимых в Институте исследований можно судить по годовому отчету Формально-теоретического отдела за 1923/1924 год. «В результате линейного анализа формы была установлена разница между видами линий и их связей и между узлами линий или фрагментами, образующими форму в различных системах. Были обнаружены типы линейных элементов для каждой системы отдельно: так, для системы Сезанна была найдена характерная кривая, которая участвует в образовании всех его форм. Для кубизма была найдена кривая совсем иного характера, серповидного типа, и для супрематизма — прямоугольная плоскость, которая образует форму всех супрематических построений. Исследование показало, что как только в живописном произведении одного состояния начинает встречаться элемент другого состояния, так целое произведение перестраивается и приближается к строению системы, элемент которой зародился или прибавился. Отсюда найденные характерные типы линий Сезанна, кубизма или супрематизма были названы прибавочными элементами. Прибавочный элемент в системе Сезанна был назван кривая Сезанна, в кубизме — серповидная кривая кубизма, в супрематизме — супрематическая прямая Малевича. Это открытие дало ключ к построению всего дальнейшего исследования и систематизации материалов <...>. Знание элементов формы каждой системы, сложение их фрагментов и строение целой формы дало возможность делать определения или пробные анализы отдельных живописных произведений с целью установления, к какой живописной системе можно отнести данное явление и определить степень влияния на него других систем и явлений...»[15].

Результаты наблюдений имели не только текстовое, но и объектное выражение. Создавались образцы отдельных элементов и их соединений («узлов форм»), фактурных и цветовых фрагментов, аналитические копии, «показательные живописные холсты», сводные таблицы, графики,

Серия теоретических таблиц К.С. Малевича.
Таблица № 8. «Структура краски и структура цвета»

схемы. К сожалению, наглядный материал почти не сохранился. По крайней мере, он до сих пор не обнаружен. Известны лишь двадцать две таблицы, которые Малевич экспонировал на своей выставке в Германии[16]. Существует связываемая с В. Ермолаевой аналитическая копия, объединившая на одном небольшом холсте две картины Сезанна[17].

Действие «прибавочного элемента» Малевич описывал, пользуясь аналогией с медициной и биологией, а собственную деятельность уподоблял работе бактериолога[18]. Так, он говорил о «возбудителе» импрессионизма, «бацилле» сезаннизма и т. п. Не случайно в его знаменитых теоретических таблицах «прибавочные элементы» очень похожи на микробов в пробирках, помещенных под микроскоп. Найденный в каждом случае «прибавочный элемент» был зафиксирован графически — как «формула или значок, указывающий на весь состав и порядок строения живописного отношения элементов»[19].

Было установлено, что наряду с начертательной формой «прибавочный элемент» имеет свою, строго определенную цветовую гамму. «Цветовой анализ велся путем построения цветовых спектров разбираемых произведений. Цветовой спектр имеет целью сравнение живописных произведений по цвету, участвующему в них вне конструкции»[20].

Исследования колористической проблематики, в которых Сезанну уделялось существенное внимание, привели Малевича и его сотрудников к разграничению собственно живописного и цветового восприятия («живописной линии и линии цветовой, цветографической»), «так как нельзя все произведения, написанные красками, смешивать с живописью. Не все то живопись, что написано красками»[21].

«В цветописи основа — локальный цвет, территория которого всячески охраняется от вхождения соседних. В живописи же этой основы нет, так как каждая цветовая единица сама в себе уже есть как бы смесь всех существующих в холсте цветов с преобладанием лишь оттенков, присущих цвету данного предмета. Поэтому в живописи цвета как бы втягиваются один в другой; в цветописи же, наоборот, цвета как бы изолированы друг от друга, независимо от величины занимаемой ими территории.

В живописи цветовая гармония строится как бы на вхождении во все цвета одного протекающего. В цветописи же гармония строится на *отношении* (выделено К. Рождественским. — *И. К.*) самостоятельных локальных цветовых единиц, ничем не объединенных извне»[22].

Эти выводы были закреплены в «берлинской» таблице № 8. «Живопись» в ней представлена фрагментом текстуры холста Сезанна и его «Автопортретом» (ок. 1885), «Автопортретом» Рембрандта и композицией Жоржа Брака. «Цветопись» — деталью картины А. Матисса «Семья» (1911), его же «Красной комнатой» (1908), портретом Г. Гольбейна и иконой[23]. Вопрос о специфике «живописи» и «цветописи» не раз возникал в беседах Малевича при обходе ученических работ и чаще всего пояснялся им на примере сопоставления творчества Сезанна и Матисса[24].

В системе «живописи как таковой» именно Сезанн воспринимался ключевой фигурой. В Формально-теоретическом отделе строили «орбитный график движения живописи», устанавливая живописный перигелий и афелий (в астрономии так называются ближайшая к Солнцу и самая удаленная от него точка орбиты планеты). Предполагалось, что «живопись имеет свои определенные точки движения, свои пределы, между которыми и совершается движение. Примерно, можно установить одну точку Рембрандта, другую — Сезанна». Именно здесь рассчитывали «найти ближайшую предельную точку, т<ак> к<ак> дальнейшая линия, названная кубизмом, не обнаруживает в себе второй стадии живописного элемента (красочных тканевидных структур), чем возможно объяснить отход живописного ядра к точкам живописным»[25].

В 1924 году Малевич направил Льву Юдину из Немчиновки задание на лето: «Я предлагаю Вам усиленно поработать в Эрмитаже над изучением живописной структуры Рубенса, Рембрандта, Тициана, Ватто, Пуссена и других живописцев, Шардена, если он живописец; хорошо поисследуйте мазок, фактуру, попробуйте зарисовать кусочек холста, фактуру квадр<атный> вершок величиною <...>. Изучите живописцев, отделите их от цветописцев, живописцев возьмите за мерку измерения Рубенса в афелии и в перигелии Сезанна»[26].

К. Рождественский — еще один гинхуковский ученик Малевича — так определил эту сезанновскую «мерку»: «Собственно "живопись как таковая", вне формового ее образа, в понимании Сезанна является *однородной*, но *многообразной цветовой тканью* (здесь и далее выделено К. Рождественским. — *И. К.*), где впаивается в общую цветовую массу, сплавляется с ней в одно целое, и тем самым уничтожается как самостоятельная локальная цветовая единица, подобно цветной нитке в гобелене. Все цветовое поле картины Сезанна представляет переплетение разнообразных цветовых прослоек и рефлексов, подчиненных протекающему и образующих в своей совокупности *живописную ткань*. Живопись как цветовой сплав, дающий новое живописное тело, новое качество, а не механическую сумму всех соединяющих цветовых единиц. Мы знаем и чувствуем состав живописного сплава, но не видим каждый цветовой элемент в отдельности и даже никогда не знаем, как и из чего создано данное живописное тело»[27].

Работа К. Рождественского, наиболее последовательно занимавшегося Сезанном и сезаннизмом в ГИНХУКе, заслуживает специального внимания. Его рукопись «Цвет в живописной системе Сезанна» является частью не дошедшего до нас обширного теоретического сочинения, написанного летом 1925 года и называвшегося «Живописный метод Сезанна»[28]. Представление о проблематике и методологии всего труда дает «План работы по исследованию системы Сезанна». В рукописи последовательно раскрывается специфика цветового мышления Сезанна. Свои рассуждения автор начинает с вопроса о свете и цвете, разбирая его на основе сопоставлений со старой живописью и особенно с импрессионизмом и иллюстрируя кратко обозначенную Малевичем в одной из лекций суть проблемы: «Сезанн, отделивший цвет от света»[29].

«...Свет как объект изображения, что было у импрессионистов, и как *освещение*, формирующее форму и пространство в картине, что было во всей предшествующей живописи включительно до Курбе, у Сезанна не существует <...>. Сезанн видел: импрессионисты достигли совершенства в изображении реальности света и в результате измяли формы реального объема и притушили в картине цвет... Главное у Сезанна — живописная разработка цвета в тени ничуть не беднее, чем в свету. Существует как бы однородная цветовая структура всей картины независимо от света и тени. Для Сезанна — это *цвет* другого качества. Поэтому собственно для Сезанна нет ни света, ни тени, а всюду равноценное и необычайное цветовое бытие. В тени такая же богатая живописная разработка цвета, как и в освещенной части предмета. ...Сезанн *вывел свет за пределы живописи*. Во многих работах Сезанна мы не сможем обнаружить даже место источника света... В живописи Сезанна свет рассеялся, форма стала помимо его со всем своим живописным содержанием, которое безусловно кроется для Сезанна не в разнообразии светлого и темного, а... в богатстве цветовых различий»[30].

Основополагающей характеристикой сезанновской цветовой системы, согласно гинхуковским выводам, является так называемое «протекание». «Протекание» в интерпретации К. Рождественского — это существование в картине одного, объединяющего и всюду проходящего — протекающего — цвета, который «включает в себя все цвета и приводит их в порядок монолитности»[31]. Таким основным, наиболее разработанным «протекающим» цветом, по аналогии с природой (цвет воздуха), был у Сезанна синий, голубой. В отличие от импрессионистов, писал К. Рождественский, Сезанн воспринимал синеву воздуха «не как предмет изображения, а как основное организующее начало единства цветовой структуры природы, а потому протекающий синий находится в картинах Сезанна не перед предметами, а за всеми планами, точнее: в каждом плане. Если у импрессионистов связующим моментом был сам воздух как атмосфера, в которой находится и растворяется цветовая и материальная реальность природы, то у Сезанна связующим элементом стал сам синеватый *оттенок* воздуха, который вошел в живописную реальность каждого предмета. Сезанн как бы утрамбовывает воздух в глубину картины, до дна ее и поэтому синий оттенок влился, как физическая смесь, в цвет каждого предмета, вошел в живописную его реальность»[32].

Дальнейшие рассуждения автора охватывают следующие темы: «живописная гармония и открытый цвет», «живопись и цветопись», «живописная вещественность и фактура». Важнейшей характеристикой «живописи как таковой», составляющей, по мнению Малевича и сотрудников ГИНХУКа, ее фундаментальное отличие от цветописи, является специфическое состояние и особая выраженность самой красочной фактуры[33]. Эталоном здесь также выступал Сезанн. «У Сезанна... фактура существует, прежде всего, как кожа всей картины, как однородная ее поверхность, что придает картине самостоятельное, в ней самой же заключенное единство, которое качественно отделяет картину от изображенных в ней предметов. И дерево, и камни, и трава, и человеческое тело, и волосы, и стекло, и все изображенное приобретает у Сезанна в картине однородную живописную *разрыхленно-пористую* фактуру красок (чуть ранее автор поясняет, что "разрыхленность — признак многосложной структуры каждого цвета". — *И. К.*)... В картине все предметы, растворяясь и

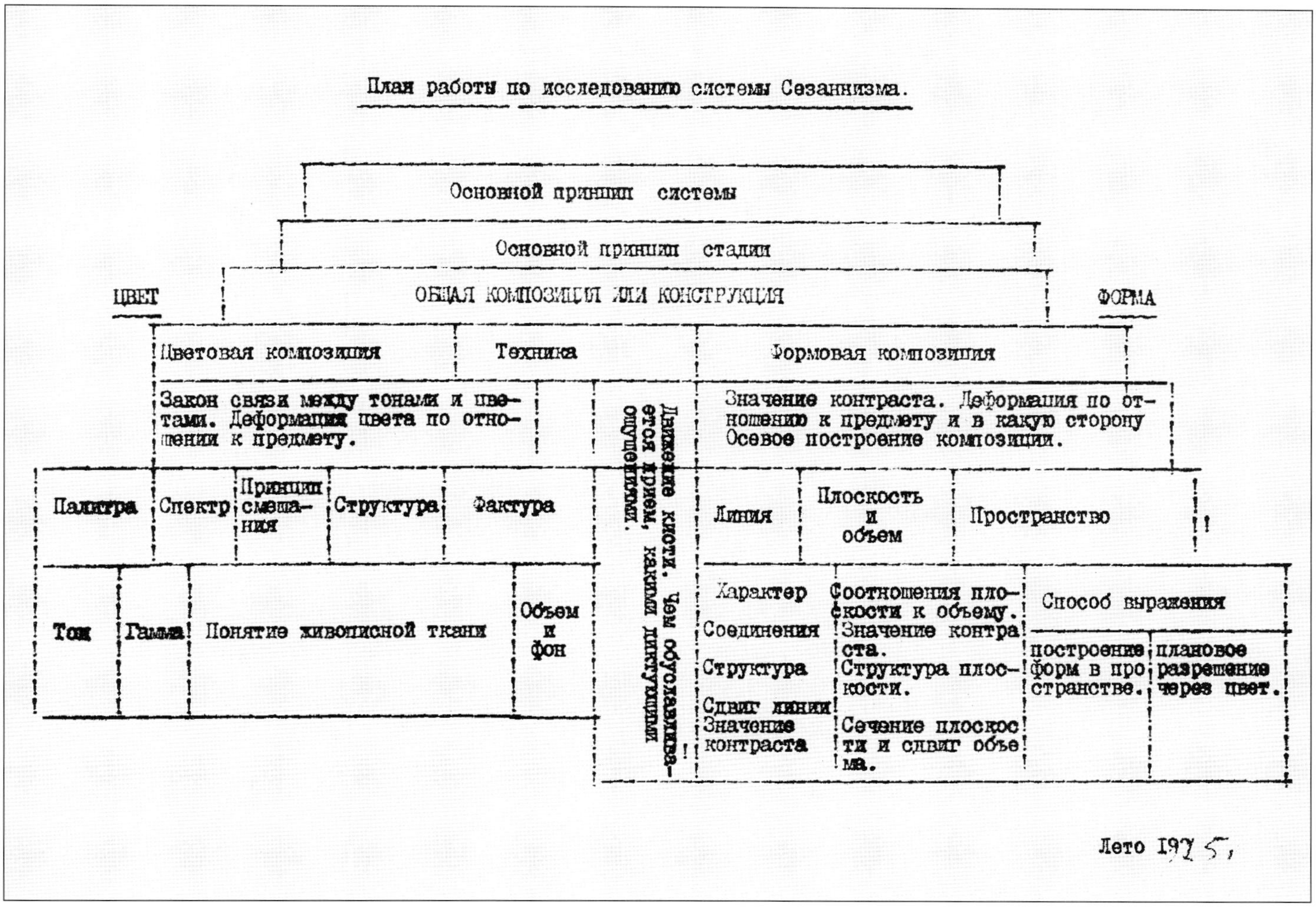

План работы по исследованию системы Сезаннизма.

Основной принцип системы

Основной принцип стадии

ЦВЕТ — ОБЩАЯ КОМПОЗИЦИЯ ИЛИ КОНСТРУКЦИЯ — ФОРМА

Цветовая композиция | Техника | Формовая композиция

Закон связи между тонами и цветами. Деформация цвета по отношению к предмету.

Движение кисти. Чем обусловливается прием, какими диктуется ощущениями.

Значение контраста. Деформация по отношению к предмету и в какую сторону Осевое построение композиции.

Палитра | Спектр | Принцип смешания | Структура | Фактура

Тон | Гамма | Понятие живописной ткани | Объем и фон

Линия | Плоскость и объем | Пространство

Характер
Соединения
Структура
Сдвиг линии
Значение контраста

Соотношения плоскости к объему.
Значение контраста.
Структура плоскости.
Сечение плоскости и сдвиг объема.

Способ выражения
построение форм в пространстве. | плановое разрешение через цвет.

Лето 197 5,

Таблица «План работы по исследованию системы сезаннизма»
(из рукописи К. Рождественского)

теряя материальное различие своих поверхностей, переходят как бы в новое материальное качество — однородно-живописное»[34].

К. Рождественский исследовал связь сезанновской фактуры не только с краской и цветом, но и с новым пониманием объема и пространства, то есть качеств, которые станут отправной точкой для последующего художественного развития. Благодаря тому, что красочный слой в картинах Сезанна имеет «живописно-пористую поверхность»,»пропускающую», всасывающую наши зрительные лучи, становится возможным, — утверждал Рождественский, — проникнуть сквозь «поверхность живописного тела в его глубину», погрузиться» в его массу» и таким образом почувствовать «протяженность этой живописной поверхности внутрь тела». «Живописная поверхность у Сезанна *проницаема*. Живописный объем Сезанна заполнен внутри той же живописной тканью, что мы видим на поверхности его, а отсюда объем у Сезанна не дутый, а живописный — наполненный живописной материей». Эта «проницаемость живописной фактуры, рождая полновесный живописный объем, одновременно выражает и сезанновское понимание пространства не как пустоты а как *протяженности* живописного тела картины». Таким образом, «фактура отражает весь комплекс живописного понимания художником природы и окружающей его действительности»[35].

Работа Рождественского содержит весьма любопытные соображения о «живописной вещественности и материальности» у Сезанна. «Живописная масса сезанновской картины по своей материальной структуре — это однородная, глинообразная вязкая масса, причем рыхлый, мясистый, вязкий характер живописной вещественности соответствует у Сезанна плотности и материальности органической природы в целом: земли, глины, яблока и т. д. Живописную массу Сезанна можно разрезать, и внутри она той же глинообразной консистенции... У Сезанна живописное тело уплотняется иногда до каменности, но всегда по характеру и *качеству* оно *эквивалентно* органической природе. Это имеет огромное значение, так как отражает глубокое понимание Сезанном природы как единой материи, что совершенно было утрачено импрессионистами...». Он «подошел к природе вплотную; он не удовлетворился выводами импрессионистов — мир как изменчивая видимость, а ушел вглубь, прорубил мимолетный ослепляющий и укрывающий блеск света и обнаружил в природе ее материальную основу; Сезанн возвратил природе и живописи ее вещественность, ее материальность, ее весомость. В этом лежит историческое значение Сезанна для дальнейшего развития живописной культуры...

Живописная ткань в картине, живописная масса картины Сезанна — *это живописный эквивалент* природной материи, это живописно опосредованная материальная энергия природы.

Этим Сезанн прежде всего утверждает глубоко принципиальную разницу между картиной и природой. Картина — не зеркало, не простое изображение, а результат сложного процесса живописного опосредования природы. История живописи — это не только история миропонимания, но и история различных профессиональных художественных методов и принципов живописного опосредования природы»[36].

Специальной и, может быть, самой разработанной была в ГИНХУКе тема происхождения кубизма из сезаннизма — пути преемственности, механизмы и стимулы перехода, конкретные сходства и различия[37]. «Нами непосредственно охватывается вся система кубизма, причем сейчас под точный контроль берется I стадия, геометризация, выясняется значение и разница геометризации Сезанна и Пикассо. Кубистический и живописный (сезанновский) геометризм по существу различны, по мере проявления кубистической формовой геометризации, живописная ткань разрушается, многотональные сплетения исчезают, уступая место строго ограниченной цветовой гамме»[38].

Основополагающую, системную характеристику кубизма — главное условие самого существования кубистической конструкции здесь видели в наличии контраста (контраст линий, целых групп форм, осей и т. п.). Поэтому в размышлениях о Сезанне как предшественнике кубизма, проблеме контраста уделялось значительное внимание. В дневнике А. Лепорской есть следующая запись, фиксирующая, по-видимому, суждения Малевича: «Контраст. Весовые контрасты. Сезанн контрастов весовых элемент<ов> не чувствовал. По существу, с критикой к Сезанну могли обратиться только кубисты, у кот<орых> вещь строится на утонченных контрастах, <а> для Сезанна контраст — не тонкое кубист<ическое> отношение, а контраст чисто формовых сопоставлений и то очень грубых — человек, трубка или трубки на столе и люди (игроки). По весу они одинаковы, разны лишь по форме. Сезанн не взял бы яблоки и груши одинак<ового> масштаба, если эту грушу — то на маленькой тарелочке, поменьше — обострен<ные> формовые контрасты»[39].

В своих наблюдениях и выводах Формально-теоретический отдел исходил не только из закономерностей замкнутого живописно-пластического ряда. Здесь стремились к изучению среды и обстоятельств, обусловивших возникновение и ход развития той или иной системы, оказавших влияние на сознание и психофизиологический статус художников. При этом «среда и обстоятельства» понимались не в историко-культурном, а скорее в визуальном, предметно-материальном смысле и трактовались весьма прямолинейно, буквально, чем-то напоминая вульгарно-социологические схемы. «Среда и обстоятельства» — это «влияние климата и географических, этнографических условий на живописные изменения, строение местности, ее колорит»[40], воздействие «природы в динамическом состоянии цветоформовых явлений»[41]. «Так, например, — говорилось в одном из документов, — исследование местности, где работал Поль Сезанн, дало бы возможность изучить взаимодействия, повлиявшие на ход его живописных работ... [выяснить] почему кубизм и футуризм появились в городе, а не в провинции»[42].

Подобный подход Малевич подробно представил в своей изданной в Германии в 1927 году книге «Беспредметный мир». По его мнению, художник зависим «от определенных жизненных условий, от конкретного окружения, без которого он не может успешно заниматься творчеством». Поэтому «художник сезанновской культуры <...> все время стремится вон из большого города, ему не чужд крестьянин и “земля”. Особую любовь он, однако, питает к пригороду и небольшим провинциальным городам. <...> Надо согласиться, — пишет Малевич, — что художник может достигнуть гораздо большей работоспособности, если дать ему возможность работать постоянно в соответствующем окружении. Так например, группа сезаннистов должна иметь свою академию вне большого города, потому что в провинции художник этой группы был бы меньше всего подвержен воздействию чуждых его природе элементов и не тратил бы попусту своих сил. С меньшей затратой сил он мог бы создавать более сильные вещи...»[43].

Отвлеченные лабораторные изыскания получали в ГИНХУКе непосредственный практический выход. Собственно исследовательская работа была тем фундаментом, над которым надстраивались другие задачи. Теоретические программы реализовывались в новой педагогической концепции. Исследовательская и обучающая деятельность понимались как две стороны одного процесса. «Вся начатая работа результатом своим должна иметь новый научный подход к явлениям искусства живописи, откуда намечается возможность нового объективного подхода к преподаванию в искусстве... Разработка методов преподавания в связи с бактериологическим анализом в живописи. Подвергая лабораторному анализу по общему методу (линейному, цветовому, фактурному) работу студентов, изучающих живопись, отделение устанавливает полную картину состояния студента, после чего возможно правильное руководство его дальнейшим развитием»[44].

Провозглашалось создание метода преподавания, базировавшегося «на знании живописных явлений в целом, вне зависимости от рамок индивидуального толкования отграниченных мастеров-преподавателей»[45]. Используя «теорию прибавочного элемента», Малевич и его помощники определяли индивидуальные склонности учащегося, особенности его «живописного поведения», развивали их, очищая от воздействия элементов других систем. Малевич применял своеобразную педагогическую «технику», основанную на использовании медицинской терминологии и внешне имитировавшую врачебную практику. Все это должно было лишний раз подчеркнуть сугубо научный характер деятельности института, о чем, как уже говорилось, Малевич неустанно заботился.

Ученика брали под непрерывное наблюдение, при необходимости «изолировали» от других студентов. Ему давались так называемые «рецептурные натюрморты», в ходе выполнения которых проводились «опросные беседы». В результате ставился «диагноз» и назначалось «лечение», в первую очередь направленное на устранение состояний эклектизма[46].

Педагогика для Малевича была одновременно и апробацией теории. Она позволяла не умозрительно, а в реальности, в конкретной творческой практике проследить, «как прибавочный элемент, попадая в живописный организм художника, видоизменяет форму его произведения»[47].

В немецком издании книги «Беспредметный мир» Малевич в характерных выражениях описывает проведенный им опыт по воздействию прибавочных элементов на «живописное поведение» индивида: «Одному художнику, который сильно склонялся к Сезанну, я прописал значительную дозу кубистических соединений кривых и прямых из различных моментов развития всех четырех стадий кубизма... затем я усиливал дозу кубистического прибавочного элемента до тех пор, пока не стал заметным застой в работе и не наступил наконец, так сказать, паралич... В одном случае... я наблюдал, как “волокнистость” Сезанна становилась все более заметной, пока она полностью не вытеснила “серповидность” кубизма... Сезаннист остался в живописном русле и не перешел к кубизму. В таком случае, пожалуй, наиболее целесообразно оградить художника от влияния чуждых его природе течений (живописных культур) и беспрепятственным дальнейшим развитием свойственной ему живописной культуры вызвать в какой-то мере пресыщение, благодаря чему позднее может создаться почва для восприятия новых художественных импульсов, которые исходят от первой стадии кубизма.

Я видел, что несмотря на все усилия художника, его возврат к сезанновской культуре неизбежен, так как супрематизм был им воспринят только логически — как теория, и все его существо было настроено живописно. Таким образом я установил степень возможного действия трех (постоянно присоединяющихся) прибавочных элементов... В другом опыте я проводил культивирование и развитие того или иного дополнительного элемента вплоть до его самой крайней нормы. Отсюда я смог установить, что при достижении нормы, например, сезанновской культуры, совершенно неожиданно начинали развиваться кубистические кривые в их типических сочетаниях...»[48].

Сохранились записи опросных бесед практикантов В. Стерлигова и В. Курдова. Они передают атмосферу общения Малевича с учениками, а также ряд его конкретных — иногда глубоких, иногда занятных — высказываний. Остановимся на тех, которые имеют отношение к живописи Сезанна.

«Сезанн — не декоративный, так как луч зрения имеет много опорных точек на разном расстоянии (цветность и декоративность “имеют плоскостное измерение, чтоб луч света падал в одной плоскости”. — *И. К.*)... Чувство объема получится тогда, когда в эту грушу коричневую Вы вводите зелень изумрудную, киноварь, охру, рыжие; наслаивать надо тона до тех пор, пока не получится емкость. Когда смотришь на грушу, то луч света проходит насквозь, чувствует мясистость, компактность объема, чего нет, например, в яблоке... В груше — всю насквозь, они более всего живописны, поэтому чаще и у Сезанна, поэтому если Вы это усвоите, то и техника Ваша обогатится — не 4 мазка, а 24 — чем больше раздробление точек в пространстве, тем больше объем, а чем меньше — тем более декоративный вид будет»[49].

Результатам аналитической работы — образцам, копиям, схемам, таблицам, графикам — в ГИНХУКе придавалось самостоятельное значение. Именовавшиеся «дополнениями», они, по мысли Малевича и в соответствии с представлением о живописи как науке (то есть как о науке, существующей в живописных формах), уравнивались с традиционными музейными вещами и обретали статус полноценных экспонатов. Можно рассматривать подобный тип творческой практики как предтечу современного концептуализма и как первую версию распространенных сегодня моделей «искусства про искусство». Сезанну и сезаннизму в этом ряду было отведено самое значительное место.

1. ЦГАЛИ СПб., ф. 244, оп. 1, д. 6, л. 17 (Запрос МХК в Академический центр о предоставлении для коллекции произведений французских художников. 16 апреля 1923 г.).
2. Там же, д. 23, л. 9 (Заявление МХК в Художественный отдел Главнауки. 14 мая 1923 г.).
3. В экспозиции, осуществленной в январе 1925 г., с сезаннизмом были соотнесены художники Кончаловский, Куприн, Машков, Фальк, Осмеркин, Рождественский, Шевченко и «несколько от-

дельно, частично развивающие и частично отрицающие задачи — Гончарова, Татлин, Розанова, Лентулов, цветовые задачи Школьника, геометризованная плоскостная живопись Иванова, фактурные композиции Штеренберга, фактурный натурализм Альтмана» (ЦГАЛИ СПб., ф. 244, оп. 1, д. 54, л. 5). Составленный для Русского музея сотрудником МХК-ГИНХУКа П. Мансуровым план размещения произведений современных художников также включал позиции, связанные с Сезанном: «Импрессионисты и движение к системе Сезанна (Д. Бурлюк, Н. Гончарова, М. Ларионов, И. Машков, А. Иванов): «Русская ветвь школы Сезанна» (А. Карев, П. Кончаловский, А. Куприн, А. Осмеркин, В. Рождественский, Р. Фальк, А. Шевченко) (ВА ГРМ. Ф. ГРМ (I), оп. 6, д. 463, л. 52).

4. Там же, д. 493, л. 6.
5. См. Отчет ГРМ за 1926/27 г., Л., 1929, с. 39.
6. Идея «живописи как науки» возникла еще в Витебске. Один из самых верных последователей К. Малевича Илья Чашник так изложил ее, отвечая на анкету УНОВИСа (15 марта 1921 г.): «Живописное искусство уничтожено... ушедшее в систему науки живописной культуры... Вся живописная культура, вошедшая в науку, должна иметь системы изучения ее» (К истории педагогической деятельности К.С. Малевича / Публикация Г. Демосфеновой // Страницы истории отечественного дизайна. Труды ВНИИТЭ: Техническая эстетика. М., 1989, вып. 59, с. 162—163).
7. Частный архив, СПб. Цит. по: Ракитин В. Николай Михайлович Суетин. М., 1998, с. 75.
8. Малевич К. Записная книжка. Частный архив, СПб. Цит. по: Жадова Л. Государственный институт художественной культуры (ГИНХУК) в Ленинграде // Проблемы истории советской архитектуры. Сборник научных трудов. М., 1978, вып. 4. с. 26.
9. Из письма В. Ермолаевой М. Ларионову от 17 июля 1926 г. Публикация Е. Ковтуна. Цит. по: Авангард, остановленный на бегу. Л., 1989, с. 11.
10. К близким выводам пришла и А. Шатских. См.: Шатских А. Малевич и наука // Художественный журнал. № 14. М., 1996.
11. О признании значимости выводов К. Малевича и использовании их современным искусствоведением см.: Бабин А. Пикассо и Брак глазами Малевича // Вопросы искусствознания, вып. XI. М., 1997.
12. Свой взгляд на Сезанна Малевич изложил в книге «О новых системах в искусстве», изданной в Витебске в 1919 г. В 1920 г. в Петрограде вышла брошюра «От Сезанна до супрематизма», представляющая собой фрагменты работы Малевича «О новых системах в искусстве», собранные в целостный текст.
13. См.: К истории педагогической деятельности К.С. Малевича, с. 154. Такой же пункт содержала и более ранняя (1919) программа Малевича для Вторых государственных свободных художественных мастерских (там же, с.149).
14. ОР ГРМ, ф. 205, д. 1, л. 4-4 об. Фальк в это время приехал в Витебск и в течение нескольких месяцев вел мастерскую в Художественно-практическом институте. Некоторые ученики Малевича затем отправились с ним в Москву. Юдин такого шага не сделал, но соприкосновение с искусством Фалька произвело на него глубокое впечатление. Малевич позднее так описал ситуацию в Витебске: «В данном случае работающих по одной из систем живописной культуры, а именно по системе Сезанна, было человек двадцать, к которым я применил чистый метод, т. е. развитие одного прибавочного элемента сезаннизма. Эта первая группировка указала, что при изоляции их от остальных культур продукция их поднялась, они стали развивать живопись успешно; это указало на то, что тормозящий элемент был вытеснен. Я помню, что человек двадцать было подготовлено в духе Сезанна, но так как я работал над супрематизмом, обучая кубизму, то ко мне вся эта молодежь относилась скептически и чувствовала, что живопись Сезанна не является для меня первенствующей; что Фальк, например, который работал в то время в сезанновской системе, является истинным учителем, работающим по правилам искусства живописного (о чем я не раз говорил им, указывая как на образец), следовательно, им нужно прислушиваться к Фальку. Таким образом в Витебске они подготовились к сезанновской живописи и отправились работать у Фалька» (Протокол межотдельского собрания ГИНХУКа по критике и обсуждению работ всех отделов: 16 июня 1926 г. / Публикация Е. Ковтуна // Декоративное искусство СССР. 1988. №11,
с. 37. Далее: Протокол собрания ГИНХУКа).
15. ЦГАЛИ СПб., ф. 244, оп.1, д. 56, л. 11 об.—12 об. В докладе, состоявшемся 19 марта 1925 г. на заседании пленума Физико-психологического отделения РАХН, Малевич дал более развернутое описание «прибавочного элемента» сезаннизма: «Творчество Сезанна характеризуется рыхлой живописной консистенцией культуры с характерной волокнистой линией, которая имеет свой собственный спектр окрашивания и является формулой всей сезанновской культуры» (ЦГА СПб., ф. 2555, оп. 1, д. 805, л. 216).
16. Семнадцать таблиц находятся в собрании Городского музея в Амстердаме, пять — в Музее современного искусства в Нью-Йорке. Воспроизведения см.: Казимир Малевич: 1878—1935. Каталог выставки: Ленинград—Москва—Амстердам. [б/м], 1988 (далее: Малевич 1988). См. также: Бурсма Линда С. Об искусстве, художественном анализе и преподавании искусства: теоретические таблицы Казимира Малевича (там же, с. 206—223).
17. Собр. С. Ласкина, СПб.
18. Это находит подтверждение в ряде документов из архива ГИНХУКа. В одном из них тема научной работы звучит так: «Разработка методов преподавания в связи с бактериологическим анализом в живописи» (ЦГА СПб., ф. 2555, оп. 1, д. 647, л .282). В другом К. Малевич писал, что ГИНХУК «скорее походит на бактериологический Институт Живописи или Искусства и может быть интересен лишь с этой точки зрения, как в медицине интересна бактериологическая станция. Вся его деятельность лежит в попытке анализировать, исследовать и сделать все возможное в области раскрытия причин того или иного видоизменения» (там же. Л. 200).
19. ЦГАЛИ СПб, ф. 244, оп. 1, д. 69, л. 21 (План работы Отдела живописной культуры на 1926—1927 гг.).
20. ЦГА СПб, ф. 2555, оп. 1, д. 647, л. 112.
21. Там же, л. 304 об.
22. Рождественский К. Цвет в живописной системе Сезанна (Рукопись, 1925), с. 20—21. Частный архив, Москва. За предоставление этой рукописи в мое распоряжение приношу благодарность И. Вакар и Т. Михиенко.
23. Малевич 1988, с. 213. В таблице № 14 (Малевич 1988, с. 217), озаглавленной «Процесс творческой переработки цветовых стимулов художником», в качестве примера «живописи как таковой» фигурируют «Купальщицы» Сезанна и «Христос в терновом венце» Тициана.
24. См., например, воспоминания практиканта ГИНХУКа В. Курдова «Памятные дни и годы». СПб., 1994, с. 75.
25. ЦГАЛИ СПб, ф. 244, оп. 1, д. 38, л. 16 об.
26. ОР ГРМ, ф. 205. д. 40, л. 1.
27. Рождественский К. Указ. соч., с. 19—29.
28. Над этой темой К. Рождественский, по его собственному свидетельству, продолжал работать до 1935 года, хотя и с большими перерывами. В 1927—1929 году он неоднократно выступал с докладами во ВХУТЕИНе, Русском музее, Государственном институте истории искусств и др. К. Малевич так характеризовал занятия К. Рождественского на уже упоминавшемся межотдельском собрании ГИНХУКа в 1926 году: «Здесь перед нами сидит один из наших работников. Сюда он приехал из Сибири работать по живописи. Когда он сказал мне, что ему очень нравится Кончаловский, для меня стало все ясно; я применил к нему чистый метод и довел его до 100% сезанновской культуры и получил в его лице хорошего формалиста и исследователя сезанновской культуры. Он же в своем анализе применил этот метод и дал хороший вывод. Он не даст вам доклада по кубизму, но по Сезанну он даст больше понимания, чем все изучающие сезаннизм по другим методам, до сих пор применяющимся в исследованиях и подходах

педагогов» (Протокол собрания ГИНХУКа, с. 38). Значительное внимание Сезанну отводилось в исследованиях В. Ермолаевой, руководившей лабораторией цвета (см.: Отчет В. Ермолаевой о научной работе в 1924 году. ЦГА СПб., ф. 2555, оп.1, д. 805. л. 60).

29. ЦГАЛИ СПб., ф. 244, оп. 1, д. 21, л. 21.
30. Рождественский К. Указ. соч., с. 3, 6.
31. Там же, с. 10—11.
32. Там же, с. 11—12.
33. А. Лепорская записала любопытнейшее замечание Малевича: «Аналогия Сезанна и Матисса: I — 100 % шерсть, II — та же нитка, но в трико». Частный архив, СПб.
34. Рождественский К. Указ. соч, с. 25—26.
35. Там же, с. 26—27.
36. Там же, с. 27—30.
37. Предпосылкой рассмотрения этой проблематики стали положения, высказанные К. Малевичем в брошюре «От Сезанна к супрематизму».
38. ЦГАЛИ СПб., ф. 244, оп. 1, д. 48, л. 14.
39. Частный архив, СПб.
40. ЦГА СПб., ф. 2555, оп. 1, д. 647. л. 304.
41. ЦГАЛИ СПб., ф. 244, оп. 1. д. 48, л. 13.
42. ЦГА СПб., ф. 2555, оп. 1, д. 647. л. 304. Подобный подход иллюстрируют «берлинские таблицы» № 15, 16 («Сопоставление живописного восприятия художника и среды, его окружающей»). В колонке «Сезаннизм» даны репродукции произведений Сезанна и фотографии местности, где он жил и работал (Малевич 1988, с. 217).
43. Книга «Беспредметный мир» была издана в Германии в 1927 г. Цит. по машинописному переводу, сделанному для художника П. Кондратьева. Архив Л. Мочалова, СПб.
44. ЦГА СПб., ф. 2555. оп. 1, д. 647, л. 282.
45. Там же. л. 185.
46. Описанию педагогических «процедур» были посвящены таблицы № 17—21 (Малевич 1988, с. 220—221).
47. ЦГА СПб., ф. 2555. оп. 1, д. 647, л. 261.
48. Цит. по машинописному переводу (см. примечание 43).
49. Цит. по машинописной копии, принадлежавшей практиканту ГИНХУКа Н. Кострову. Частный архив, СПб.

Каталог произведений русских художников

Каталожные сведения о произведениях русских художников расположены по алфавиту фамилий авторов. Предшествующий каталогу сравнительно-аналитический ряд данного раздела построен куратором выставки А.Г. Костеневичем.
Наряду с полотнами русских живописцев в раздел включены произведения Сезанна, с которыми они корреспондируют. В первую очередь речь идет о картинах из московских собраний С.И. Щукина и И.А. Морозова, национализированных в 1918 году и вскоре объединенных в Государственный музей нового западного искусства (ГМНЗИ, 1923—1948).
В настоящее время эти картины хранятся либо в Государственном Эрмитаже, либо в Государственном музее изобразительных искусств им. А.С. Пушкина. Включен также ряд работ Сезанна из зарубежных собраний, которые могли так или иначе попасть в поле зрения русских художников в начале XX века. При этом особое внимание уделялось тем картинам Мастера из Экса, которые в ранний период своей истории находились в парижских галереях, обычно посещавшихся деятелями русского авангарда во время их заграничных путешествий, и прежде всего — в Галерее Амбруаза Воллара, через чьи руки прошла большая часть произведений Сезанна.
Некоторые из них приведены гипотетически: на основании не только их стилистической, но и иконографической близости работам русских художников. Учитывались также те выставки, экспонаты которых могли оказаться доступными русским художникам — или непосредственно, или благодаря воспроизведениям в печати и фотографиям. Отдельные полотна французского живописца, несомненно, были известны им по ранним публикациям, посвященным новейшему искусству: в начале века за ними следили особенно пристально.
Названиям произведений Сезанна, воспроизведенных в разделе «Поль Сезанн», предшествует соответствующая ссылка (кат. №), в остальных случаях ссылка дана на каталог Ревалда (см. список литературы к разделу «Поль Сезанн»).

R. 845

Поль Сезанн
Натюрморт. 1892—1894
Фонд Барнса, Мерион

«Натюрморт», в начале XX века принадлежавший сыну художника Полю, показывался на ретроспективе Сезанна в Осеннем салоне 1907 (№ 29).

1. И.И. Машков
Яблоки и груши на белом. 1908. ГТГ

R. 417

Поль Сезанн
Яблоки и салфетка. 1879—1880
Художественный музей Ясуда Касай, Токио

Натюрморт, принадлежавший Галерее Бернхейм-Жен, показывался на московской выставке «Золотое руно» в 1908 (№ 16). Репродукция картины появилась в журнале «Золотое руно» в 1908 (с. 52).

2. М.Ф. Ларионов
Груши. 1908. ГРМ

3. С.А. Нагубников
Натюрморт с апельсинами. ГРМ

Кат. 11

Поль Сезанн
Фрукты. 1879—1880
ГЭ. Бывшее собр.
С.И. Щукина

4. И.И. Машков
Натюрморт с виноградом. Ок. 1910. ГРМ

R. 342

Поль Сезанн
Кисть винограда и персик
на тарелке. 1877—1879
Фонд Барнса, Мерион

5. Н.С. Гончарова
Натюрморт с фруктами и раскрытой книгой. 1908—1909. ГРМ

R. 680

Поль Сезанн
Горшок с примулами и фрукты на столе. Ок. 1890
Музей Метрополитен, Нью-Йорк

Натюрморт находился в собрании Клода Моне, Живерни. Воспроизведен в издании Cézanne Mappe, Munchen, 1912, pl. 10.

6. А.В. Шевченко
Натюрморт с желтым кувшином и белой пиалой. 1919. ГРМ

R. 742

Поль Сезанн
Кувшин и фрукты на столе. 1893—1894
Компания Такахаси Билдинг, Осака

В начале XX века картина находилась сначала в Галерее Воллара, затем Поля Розенберга. В 1911 показывалась на выставке современного искусства в Городском музее Амстердама.

7. Н.С. Гончарова
Букет, флакон и краски. 1909. ГТГ

R. 672

Поль Сезанн
Натюрморт. Цветы. 1885—1888
Частное собр., Нью-Йорк

В начале XX века картина находилась в Галерее Воллара.

8. В.Е. Татлин
Натюрморт. Цветы. 1912. ГРМ

9. А.Е. Карев
Натюрморт. Цветы в зеленой вазе. 1916. ГРМ

Кат. 7

Поль Сезанн
Букет цветов в вазе. Ок. 1877
ГЭ. Бывшее собр. С.И. Щукина

R. 475

Поль Сезанн
Цветы в кувшине. Ок. 1880
Художественный музей,
Филадельфия

Натюрморт экспонировался в Галерее Бернхейм-Жен на выставке Сезанна в 1910. Воспроизведен в статье: Duret T. Paul Cézanne // Kunst und Künstler, 1907, S. 101).

10. П.П. Кончаловский
Хлебы на зеленом. 1913. ГТГ

11. А.А. Осмеркин
Натюрморт с белой пиалой. 1921. ГРМ

Кат. 36

Поль Сезанн
Натюрморт с драпировкой.
Ок. 1894—1895
ГЭ. Бывшее собр. И.А. Морозова

12. А.В. Куприн
Натюрморт с синим подносом. 1914. ГТГ

Кат. 2

Поль Сезанн
Сцена в интерьере.
1869—1871
ГМИИ. Бывшее собр.
И.А. Морозова

13. А.В. Куприн
Большой натюрморт с искусственными цветами, красным подносом
и деревянной тарелкой. 1919. ГРМ

14. А.В. Куприн
Натюрморт с синим веером и скульптурой
Б.Д. Королева. 1919. ГРМ

R. 786

Поль Сезанн
Натюрморт с гипсовым амуром.
Ок. 1895

В начале XX века картина находилась в Галерее Воллара. В 1913 она дважды воспроизводилась в немецких изданиях: Dreyfus A. Paul Cézanne // Zeitschrift für bildende Kunst, 1913, Nr. 9, S. 206; Raphael M. Von Monet zu Picasso. Leipzig, 1913, pl. 16.

Кат. 5

Поль Сезанн
Дорога в Понтуазе.
Ок. 1875
ГМИИ. Бывшее собр.
И.А. Морозова

15. А.В. Куприн
Оливковые деревья. Ментона. 1914. ГТГ

R. 805

Поль Сезанн
Озеро Аннеси. 1896
Институт Курто, Лондон

В начале XX века пейзаж находился в Галерее Воллара. В 1911 экспонировался на выставке «Moderne Kunst Kring» в Амстердаме. Машков мог познакомиться если не с самой картиной в Париже, то с ее фотографией в Амстердаме, где в 1913 его живопись демонстрировалась на выставке того же объединения.

16. И.И. Машков
Женевское озеро. Глион. 1914. ГТГ

R. 612

Поль Сезанн
Холм бедных у Черного замка. 1888—1890
Музей Метрополитен, Нью-Йорк

В начале XX века картина находилась в Галереях Воллара и Бернхейм-Жен.

17. М.Ф. Ларионов
Лагерь. 1910—1911. ГРМ

R. 157

Поль Сезанн
Тающий снег в Эстаке. Ок. 1870
Частное собр., Швейцария

В начале XX века пейзаж находился в Галерее Воллара. Воспроизведен в статье: Royere J. Paul Cézanne. Erinnerungen // Kunst und Künstler, 1912, S. 412

18. П.П. Кончаловский
Пейзаж. Под Сиеной. 1912. ГТГ

19. А.А. Моргунов
Пейзаж. Дорога в лесу. 1910—1911. ГТГ

Кат. 22

Поль Сезанн
Акведук. 1886—1887
ГМИИ. Бывшее собр.
С.И. Щукина

R. 760

Поль Сезанн
Дом с трещиной. 1892—1894
Музей Метрополитен,
Нью-Йорк

В начале XX века картина находилась в Галереях Воллара и Бернхейм-Жен. В 1912 выставлялась Паулем Кассирером в Берлине.

20. В.В. Рождественский
Ночной пейзаж с тополями.1912. ГТГ

21. Р.Р. Фальк
Старая Руза. 1913. ГРМ

22. А.В. Лентулов
Москва. 1913. ГТГ

23. Ю.П. Анненков
Июнь. Лес. 1918. ГТГ

Кат. 38

Поль Сезанн
Большая сосна близ Экса.
Ок. 1895—1897
ГЭ. Бывшее собр.
И.А. Морозова

R. 697

Поль Сезанн
Деревья и дорога. Ок. 1890
Фонд Барнса, Мерион

В начале XX века картина находилась в Галерее Воллара.

24. А.А. Осмеркин
Пейзаж. 1920. ГРМ

25. К.С. Малевич
Река в лесу. Ок. 1928. ГРМ

R. 667

Поль Сезанн
Четыре купальщицы. 1888—1890
Новая Глиптотека Карлсберга,
Копенгаген

В начале XX века картина находилась в Галерее Воллара. Экспонировалась на «Двадцатой выставке» в Галерее Хуго Перлса в Берлине в 1927 (№ 5, воспроизведена в каталоге).

26. К.С. Малевич
Купальщицы. Ок. 1928. ГРМ

R. 447

Поль Сезанн
Леда с лебедем. Ок. 1880
Фонд Барнса, Мерион

В начале XX века картина находилась в Галерее Воллара.

27. А.В. Лентулов
Купание. 1911—1912. ГТГ

28. А.В. Куприн
Лежащая обнаженная
натурщица.1917. ГТГ

29. Н.П. Ульянов
У воды. 1924. ГТГ

30. В.Е. Татлин
Натурщица.1913. ГТГ

31. В.Н. Чекрыгин
Судьба. 1922. ГРМ

32. В.И. Шухаев, А.Е. Яковлев
Автопортреты. Арлекин
и Пьеро.1914. ГРМ

Кат. 25

Поль Сезанн
Пьеро и Арлекин
(Масленица). 1888—1890
ГМИИ. Бывшее собр.
С.И. Щукина

33. А.В. Шевченко
Пьеро и Арлекин
(Братья Сирано — жонглеры).
1920. ГРМ

34. Л.С. Попова
Композиция с фигурами
(Две фигуры). 1913. ГТГ

35. Н.С. Гончарова
Курильщик (стиль подносной живописи). 1911. ГТГ

Кат. 29

Поль Сезанн
Курильщик. Ок. 1890—1892
ГЭ. Бывшее собр. И.А. Морозова

36. М.Ф. Ларионов
Картежники. 1904—1906. ГТГ

Кат. 33

Поль Сезанн
Мужчина, курящий трубку.
1893—1896
ГМИИ. Бывшее собр.
С.И. Щукина

37. М.Ф. Ларионов
Солдат (Курящий).
1910—1911. ГТГ

38. Р.Р. Фальк
Старик. 1913. ГРМ

39. А.А. Моргунов
Мужской портрет (Чаепитие). Начало 1910-х. ГРМ

R. 94

Поль Сезанн
Портрет Антони Валабрега. 1866
Национальная галерея,
Вашингтон

В начале XX века картина находилась в Галерее Воллара.

40. П.П. Кончаловский
Автопортрет в сером. 1911. ГТГ

R. 72

Поль Сезанн
Автопортрет. 1862—1864
Частное собр., Париж

41. И.И. Машков
Портрет поэта. 1910. ГТГ

Кат. 18

Поль Сезанн
Автопортрет. Ок. 1885
ГМИИ. Бывшее собр.
И.А. Морозова

42. Р.Р. Фальк
Автопортрет. 1923. ГТГ

R. 703

Поль Сезанн
Портрет мадам Сезанн в оранжерее. 1891—1892
Музей Метрополитен, Нью-Йорк

С 1911 по 1933 картина находилась в Москве, сначала в собр. И.А. Морозова, а затем в ГМНЗИ, откуда была продана советским правительством.

43. А.А. Осмеркин
Портрет Е.Т. Барковой. 1921. ГРМ

Кат. 44

Поль Сезанн
Дама в голубом. Ок. 1900
ГЭ. Бывшее собр. С.И. Щукина

45. С.В. Герасимов
Горожанка (Мещанка). 1926. ГРМ

44. С.В. Герасимов
Крестьянин в картузе. 1925. ГРМ

Кат. 4

Поль Сезанн
Автопортрет. Ок. 1873
ГЭ. Бывшее собр. С.И. Щукина

46. Р.Р. Фальк
Женщина в белой повязке. 1923. ГТГ

R. 333

Поль Сезанн
Семь яблок. 1877—1878
Собр. То, Нью-Йорк

В начале XX века картина находилась в Галерее Воллара.

47. К.С. Петров-Водкин
Яблоки. 1917. ГРМ

R. 840

Поль Сезанн
Два яблока на столе.
1895—1900
Частное собр., Япония

В начале XX века натюрморт находился в Галерее Воллара.

48. К.С. Петров-Водкин
Яблоко и лимон. 1930. ГРМ

49. В.И. Малагис
Натюрморт «Траурный». 1924. ГРМ

50. Р.Р. Фальк
Красная мебель.1920. ГТГ

Каталог произведений русских художников

Анненков Юрий Павлович

1889, Петропавловск-Камчатский — 1974, Париж

График, живописец, художник театра и кино. Сын народовольца П.С. Анненкова. После возвращения семьи из ссылки (1894) жил в Петербурге. В 1908 поступил на юридический факультет Петербургского университета, одновременно начал заниматься живописью в мастерской С.М. Зейденберга. В 1909, провалившись на вступительных экзаменах в Академию художеств, поступил в Центральное училище технического рисования барона А.Л. Штиглица, одновременно посещал школу-студию Я.Ф. Ционглинского (1909—1911). Занимался в Париже у М.Дени и Ф.Валлоттона (1911—1912). Вернувшись в Россию в 1913, примкнул к авангардному движению, в частности, был близок «Союзу молодежи», однако в художественные группировки не входил; тогда же начал работать в театре. После 1917 обратился к жанру графического портрета. В 1924 уехал в Париж. Продолжал работать для театра, занимался книжной графикой и станковой живописью.

23. Июнь. Лес. 1918*

Холст, масло. 108 x 72
Государственная Третьяковская галерея, Москва
Инв. № 9173

Картина была приобретена Секцией художественных работ Коллегии по делам изобразительного искусства Наркомпроса и находилась в Центральном выставочном бюро Коллегии, а после экспонирования на первой русской художественной выставке в галерее Ван Димена в Берлине оказалась в собр. ГМФ.

Происхождение: пост. в 1927 из ГМФ. Ранее: Центральное выставочное бюро Коллегии по делам изобразительного искусства Наркомпроса
Выставки: 1922 Берлин, № 6
Литература: Берман Б.З. Заметки о Юрии Анненкове: О творческом пути художника // Искусство,1985, № 12; Жорж В. Юрий Анненков / Вст. статья к кн.: Ю. Анненков. Дневник моих встреч [Репринт. изд.]. М., [б/г], с. 7—11

Л. Б.

* Номер, предшествующий названию картины, соответствует номеру репродукции.

Герасимов Сергей Васильевич

1885, Можайск — 1964, Москва

Живописец, график. В 1901—1907 учился в Строгановском центральном художественно-промышленном училище у К.А. Коровина, С.В. Иванова, Д.А. Щербиновского; в 1907—1911 в Московском училище живописи, ваяния и зодчества у А.Е. Архипова, С.В. Иванова, К.А. Коровина, одновременно занимался литографией у С.С. Голоушева. С 1906 участник выставок. Член объединений «Московский салон» (1911—1920), «Мир искусства» (1921), «Маковец» (1922—1925), «Общество московских художников» (1926—1929), АХР (1930—1932). В 1920—1929 преподавал во ВХУТЕМАСе-ВХУТЕИНе, в 1930—1936 в Московском полиграфическом институте, в 1936—1937 в МИИИ, в 1936—1950 в МГХИ, в 1950—1964 в Московском высшем художественно-промышленном училище. В 1942—1946 — художественный руководитель, а в 1946—1948 — ректор МГХИ; в 1959—1960 — там же руководил факультетом монументальной живописи.

44. Крестьянин в картузе. 1925

Холст, масло. 81,3 x 61,6
Справа вверху: *С. Герасимов 925 г.* На подрамнике надпись: *Сергей Герасимов «Крестьянин»*
Государственный Русский музей, Санкт-Петербург
Инв. № Ж-4411

Происхождение: пост. в 1933 из Ленсовета
Выставки: 1932—1933 Ленинград—Москва; 1956 Москва—Ленинград—Киев; 1965—1966 Москва—Ленинград; Выставка советского искусства, Италия, 1975; Искусство октябрьской эпохи. Польша—Венгрия, 1982; Искусство, рожденное Октябрем. Белград, 1983; С.В. Герасимов. Москва—Ленинград, 1985; 1982 Токио; 1988 Ленинград; Советская живопись. Ла Валлетта, 1990; 1994 Москва
Литература: Разумовская С. С.В. Герасимов. М., 1936; Ростовцева И.Т. Сергей Герасимов. Л., 1975, с. 37

А. А.

45. Горожанка (Мещанка). 1926

Холст, масло. 90 x 68
Государственный Русский музей, Санкт-Петербург
Инв. № ЖС-36

Происхождение: пост. в 1986 из семьи художника
Выставки: 1936 Москва; 1956 Москва—Ленинград—Киев; 1959 Бухарест; 1965—1966 Москва—Ленинград ; 1988 Ленинград
Литература: Галушкина А.С. С.В. Герасимов. Л., 1964

А. А.

Гончарова Наталия Сергеевна

1881, село Нагаево Тульской губернии — 1962, Париж

Живописец, график, художник книги и театра. Училась в Московском училище живописи, ваяния и зодчества (1901—1909) на скульптурном отделении. Живописью занималась самостоятельно, пользуясь советами М.Ф. Ларионова и посещая мастерскую К.А. Коровина. Вместе с Ларионовым стала одним из организаторов первой выставки «Бубновый валет» (1910), выставок «Ослиный хвост» (1912), «Мишень» (1913), «№ 4. Футуристы, лучисты, примитив» (1914). Участник многих выставок, в том числе: «Золотое руно» (1908—1910), второй выставки постимпрессионистов (Лондон, 1912), «Синий всадник» (Мюнхен, 1912), первый немецкий Осенний салон (Берлин, 1913). Персональная выставка (совместная с Ларионовым) состоялась в 1914 в Париже, в Галерее Поля Гийома (автором вступительной статьи в каталоге был Гийом Аполлинер). Художник-оформитель футуристических книг. Одна из ведущих декораторов антрепризы С.П. Дягилева, по приглашению которого в 1915 вместе с Ларионовым выехала в Швейцарию, затем в Италию. С 1919 постоянно жила в Париже.

5. Натюрморт с фруктами и раскрытой книгой. 1908—1909

Холст, масло. 112 x 121
На обороте холста авторская надпись: *ВнЪ каталога № с ц. 800 р.*
Государственный Русский музей, Санкт-Петербург
Инв. № ЖБ-1594

«Натюрморт с фруктами и раскрытой книгой» относится к так называемому неопримитивистскому периоду творчества Гончаровой, и импрессионистический» пейзаж на заднем плане воспринимается как своего рода авторская цитата — прием достаточно характерный для живописных произведений художницы.

Происхождение: пост. в 1926 из МХК
Выставки: 1910—1911 Москва, № 42—52; 1911 Санкт-Петербург-II, № 79—81; 1914 Санкт-Петербург, № 229—230, 241; 1969 Ленинград, с. 11; 1979 Турин, № 35; 1998 Санкт-Петербург, № 91
Литература: Chamot 1972, p. 138; Каталог ГРМ, № 1467

Е. Б.

7. Букет, флакон и краски. 1909

Холст, масло. 101 x 71,5
На обороте холста надпись оранжевой сангиной: *400 р*
Государственная Третьяковская галерея, Москва
Инв. № 3861

Интерес к натюрморту проявился у Гончаровой ок.1905—1906, а с 1907 стал более активным. В то время Гончарова прошла через увлечение Ван Гогом, Гогеном и Сезанном, и ее картины во многом несут следы их «уроков». К 1909 Гончарова достигла высшей точки в создании натюрмортов, но спустя год этот жанр начал постепенно уходить из сферы ее интересов, и она сосредоточилась на религиозных сюжетах и крестьянских мотивах.
Осваивая наряду с другими русскими художниками пластическую концепцию сезанновского натюрморта, Гончарова использовала подобные объекты: рабочий стол с ящиком, фрукты и цветы в простых сосудах, салфетки и драпировки с острыми изломами складок, чайники и чашки. В натюрморте из собрания ГТГ из этого набора присутствуют белая салфетка и цветы, которые можно найти почти в каждом ее натюрморте. В композиции доминирует роскошный букет полевых и садовых цветов — маков, пионов, клевера и бессмертника — в обрамлении округлых темно-зеленых листьев мать-и-мачехи и плюща и узких листочков клевера. Цветы написаны нежными красками — розовой, сиреневой, красной — энергичными ударами жесткой кисти, создающими пористую и слоистую фактуру с острыми краями, и набрызгами краски, образующими шершавую матовую поверхность. В то же время листья «вылеплены» плотным вязким темно-зеленым красочным тестом, местами с легкими высветлениями желтым цветом, обведены серо-голубым или широким сине-черным контуром. Справа на фоне — гончаровская картина на тему весенних огородных работ в деревне — посадки рассады, сюжет явно подсмотренный в имении бабушки в Лодыжино, где, вероятно, в начале лета и был написан натюрморт. Картина с крестьянским сюжетом вошла в композицию фрагментарно, кое-где сливаясь с изображением цветов: видны фигуры двух мальчиков в белых рубахах и синебелых полосатых портах, передающих из рук в руки острые зеленые ростки, и женщина в розовой кофте и малиновой юбке, с белой повязкой на голове, сажающая рассаду в грядку.
Принципом отражения «картины в картине», таящим в себе широкие пластические возможности, часто пользовались Гоген и Сезанн, он был взят на вооружение в 1910-е художниками «Бубнового валета». Гончарова ввела его в свою живопись в 1907—1909. Линии и цвет

введенной картины вплетаются в общую композиционно-живописную структуру.
Гончарова независима в определении своего взгляда на мир. «Когда я иду по пути Сезанна, — говорила она, — мои вещи меня меньше удовлетворяют, чем то, что берет начало в совсем других вещах... Сезанн и икона равноценны, но мои вещи, сделанные под влиянием Сезанна и под влиянием иконы, совсем неравноценны... Я совсем не европеец» (Цит. по: Харджиев Н.И. Памяти Наталии Гончаровой и Михаила Ларионова // Искусство книги. Вып. 5. М., 1968, с. 307).

Происхождение: пост. в 1913 (приобретено Советом галереи у автора в Москве за 250 рублей). Ранее: мастерская Н.С. Гончаровой и М.Ф. Ларионова в Трехпрудном переулке, Москва
Выставки:
1909—1910 Москва, № 9—11 или 14 (?); 1909—1910 Москва; 1913 Москва-I, № 30
Литература: Эганбюри 1913, с. IX

А.Л.

35. Курильщик (стиль подносной живописи). 1911

Холст, масло. 100 х 81
Государственная Третьяковская галерея, Москва
Инв. № Ж-1544

Это произведение, созданное Гончаровой в период примитивизма, впервые экспонировалось на выставке «Ослиный хвост», в каталоге которой художница назвала стиль картины как «подносная живопись». Гончарова редко вдохновлялась «миром современного ей городского низового искусства» — вывесками, подносами, которыми, например, увлекался Ларионов, отдавая предпочтение другим источникам — иконе, церковному лубку или художественному наследию Древнего Востока.
Интерес к мотиву «курильщика» в 1911 году связан, по-видимому, с появлением в 1910 одноименной картины Сезанна в коллекции И.А. Морозова. Художница, утверждавшая, что «чужое искусство надо сливать со своим», сезанновскую тему перевела на пластический язык народного искусства. Живописная разработка поверхности и колорит упрощены до предела. Мотив «Курильщика» решен в четыре цвета, причем каждой детали композиции соответствует своя цветовая пара. В процессе работы над картиной сама масляная краска обрела новое качество: она утратила блеск и прозрачность, поверхность картины стала матовой и шероховатой, как бы образуя новую красочную материю. Игра форм, создаваемых локальным цветом и приближающихся к очертаниям треугольника, конуса или раздвоенного луча, впервые появилась в ее произведениях уже в 1910.

Происхождение: пост. в 1988 по завещанию А.К. Ларионовой-Томилиной, вдовы М.Ф. Ларионова. Ранее: мастерская Н.С. Гончаровой и М.Ф. Ларионова в Трехпрудном переулке, Москва; Хранилище произведений современного искусства при Комиссии Моссовета по охране памятников; мастерская Н.С. Гончаровой и М.Ф. Ларионова, Париж; с 1964 собр. А.К. Ларионовой-Томилиной, Париж
Выставки: 1912 Москва-II, № 72; 1913 Москва-II, № 577; 1914 Санкт-Петербург, № 66; 1961 Лидс—Бристоль—Лондон, № 98; 1963 Париж, № 18; 1969 Лион, № 31; 1973 Бурж; 1976 Брюссель, № 96
Литература: Эганбюри 1913, с.17, XI; Выставка картин Наталии Гончаровой в Москве // Солнце России, 1913, № 49 (воспр. с ошибочным названием «Портрет М. Ларионова»); Chamot 1972, p.141; Поспелов 1990, с. 32, 37, 112

А.Л.

Карев Алексей Еремеевич

1879, село Шиловка Саратовской губернии — 1942, Ленинград

Живописец, график. В 1896 учился в мастерской художника Ф.М. Корнеева, в 1896—1898 в Боголюбовском рисовальном училище (Саратов) у В.В. Коновалова, в 1898—1901 в Художественном училище Н.Д. Селиверстова (Пенза) у К.А. Савицкого, в 1901—1902 в Киевском художественном училище. В 1903—1907 работал в Свободной творческой мастерской (Петербург). С 1908 участник выставок, в том числе: «Венок» (1908), «Золотое руно» (1908—1909), «Мир искусства» (1911—1924), «Четыре искусства» (с 1926). В 1918 комиссар ПГСХУМ, профессор, руководитель мастерской живописи. В 1918—1919 член Коллегии по делам изобразительного искусства Наркомпроса. В 1921—1922 преподавал в Петрограде: в Художественно-технических мастерских (бывшее Центральное училище технического рисования барона А.Л. Штиглица), с 1922 во ВХУТЕМАСе (с 1932 — Институт живописи, скульптуры и архитектуры Всеросийской Академии художеств), где проработал до 1937.

9. Натюрморт. Цветы в зеленой вазе. 1916

Холст, масло. 56 х 42
Справа внизу: *А. Карев(ъ)*
Государственный Русский музей, Санкт-Петербург
Инв. № ЖБ-1571

Если ранние произведения Карева демонстрировали приверженность традициям «Голубой розы», то в начале 1910-х, ознаменовавшихся дебютом в выставках «Мира искусства», творческая ориентация Карева заметно изменилась. В натюрмортах художника, которым он отдавал предпочтение, отразились его «музейные увлечения».
«Натюрморт. Цветы в зеленой вазе» наряду с другими работами этого периода заключает в себе воспоминания о часах, проведенных в Эрмитаже, о его знакомстве с коллекцией С.И. Щукина в Москве и о том

неизгладимом впечатлении, которое произвела на него выставка «Сто лет французской живописи», устроенная в 1912 в Петербурге.

Происхождение: пост. в 1926 из МХК
Выставки: А.Е. Карев. ГРМ, Ленинград, 1927, № 22; 1927 Ленинград; А.Е. Карев. ГРМ, Ленинград, 1981, с. 15
Литература: Шихирева О.Н. Мастер ленинградского пейзажа // Искусство, 1986, № 36, с. 47—51

О. Ш.

Кончаловский Петр Петрович

1876, Славянск —1956, Москва

Живописец, график, художник театра. Учился в рисовальной школе М.Д. Раевской-Ивановой в Харькове, вечерних классах Строгановского центрального художественно-промышленного училища в Москве у В.Д. Суханова; в 1897—1898 — в академии Р. Жюлиана в Париже, у Ж.-П. Лоранса и Ж.-Ж. Бенжамен-Констана; в 1898—1905 — в Высшем художественном училище при Академии художеств у И.И. Творожникова, В.Е. Савинского, Г.Р. Залемана, в мастерской П.О. Ковалевского. В 1910 стал одним из членов-учредителей и председателем общества «Бубновый валет». В 1912—1914 работал художником в частной опере Зимина. Участник выставок «Золотое руно» (1911), «Союз молодежи» (1911—1912), «Мир искусства» (1921—1922), «Бытие» (1926—1927) и др. Преподавал в Москве в ГСХМ (1918—1921), во ВХУТЕМАСе-ВХУТЕИНе (1926—1929).

40. Автопортрет в сером. 1911

Холст, масло. 141,5 x 112,5
Слева вверху подпись: *П. К.*
Государственная Третьяковская галерея, Москва
Инв. № 10944

«Автопортрет в сером» написан Кончаловским в Абрамцеве летом 1911. В это время художнику становится ясно, что подражание примитиву, использование в живописи мотивов городского фольклора (в данном случае композиция портрета напоминает фотографию, выполненную на провинциальной ярмарке) сужают его творческие возможности. В этой работе Кончаловский переходит от примитивизма к собственно сезаннистскому этапу в своем творчестве.

Происхождение: пост. в 1927 из ГМФ. Ранее: собр. И.С. Исаджанова, Москва; с 1918 — Пролетарский музей, Москва
Выставки: 1912 Москва-I, № 92—93; 1913 Санкт-Петербург, № 72; 1916 Петроград, № 80; 1977 Москва, № 262
Литература: Никольский 1936, с. 6; Поспелов 1990, с. 142

Л. Б.

18. Пейзаж. Под Сиеной. 1912

Холст, масло. 63,4 x 90,1
Справа внизу подпись: *П. Кончаловскій 1912*
На обороте: *П. Кончаловскій соб Исаджанова [189]*
Государственная Третьяковская галерея, Москва
Инв. № 6197

В 1912, живя в Италии на вилле в Порто Фонтебранде, Кончаловский пишет многочисленные пейзажи, виды Сиены и ее окрестностей. То было время, когда художнику, по его словам, «...открылся “секрет” реальной живописи, противоположной по своим качествам натуралистической иллюзорности. Этот “секрет” давал какую-то новую дерзость и силу, открывал новые качества живописи, совсем далекие от импрессионизма...» Именно сезанновский синтетический метод понимания природы оказался наиболее близок тогда Кончаловскому. Он писал: « Я... инстинктивно почуял, что без каких-то новых методов нет спасения, нельзя найти дорогу к настоящему искусству. Оттого и ухватился за Сезанна, как утопающий за соломинку» (Кончаловский 1964, с. 23).

Происхождение: пост. из ГМФ в 1927. Ранее: собр. И.С. Исаджанова, Москва; с 1918 — Пролетарский музей, Москва
Выставки: 1913 Москва-III, № 35—41; 1913 Санкт-Петербург, № 93—94; 1916 Петроград, № 74—75; 1916 Москва, № 67
Литература: Муратов П.П. Живопись Кончаловского. М., 1923, с. 33; Никольский 1936, с. 56—57; Поспелов 1990, с.144

Л. Б.

10. Хлебы на зеленом. 1913

Холст, масло. 99 x 99
Справа вверху подпись: *П. Кончаловскій 1913*
На обороте авторская надпись и подпись: *Хлебы П. Кончаловскій*
Государственная Третьяковская галерея, Москва
Инв. № 6198

Опираясь на опыт сезаннизма и традиции русского изобразительного фольклора, прежде всего городских вывесок, Кончаловский использует гиперболизацию форм и экспрессию цвета для построения декоративной картины — антипода натуралистических или психологически утонченных образов. «Хлебы на зеленом» имеют совершенно конкретный прототип — настоящую вывеску хлебной лавки, где на черном фоне жестяного щита вывесочник воздвиг своеобразный монумент хлебопечению или торговле хлебом.

Происхождение: пост. в 1927 из ГМФ. Ранее: собр. И.С. Исаджанова, Москва; с 1918 — Пролетарский музей, Москва
Выставки: 1913 Москва-III, № 42, 43; 1914 Москва, № 16; 1916 Петроград, № 79; Дореволюционо руско и съветско искусство. Из сбирката на държавната Третьяковска Галерия. София,1967, с. 13; П.П. Кончаловский. Чехословакия, 1969—1970; Das Stilleben und sein Gegenstand. Dresden, 1983, № 89; Натюрморт в европейской живописи

XVI — начала XX века. Выставка картин из музеев СССР и ГДР. ГЭ, Ленинград; ГМИИ, Москва, 1984, № 40
Литература: Никольский 1936, с. 6; Кончаловский 1964, с. 97; Поспелов 1990, с.133, 169

Л. Б.

Куприн Александр Васильевич

1880, Борисоглебск Тамбовской губернии — 1960, Москва

Живописец, график, монументалист. Учился в студии Л.Е. Дмитриева-Кавказского в Петербурге (1902—1904), в школе живописи и рисунка К.Ф. Юона и И.О. Дудина в Москве (1904—1906), в Московском училище живописи, ваяния и зодчества у А.Е. Архипова, К.А. Коровина, Н.А. Касаткина, Л.О. Пастернака (1906—1910). В 1913—1914 во Франции и Италии изучал классическое и современное искусство. Один из основателей и секретарь правления общества «Бубновый валет» (1910). Позднее — член объединений «Московские живописцы» и «Общество московских художников» (1925—1928). Преподавал в Москве в ГСХМ (1918—1920), Нижегородских и Сормовских ГСХМ (1920—1922), во ВХУТЕМАСе-ВХУТЕИНе (1922—1925). Профессор.

15. Оливковые деревья. Ментона. 1914

Холст, масло. 85,2 x 91,7
Слева внизу подпись: *А. Купринъ 1914*
Государственная Третьяковская галерея, Москва
Инв. № 22456

В 1913—1914 Куприн изучал живопись за границей и жил то в Париже, то на юге Франции. Пейзаж «Оливковые деревья. Ментона», показанный на выставке общества художников «Бубновый валет» в 1914, знаменует отход от примитивизма и обращение к сезанновской живописной традиции.

Происхождение: пост. в 1927 из МЖК. Ранее: собственность автора
Выставки: 1914 Москва, № 28; 1915 Москва, № 58—59; 1927 Москва, № 26; Landscape Masterpieses from Soviet Museums. London —Glasgow, 1975—1976, N 53; 1978; Ленинград—Москва, с. 22; 1981—1982 Москва, № 15
Литература: Рассудина 1971, № 5; Кравченко 1973, с. 118; Каталог ГТГ 1984, с. 242; Полевой 1984, № 11

Л. Б.

12. Натюрморт с синим подносом. 1914

Холст, масло. 71 x 102,3
Справа внизу подпись: *А. Купринъ 1914*
Государственная Третьяковская галерея, Москва
Инв. № 8618

«Натюрморт с синим подносом» был приобретен у автора И.А. Морозовым для своей знаменитой коллекции и оказался под одной крышей с выдающимися произведениями современной французской живописи. Едва ли будет преувеличением сказать, что середина 1910-х — период наивысших достижений художников «Бубнового валета» в жанре натюрморта, а «Натюрморт с синим подносом» А.В. Куприна — достойное тому подтверждение. Мягкий, но интенсивный цвет подноса сопоставлен с «горящим» красным и зеленым перцем; белая («сезанновская») драпировка, белый фарфор кофейника и тарелки заставляют сильнее звучать основные цвета, а центром композиции оказывается даже не сам предмет, а его изображение — цветы на жостовском подносе.

Происхождение: пост. в 1927 из ГМНЗИ. Ранее: собр. И.А. Морозова
Выставки: 1915 Москва, № 52—57; Выставка произведений живописи и скульптуры А.В. Куприна и Г.И. Кепинова. Москва, 1948; 1967—1968 Париж, № 478; 1978 Ленинград—Москва, с. 22; 1981—1982 Москва, № 16
Литература: Рассудина 1971, № 6; Ракова М. Натюрморт. 1908—1917 // Пути развития русского искусства конца XIX—начала XX века. М., 1972, с. 190; Кравченко 1973, с. 41; Каталог ГТГ 1984, с. 242; Полевой 1984, № 10

Л. Б.

28. Лежащая обнаженная натурщица. 1917

Холст, масло. 120,5 x 167,5
Справа внизу подпись и дата: *А. Куприн 1917*
Государственная Третьяковская галерея, Москва
Инв. № Ж-1223

Слова А.А. Федорова-Давыдова о «натюрмортности» большинства картин бубнововалетцев можно в значительной мере отнести к «Лежащей обнаженной натурщице». Картина выстроена как натюрморт, главным предметом в котором оказалась женская фигура, уложенная художником в не самую удобную с точки зрения живого человека позу. Она окружена традиционным для работ Куприна набором предметов: искусственные фрукты на блюде, металлический кувшин причудливой формы, папки с листами картона на заднем плане. Таким образом женское тело введено в общую материю картины, как составная часть живописной композиции.

Происхождение: приобр. в 1989 у В.А. Барабанова, Москва. Ранее: собр. Т.С. Куприной-Анисимовой, вдовы художника
Выставки: 1934 Москва, № 14; 1978 Ленинград—Москва, с. 22; 1981—1982 Москва, № 19
Литература: Кравченко 1973, с.126—128; Полевой 1984, № 16

Л. Б.

13. Большой натюрморт с искусственными цветами, красным подносом и деревянной тарелкой. 1919

Холст, масло. 140 x 168
Слева внизу: *А. Куприн 1919.* На обороте надпись: *Nature morte с подносом и белыми искусственными цветами. 1919 140 X 160*
Государственный Русский музей, Санкт-Петербург
Инв. № Ж-11415

Предметный мир натюрмортов Куприна очень разнообразен. Нередко художник, не довольствуясь вещами, имеющимися в его распоряжении, создавал из папье-маше, стружек, картона и прочих материалов цветы, кувшины, чаши, фрукты, чтобы затем «вписать» их в натюрморт. Используя нетрадиционную форму этих вещей, он добивался, подобно Сезанну, подчеркнутой монументальности и объемности предметной формы, убедительности пространственных связей.
Этот холст, так же как и «Натюрморт с синим веером и скульптурой Б.Д. Королева» был создан Куприным в Москве, в трудное время зимы 1919, когда, по воспоминаниям его жены, вода замерзала в мастерской и рука с трудом удерживала кисть.

Происхождение: пост. в 1986 от Т.С. Куприной-Анисимовой, вдовы художника, Москва
Выставки: 1978 Ленинград—Москва; 1981—1982 Москва, с. 4

А. А.

14. Натюрморт с синим веером и скульптурой Б.Д. Королева. 1919

Холст, масло. 115 x 120
Справа внизу: *А. Куприн 919*
Государственный Русский музей, Санкт-Петербург
Инв. № ЖБ-1491

Вариант картины (1919) находится в ГТГ.

Происхождение: пост. в 1964 от Т.К. Афониной, Москва
Выставки: 1932—1933 Ленинград —Москва; 1934 Москва; Выставка произведений А.В. Куприна и Г.И. Мотовилова. Москва, 1957; 1969 Ленинград
Литература: Кравченко К.С. Вст. статья к каталогу выставки произведений А.В. Куприна, посвященной 100-летию со дня рождения художника. М., 1981, с. 4

А. А.

Ларионов Михаил Федорович

1881, Тирасполь — 1964, Фонтене-о-Роз (Франция)

Живописец, график, художник книги и театра. Учился в Московском училище живописи, ваяния и зодчества (1898—1910, с перерывами) у И.И. Левитана, В.А. Серова, К.А. Коровина. В 1906 помогал С.П. Дягилеву в организации русской секции Осеннего салона в Париже. Инициатор открытия первой выставки «Бубновый валет» (1910), выставок «Ослиный хвост» (1912), «Мишень» (1913), «№ 4. Футуристы, лучисты, примитив» (1914). Участник многочисленных выставок, среди которых «Союз русских художников» (1906—1907), «Звено» (Киев, 1908), «Золотое руно» (1909—1910), «Союз молодежи» (Рига, Петербург, Москва, 1910—1912), «Синий всадник» (Мюнхен, 1912), первый немецкий Осенний салон (Берлин, 1913). Персональная выставка (совместная с Гончаровой) состоялась в 1914 в Париже, в Галерее Поля Гийома. Создатель теории лучизма — одного из первых опытов беспредметного искусства. Один из авторов манифеста «Лучисты и будущники» (1913). Активно работал в области футуристической книги.
Один из ведущих художников антрепризы С.П. Дягилева, по приглашению которого в 1915 выехал вместе с Гончаровой в Швейцарию, затем в Италию. С 1919 постоянно жил в Париже.

36. Картежники. 1904—1906

Холст на картоне, масло. 75,5 x 94
Справа внизу подпись темно-коричневой краской: *Ларіон.* На обороте надпись: *Картежники Joueurs de Cartes*
Государственная Третьяковская галерея, Москва
Инв. № Ж-1545

«Картежники» в числе многих произведений Ларионова и Гончаровой, оставленных ими в московской мастерской в связи с отъездом за границу в июне 1915, в конце 1920-х были переправлены Н.Д. Виноградовым и Л.Ф. Жегиным в Париж. Западные исследователи творчества Ларионова впервые ввели эту работу в научный оборот в 1969, включив ее в состав парижской ретроспективы (более раннего участия в выставках выявить не удалось), с названием «Joueurs de Cartes» и датой «1899» на том основании, что она упоминается в монографии Эли Эганбюри (Эганбюри 1913, с. 27).
В действительности биограф говорит о пастели 1899 (в другом случае — об акварели 1901 из собрания В.П. Дьяконова), «изображающей игру в карты». Однако по отношению к данной картине такая датировка представляется неоправданно ранней: она не встречается ни в каталогах русских выставок 1900-х, ни в каталоге первой ретроспективы Ларионова — «Однодневной выставки картин» (8 декабря 1911); работы, исполненной маслом на холсте, также нет в первом списке произведений Ларионова, составленном Эганбюри в 1913, который, вероятно, просматривал сам художник.
В живописи холста ощутимо влияние, отчасти, Борисова-Мусатова, а также современных французских художников. По мнению Д.В. Сарабьянова, Ларионов

раньше других русских живописцев — уже в середине 1900-х — увлекся искусством Сезанна. Произведения новейшей французской живописи он мог видеть в московских коллекциях С.И. Щукина и И.А. Морозова. Еще одним источником могла стать поездка в Париж с С.П. Дягилевым на выставку русского искусства (Осенний салон, октябрь 1906). Таким образом нижняя граница датировки этой картины отодвигается на конец 1906. Если принять широкую датировку в пределах 1904—1906, то в соответствии с периодизацией творчества Ларионова, предложенной Эганбюри и сохраняющей свою актуальность и сейчас, время создания картины падает на импрессионистическую фазу творчества художника. Очень вероятно, что она была написана летом в Тирасполе. Замечено, что в это время Ларионов уже достаточно редко писал жанровые композиции в интерьере, отдавая предпочтение сериям натурных пейзажей или натюрмортов в пленэре или в интерьере с обязательным присутствием окна, из которого льется свет (Поспелов 1990).
Мотив «играющих в карты», оставаясь одиночным в творчестве раннего Ларионова, появляется снова в его зрелой фазе, в первой и второй версиях «Солдат» (1910—1911), и во французский период , в 1920-е, в маленьком жанре среди пейзажа — «Офицеры, играющие в карты». Композиция «Картежников», несмотря на ее скованность и симметричность, одновременно находится в рамках классической интерпретации и демонстрирует поиск новых решений. Трактовка мотива с его камерностью и повествовательностью идет, с одной стороны, от традиций русского бытового жанра, а с другой, несет черты нарождающегося у Ларионова собственного подхода к произведениям этого рода, который получит развитие в примитивистский период.

Происхождение: пост. в 1988 по завещанию А.К. Ларионовой-Томилиной, вдовы художника. Ранее: мастерская М.Ф. Ларионова и Н.С. Гончаровой в Трехпрудном переулке, Москва; Хранилище произведений современного искусства при Комиссии Моссовета по охране памятников (?); мастерская М.Ф. Ларионова и Н.С. Гончаровой, Париж; с 1964 — собр. А.К. Ларионовой-Томилиной, Париж
Выставки: 1969 Париж, № 5; 1972 Невер, № 5; 1979—1980 Ленинград—Москва

А.Л.

2. Груши. 1908

Холст, масло. 45,5 x 76
Государственный Русский музей, Санкт-Петербург
Инв. № Ж-8255

Натюрморт «Груши» был отмечен критикой сразу же после первого экспонирования. В обзоре выставки «Золотое руно» Игорь Грабарь писал: «...Лучшими вещами русского отдела надо признать работы Ларионова, гораздо более серьезные и почти лишенные того предательского налета легкомыслия и того дешевого балагана, который отравлял до сих пор даже наиболее талантливые куски его живописи. Лучше другого ему удался nature morte, изображающий груши на светло-зеленом фоне с брошенным подле них розовым куском материи» (Золотое руно, 1909, № 2—3, с. 9).

Происхождение: пост. в 1966 от М.А. Ильиной, ранее собр. И.И. Трояновского, Москва
Выставки: 1909 Москва, № 71; 1909—1910 Москва, № 52; 1969 Ленинград, с.15
Литература: Грабарь И. Московские выставки // Весы, 1909, № 2, с. 107; Ракова 1970, с. 29; Пружан, Пушкарев 1971, № 40; Каталог ГРМ, № 3038; Поспелов 1990, № 46; Parton A. Mikhail Larionov and the Russian Avant-Garde. Princeton University Press, 1993, p.18, fig.16

Е.Б.

37. Солдат (Курящий). 1910—1911

Холст, масло. 100 x 72,5
На обороте холста авторская надпись фиолетовой краской:
М.Ф.Ларіоновъ Солдатъ Этюдъ
Государственная Третьяковская галерея, Москва
Инв. № Ж-1546

«Солдатская» тема была для Ларионова, в известной мере, автобиографичной. Он служил в армии после окончания Московского училища живописи, ваяния и зодчества; звание художника 2-й степени и право отбывать воинскую повинность вольноопределяющимся получил 25 сентября 1910. Первый срок службы длился одиннадцать месяцев и проходил зимой 1910/1911 в Москве и летом 1911 в окрестностях Петербурга (лагерь стоял в Тайцах). Как видно из писем Ларионова, два года подряд (в 1912 и 1913) весну и начало лета он проводил в летних лагерях под Москвой.
«Солдатский» цикл создавался, по мнению Г.Г. Поспелова, в конце 1910— начале 1912; картины писались, вероятно, во время службы, так как режим вольноопределяющегося был относительно свободным (в декабре 1910 Ларионов занимался устройством выставки «Бубновый валет», а свободное время летом 1911 проводил в Эрмитаже). Две работы, открывшие этот цикл, демонстрировались на первой выставке «Бубновый валет» в декабре 1911— январе 1912, а основная часть серии, насчитывающая не менее одиннадцати работ, была показана на «Однодневной выставке картин М.Ф. Ларионова» 8 декабря 1911 и на выставке «Ослиный

хвост» в марте 1912. «Солдат» определенно не прослеживается ни на одной из этих важнейших ранних выставок с участием художника.
С точки зрения датировки, картина близка колористически, особенно по активному использованию интенсивного желтого цвета, «Собственному портрету» (1910, частное собр., Нью-Йорк), а по живописной трактовке поверхности, обобщенности форм и усилению роли силуэта — более поздним картинам этого цикла (например, «Отдыхающему солдату», 1911, ГТГ). Опыт импрессионистической фазы собственного творчества был использован художником в «солдатской» серии для решения новых пластических задач. Композиционное решение этого, по определению автора, «этюда» солдата с цигаркой во рту, предельно просто: распластанная на фоне фигура, пребывающая в покое и предающаяся созерцательности, дана фронтально и фрагментарно, что усиливает живописный эффект. Пятна краски (различные охры — от красной до золотистой, зеленая, черная, коричневая), их взаимодействие на полотне создают подобие водной поверхности, тронутой ветром, чему в немалой степени, способствует многослойность живописи.
В трактовке фигуры солдата использование просветов основы в сочетании с активными пробелами применено не для передачи рефлексов света и вибрации воздушной среды, а для ослабления плотности черного цвета, поглощающего свет, для «прикрепления» фигуры к плоскости фона. Если в живописи фигуры можно говорить о «колебании поверхности», то в живописи фона наблюдается «пульсация» — то ослабевающая, то вспыхивающая пучками светящихся охристых мазков среди наслаивающихся друг на друга коричневых и красноватых кучных красочных масс, тяготеющих к округлым очертаниям, сдерживающих диагональную «текучесть» черной краски.

Происхождение: пост. в 1988 по завещанию А.К. Ларионовой-Томилиной, вдовы художника. Ранее: мастерская М.Ф. Ларионова и Н.С. Гончаровой в Трехпрудном переулке, Москва; Хранилище произведений современного искусства при Комиссии Моссовета по охране памятников; мастерская М.Ф. Ларионова и Н.С. Гончаровой, Париж; с 1964 собр. А.К. Ларионовой-Томилиной, Париж
Выставки: 1911 Москва, № 82—86 (?); 1912 Москва-II, № 108 (?); 1913 Москва-I, № 71—73 (?); 1963 Париж; 1969 Париж, № 36; 1972 Невер, № 36; Larionov et son temps. Musée Toulouse-Lautrec, Albi, 1973, № 19; Blaue Reiter. Galleria Civica D'Arte Moderne, Torino, 1971; 1976 Брюссель, № 35; 1979—1980 Ленинград—Москва
Литература: Waldemar George. Larionov / Bibliothèque des Arts. Paris, 1966, p. 75; Daulte F. Larionov, le Rayonniste // Connaissance des Arts, janvier 1967, p. 49; Gontcharova et Larionov. Cinquante ans à Saint Gérmain-des-Près. Temoignages et documents recueillis et présentes par Tatiane Loguine. Klincksieck, Paris, 1971, p. 16; Сарабьянов Д. Выставка Ларионова // Советская живопись, 1982, №5, с. 190, 193, 198; Поспелов 1990, № 57, с. 46

А.Л.

17. Лагерь. 1910—1911

Холст, масло. 72 x 89,5
Государственный Русский музей, Санкт-Петербург
Инв. № ЖБ-1409

Картина «Лагерь» относится к так называемой «солдатской» серии Ларионова, созданной им во время прохождения воинской службы зимой 1910/1911, а также летом 1911.

Происхождение: пост. в 1927 от автора (через Л.Ф. Жегина)
Выставки: 1912 Москва-II, № 113; 1979—1980 Ленинград— Москва; 1993 Нант, № 39; 1993 Эдинбург, № 41; 1994 Барселона, № 34
Литература: Каталог ГРМ, № 3043; Поспелов 1990, с. 45, № 56

Е.Б.

Лентулов Аристарх Васильевич

1882, село Ворона Пензенской губернии — 1943, Москва

Живописец, художник театра. Учился в Художественном училище Н.Д. Селиверстова в Пензе (1898—1900 и 1905—1906), в перерыве (1900—1905) — в Киевском художественном училище у Н.Ф. Селезнева, Н.К. Пимоненко, В.К. Менка. В 1906—1907 занимался в студии Д.Н. Кардовского в Петербурге. Зиму 1910/1911 провел в Париже, работал там в академии «Ла Палетт» («La Palette») у А. Ле Фоконье и Ж. Метценже. В 1910 стал одним из членов-учредителей общества «Бубновый валет». Развивал свой вариант кубизма и кубофутуризма; участник многих авангардных выставок. С 1918 преподавал в ГСХМ-ВХУТЕМАСе-ВХУТЕИНе—МИИИ-МГХИ. С 1919 сотрудничал в Институте художественной культуры, с 1926 член АХРР, в 1929—1932 — председатель объединения «Общество московских художников».

27. Купание. 1911—1912

Холст, масло. 167 x 174,5
Государственная Третьяковская галерея, Москва
Инв. № Ж-1225

В «Купании», написанном в мастерской Ле Фоконье во время пребывания в Париже зимой 1911/1912, Лентулов продолжил разработку одной из своих традиционных тем — обнаженных фигур на берегу моря или реки (около десятка картин, изображающих женщин на пляже, написаны им в период с 1908 по 1910). Данная работа — воплощение лентуловского варианта кубизма, которому он искренне пытался следовать, будучи во Франции. В своих «Воспоминаниях» художник писал: «... Не закономерно ли желание... произвести опыт дробления холста на мелкие кубистические формы, придать холсту новое колебание, новое ощущение поверхности». Живописная поверхность «Купания» представляет собой как бы нагромождение тяжелых каменных глыб, из которых составлен и пейзаж, и помещенные в нем фигуры. То есть весь мир — и живое человеческое тело, и окружающая его природа, имеет общую материальную основу.

Происхождение: приобр. в 1989 у М.А. Лентуловой, дочери художника. Ранее: собственность автора
Выставки: 1912 Москва-I, № 122; 1913 Санкт-Петербург, № 174; 1933 Москва, № 28; Sieben Moskauer Кьnstler. Кцln, 1984, S. 182; 1987 Москва, № 40
Литература: Мурина, Джафарова 1990, с. 76

Л. Б.

22. Москва. 1913

Холст, масло, цветная фольга. 179 x 189
Государственная Третьяковская галерея, Москва
Инв. № Ж-865

Картина «Москва», по выражению автора, «прошла гвоздем» московской художественной жизни сезона 1913—1914. Она открыла ряд знаменитых живописных панно Лентулова, которые условно можно назвать архитектурными пейзажами. Сам автор назвал этот пейзаж синтетическим. Облик Москвы ассоциировался у Лентулова с декоративной пышностью, а подчас и аляповатости архитектуры, с «азиатскостью» ярких цветов, столь любимых москвичами — всем тем, что отличало Москву от европеизированного Петербурга. Эта яркость и многоцветность московских зданий, запечатленных на холсте, уподобляется картинке, увиденной в калейдоскоп, причем введенные в живописную поверхность бумажные наклейки и цветная фольга подчеркивают и усиливают интенсивность основных цветов. Энергия, с которой художник строит композицию, передает ощущение движения, непрерывного изменения ракурсов, звона, гула и грохота современного города — этого фантастического нагромождения разноцветных и разновременных строений, где сорок сороков церквей соседствуют с многоэтажными домами начала XX века.

Происхождение: приобр. в 1979 у М.А. Лентуловой, дочери художника. Ранее: собр. В.В. Каптерева, Москва; собр. В.В. Лабинской, Москва
Выставки: 1914 Москва, № 36; V Государственная выставка картин, Москва, 1918—1919, № 88; 1933 Москва, № 31; Аристарх Лентулов. Москва, 1971, с. 39; Russian and Soviet Painting. An Exhibition from the Museums of the URSS Presented at the Metropolitan Museum of Arts and the Fine Arts Museums of San Francisco, New-York —San Francisco, 1977–1978, p. 112; 1979 Париж, p. 125, 525; Москва в русской и советской живописи. ГТГ, Москва, 1980, с. 72; 1981 Москва, т. 1, с. 307; 1987 Москва, № 48; Aristarch Lentulow.1882—1943. Belvedere, Wien, 1988, № 23; 43-я Бьеннале. Венеция, 1988; Europa, Europa. Das Jahrhundert der Avantgarde in Mittel-und Osteuropa. Bonn, 1994, b. 1, S. 68, b. 4, S.163; Berlin—Москва. 1900—1950. Москва—Берлин. Берлин—Москва, 1995—1996, с. 623, I/69
Литература: Каталог ГТГ 1984, с. 270; Мурина, Джафарова 1990, с. 87—89; Поспелов 1990, с. 160—161, 165; Сарабьянов 1993, с. 167

Л. Б.

Малагис Владимир Ильич

1902, местечко Грива Курляндской губернии — 1974, Ленинград

Живописец, график, монументалист. Учился в Петрограде-Ленинграде в ПГСХУМе-ВХУТЕМАСе-ВХУТЕИНе (1918—1924) (с перерывом) у А.А. Рылова, А.И. Савинова, К.С. Петрова-Водкина. Участник выставок с 1925. Член объединений: «Круг художников», (1926—1929), «Октябрь» (с 1930).

49. Натюрморт «Траурный». 1924

Холст, масло. 74 x 74
На обороте надпись: *Малагис В.И. н/м «траурный» х/м 74 х 74 1924 г.*
На обороте авторская живопись: Композиция. Холст, масло. 74 х 74
Государственный Русский музей, Санкт-Петербург
Инв. № Ж-9993

Будучи еще студентом ВХУТЕМАСа, зимой 1924 В.И. Малагис написал картину-реквием, явившуюся одним из первых в русском искусстве откликов на известие о смерти В.И. Ленина. Все предметы натюрморта либо буквально, как газетная полоса с черной каймой, лист с нотами «Вы жертвою пали...», буханка хлеба, либо живописно-пластическим строем задают тему траура.

Происхождение: пост. в 1978 от Е.В. Байковой, вдовы художника, Ленинград
Выставки: Отчетная выставка работ студентов и продукции производственного бюро Ленинградской Академии художеств. Ленинград, 1924, с. 5, № 93—97 (?); В.И. Малагис. 1902—1974. Ленинград, 1977, с. 10; В.И. Малагис. 1902—1974. Москва, 1979; 1988 Ленинград, № 182; 1988 Вашингтон, с. 125
Литература: Боровский А.Д. В.И. Малагис. Л., 1987, с. 79, илл. 15

А.Л.

Малевич Казимир Северинович

1878, Киев — 1935, Ленинград

Живописец, график, художник театра, дизайнер. Автор ряда теоретических исследований и статей по вопросам изобразительного искусства. Учился в художествен-

ной школе в Киеве (1895—1896), в студии Ф.И. Рерберга в Москве (1905—1910). Участвовал в выставках Московского товарищества художников (1911), «Бубновый валет» (1910—1911, 1914, 1917), «Ослиный хвост» (1912), «Мишень» (1913), «Союз молодежи» (1912—1914), «Трамвай В» (1915), «0,10» (1915—1916), «Магазин» (1916). Член Коллегии по делам изобразительного искусства Наркомпроса (1918—1919). Преподаватель и затем директор Высшей художественной школы в Витебске (1919—1922). Организатор группы УНОВИС (Утвердители нового искусства). Директор МХК и затем ГИНХУКа в Петрограде—Ленинграде (1923—1926). Преподавал в Киевском художественном институте (1929—1930), в Доме искусств в Ленинграде (1930).

26. Купальщицы. Ок. 1928

Холст, масло. 59 x 48
Слева внизу подпись: *К Мал.* Справа внизу: *8.* На обороте авторская надпись и подпись: *Москва 1908 г. К Malewic*
Государственный Русский музей, Санкт-Петербург
Инв. № Ж-9481

Несмотря на авторскую датировку — «1908» — большинство исследователей живописи Малевича сегодня признают, что картина «Купальщицы» принадлежит к позднему, постсупрематическому периоду творчества художника и может быть датирована концом 1920-х. Известно, что после выставки в 1927 в Берлине, где остались все экспонируемые произведения, — что составляло большую часть работ мастера, — Малевич предпринял беспрецедентную попытку реконструировать свой творческий путь, последовательно восстанавливая «крестьянский цикл», а также периоды «импрессионизма» и «сезаннизма». Именно к последнему принадлежит картина «Купальщицы».

Происхождение: пост. в 1936 из семьи художника (принята на постоянное хранение по приказу Министерства культуры СССР в 1977)
Выставки: Выставка произведений К.С. Малевича. ГТГ, Москва, 1929, № 54; 1980 Дюссельдорф, № 4; 1988—1989 Ленинград—Москва—Амстердам, № 17; 1990—1991 США, № 11; 1995—1996 Кельн, № 235
Литература: Малевич 1990, № 24; Сарабьянов, Шатских 1993, с. 33, илл. 14

Е. Б.

25. Река в лесу. Ок. 1928

Холст, масло. 53 x 42
Слева внизу: *К.М.* Справа внизу: *08.* На обороте: *Этюд 1908 К Малевичъ Курск*
Государственный Русский музей, Санкт-Петербург
Инв. № ЖБ-1573

Как и полотно «Купальщицы» картина «Река в лесу» принадлежит к произведениям, дающим представление о позднем «сезаннизме» в творчестве Малевича — периоде, датированном самим художником (в той новой хронологической схеме, которую он выстраивал) 1908-м, однако в действительности относящемся к самому концу 1920-х — началу 1930-х.
Проведенный сравнительный технологический анализ этих работ и достоверно поздних живописных произведений художника выявил идентичность холстов, основных пигментов, а также чрезвычайное сходство авторского почерка, что подтвердило версию об их позднем происхождении.

Происхождение: пост. в 1933 от автора
Выставки: 1982 Ленинград; 1988—1989 Ленинград—Москва—Амстердам, № 18; 1990—1991 США, № 10; 1993 Мадрид—Барселона, № 6; 1993—1994 Милан, № 34; 1995—1996 Кельн, № 241
Литература: Каталог ГРМ, № 3465; Малевич 1990, № 25; Сарабьянов, Шатских 1993, с. 33, илл. 13; Marcade J.-C. Malevich. Paris, 1990, N° 340

Е. Б.

Машков Илья Иванович

1881, станица Михайловская Саратовской губернии — 1944, Москва

Живописец, оформитель массовых празднеств. Учился в Московском училище живописи, ваяния и зодчества (1900—1910, с перерывом) у В.А. Серова и К.А. Коровина, А.Е. Архипова. В 1907 познакомился с П.П. Кончаловским, в 1908—1909 сблизился с М.Ф. Ларионовым, А.В. Лентуловым. В 1910 активно участвовал в организации первой выставки «Бубновый валет», был членом одноименного общества и участником всех последующих выставок. Член объединений «Мир искусства», АХРР (с 1924), «Общество московских художников» (1927—1928). В 1902—1917 преподавал в Москве в собственной студии, в 1918—1930 — в ГСХМ-ВХУТЕМАСе-ВХУТЕИНе.

1. Яблоки и груши на белом. 1908

Холст, масло. 62 x 80
Слева внизу подпись: *Илья Машковъ 1908 г.*
Государственная Третьяковская галерея, Москва
Инв. № 8629

Натюрморт «Яблоки и груши на белом» написан Машковым осенью 1908, вскоре после возвращения из-за границы. Это было его первое заграничное путешествие. Позже художник вспоминал: «Был я в 17 городах Франции, Германии, Австрии, Англии, Испании и Италии. Заграничная поездка дала мне много свежих сил и воодушевления, и в сентябре я вновь начал усиленно работать с полным сознанием и ясностью для меня целей искусства».

И хотя Машков вернулся в Училище живописи, ваяния и зодчества, чтобы продолжать занятия в мастерской В.А. Серова и К.А. Коровина, работы этого периода свидетельствуют о начале формирования его собственного творческого метода. В данном натюрморте даже выбор мотива свидетельствует о следовании Сезанну.

Происхождение: пост. в 1927 из Пролетарского музея, Москва. Ранее: собр. И.С. Исаджанова, Москва
Выставки: 1927 Москва, № 49; 1956 Москва—Ленинград, с. 15; Советские художники старшего поколения. Москва, 1958
Литература: Ракова 1970, с. 23; Алленов 1973, с. 41; Болотина 1977, с. 19—20, 284; Каталог ГТГ 1984, с. 293

Л. Б.

41. Портрет поэта. 1910

Холст, масло. 141 x 101
Слева вверху подпись: *Илья Машковъ 1910 — X*
На обороте надпись: *I. Machkoff «Portrait d'un poète». Moscou Petit Kcharitonievsky 4, atelier 7*
Государственная Третьяковская галерея, Москва
Инв. № 10941

Портреты Машкова, написанные в конце 1900—начале 1910-х подчеркнуто монументальны, чрезвычайно дерзки по цвету и близки к гротеску, однако экспрессивная манера письма не мешала художнику добиваться портретного сходства. Долгое время считалось, что «Портрет поэта» изображает С.Я. Рубановича, брата Ф.Я. Гессе («Дама с фазанами» И. Машкова. 1911, ГТГ). Однако Е.А. Лебединская, много лет работавшая в Третьяковской галерее и жившая в юности в Тифлисе, а также Г.Г. Поспелов предположили, что на портрете изображен грузинский поэт Паоло Яшвили, который мог оказаться в Москве осенью 1910, когда после окончания гимназии ехал в Париж для занятий живописью (подробно об этом см.: Поспелов 1990, с. 240).

Происхождение: пост. в 1929 из МЖК. Ранее: собр. И.С. Исаджанова, Москва; с 1918 — Пролетарский музей, Москва; с 1925 — МЖК
Выставки: 1910—1911 Москва, № 149; 1912 Санкт-Петербург, № 38; 1916 Петроград, № 14
Литература: Алленов 1973, с. 6—74; Поспелов Г.Г. О группе ранних портретов Машкова, Кончаловского и Лентулова // Советская живопись '74. М., 1976, с. 201; Болотина 1977, с. 34—36, 290—291; Каталог ГТГ 1984, с. 293; Поспелов 1990, с. 147; Сарабьянов 1993, с. 163

Л. Б.

4. Натюрморт с виноградом. Ок. 1910

Холст, масло. 94 x 91
Слева вверху: *Илья Машковъ*. Справа внизу: *I. Machkoff*
Государственный Русский музей, Санкт-Петербург
Инв. № Ж-8246

Происхождение: пост. в 1929 из ГТГ, ранее собр. И.С. Исаджанова, Москва; МЖК
Выставки: 1916 Петроград, № 27—51; 1976—1977 Франкфурт-на-Майне, № 53; 1979—1980 Мельбурн—Сидней, № 61; 1982 Токио, № 277; Авангард и его народные источники. Баден-Баден—Санкт-Петербург, 1993
Литература: Ракова 1970, с. 25; Болотина 1977 с. 42, 292, № 115; Каталог ГРМ, № 3582

Е. Б.

16. Женевское озеро. Глион. 1914

Холст, масло. 102 x 116
Справа внизу подпись: *Илья Машков*
Государственная Третьяковская галерея
Инв. № 8628

Летом 1914, возвращаясь из путешествия в Турцию, Грецию и Египет, Машков задержался в Швейцарии. Он писал: «...Я через Италию поехал в Швейцарию, повидав Женеву, Лозанну и другие города, пожив у Женевского озера, немного пописал, посмотрел красивую природу, горы, озера, города, деревни...»
В картине «Женевское озеро. Глион», служащей примером нового взгляда бубнововалетцев на задачи пейзажной живописи, художник отказался от этюдности и импрессионистичности; мотив взят точно с натуры, четко определенные пространственные планы ясно выстроены рисунком и цветом, выделены различным характером фактуры основных зон, на которые расчленяется изображение.

Происхождение: пост. в 1927 из ГМФ. Ранее: собр. И.С. Исаджанова, Москва; с 1918 — Пролетарский музей, Москва
Выставки: 1916 Петроград; 1927 Москва, № 54; 1956 Москва—Ленинград, с. 16; 1967—1968 Париж, № 481; 1981 Москва, т. 1, с. 308
Литература: Алленов 1973, с. 23—24; Болотина 1977, с. 54, 301; Каталог ГТГ 1984, с. 294; Поспелов 1990, с. 171

Л. Б.

Моргунов Алексей Алексеевич

1884, Москва — 1935, Москва

Живописец. Учился в Москве в Строгановском центральном художественно-промышленном училище и в частных студиях С.Т. Иванова и К.А. Коровина (середина 1900-х—1912). Был членом Московского товарищества художников (вступил в 1907, участник выставок 1904—1910), дружил с художником Ф.И. Рербергом, скульпторами С.Т. Коненковым и К.Ф. Крахтом. В 1909—1910 путешествовал по Европе, изучал французское искусство конца XIX века, особый интерес испытал к живописи

П. Сезанна. В 1910 вступил в общество «Бубновый валет», принимал участие в его выставках, а также в выставках «Союз молодежи» (1911—1914), «Ослиный хвост» (1912), «Мишень» (1913), «Трамвай В» (1915). Его работы экспонировались также на первой русской художественной выставке в Берлине (1922). В 1918—1920 преподавал живопись в ГСХМ. С 1918 — член Коллегии по делам изобразительного искусства Наркомпроса.

39. Мужской портрет (Чаепитие). Начало 1910-х

Холст, масло. 132 x 103
Государственный Русский музей, Санкт-Петербург
Инв. № Ж-8819

«Мужской портрет (Чаепитие)» стилистически сближается с другими произведениями Моргунова, созданными вскоре после возвращения из заграничной поездки. Серия работ, показанных на выставках «Бубновый валет» и «Ослиный хвост», отразила внимательное изучение художником французской живописи, в первую очередь, Сезанна. Предположительно картина экспонировалась на выставке «Ослиный хвост». Перечень работ, указанных в каталоге, и свидетельства современников позволяют нам утверждать, что мотивы, избранные Моргуновым — «чаепитие», «в чайной», «в ресторане», «мясная лавка» — вполне соотносились с общими установками «Ослиного хвоста», тогда как явно фовистский характер его живописи несколько диссонировал с фольклорной ориентацией лидеров выставки — М. Ларионова и Н. Гончаровой.

Происхождение: пост. в 1972 из Загорского архива художественных произведений Министерства культуры РСФСР
Выставки: 1911 Санкт-Петербург-II, № 178 (?); 1912 Москва-II, № 176 (?)
Литература: Обольсина 1974, с. 32—37; Сарабьянов А.Д., Гурьянова Н.А. Неизвестный русский авангард в музеях и частных собраниях. М., 1992

О. Ш.

19. Пейзаж. Дорога в лесу. 1910—1911

Холст, масло. 80 x 70,7
Государственная Третьяковская галерея, Москва
Инв. № Ж-1289

Пейзаж «Дорога в лесу» написан, очевидно, после возвращения художника из Франции. Путешествия 1909—1910 по ряду европейских городов (Вена, Венеция, Брюссель, Париж) дали возможность увидеть великих мастеров прошлого и оценить современное состояние живописи. В первую очередь Моргунов обратился к изучению Сезанна, Ван Гога, Матисса. Одновременно его интересовала китайская живопись, персидская миниатюра, русский лубок. Таким образом, сын знаменитого пейзажиста А.К. Саврасова оказался в одном ряду с Ларионовым, Гончаровой, Куприным, Малевичем, Татлиным и даже стал автором афиши первой выставки общества «Бубновый валет».

Происхождение: пост. в 1977, дар Г.Д. Костаки. Ранее: собр. дочери художника; собр. Г.Д. Костаки, Москва
Литература: Обольсина 1974, с. 32—37; Харджиев Н.И. Статьи об авангарде. В 2 т. М., 1997, т. 1, с. 143—146

Л. Б.

Нагубников Святослав Александрович

1886—1921

Живописец. Учился в Пензенском художественном училище Н.Д. Селиверстова (1902—1907), затем в Академии художеств в Петербурге (1907—1914). Участвовал в выставках «Союза молодежи» (1910—1914).

3. Натюрморт с апельсинами

Холст (дублирован), масло. 67,5 x 68
На обороте переведенная при дублировке надпись: *С.А. Нагубниковъ. Nature morte*
Государственный Русский музей, Санкт-Петербург
Инв. № ЖБ-1453

Происхождение: пост. в 1926 из ГМФ
Литература: Каталог ГРМ, № 3738

Е. Б.

Осмеркин Александр Александрович

1892, Елисаветград Херсонской губернии —1953, Москва

Живописец, график, художник театра. Учился в Киевском художественном училище (1911—1913), затем в Москве в студии И.И. Машкова (1913—1915). Участник выставок с 1913. Участник объединений «Бубновый валет» (экспонент с 1914), «Мир искусства» (1917—1918, 1920—1921), «Союз русских художников» (с 1918), «Московские живописцы» (1924—1926, член-учредитель с 1924), «Бытие» (1926—1927), «Крыло» (1927, организатор), «Общество московских художников» (1927—1932, член-учредитель и секретарь). Преподавал в Москве в ГСХМ-ВХУТЕМАСе-ВХУТЕИНе (1918—1930). С 1932 жил в Ленинграде. Вел мас-

терскую живописного факультета Всероссийской Академии художеств. В 1937—1948 преподавал в МИИИ и в МГХИ.

24. Пейзаж. 1920

Холст, масло. 95 х 106
На обороте холста надпись: *Осмеркин Александр 920 г*
Государственный Русский музей, Санкт-Петербург
Инв. № Ж-7010

В 1919 Осмеркина вместе с П.П. Кончаловским мобилизовали в военную школу маскировки в Кунцеве, где они должны были преподавать камуфляж. Осмеркин находился там до августа 1920, совмещая это с преподаванием во ВХУТЕМАСе. По воспоминаниям первой жены Осмеркина Е.Т. Барковой, часто вместо занятий они ходили на этюды, скрываясь от военного начальства, и из-за этого нередко попадали в курьезные ситуации. «Пейзаж», возможно, явился результатом работы в Кунцеве.

Происхождение: пост. в 1960 от Н.Г. Осмеркиной, вдовы художника, Москва
Выставки: 1922 Москва, с. 8, № 73; 1922 Берлин, № 146; 1959 Москва, с. 17—18; 1989 Москва—Ленинград
Литература: Осмеркин 1981, № 18

А.Л.

11. Натюрморт с белой пиалой. 1921

Холст, масло. 84 х 62,5
Справа вверху: *А. Осмеркин 921 VI.* На обороте надпись: *Осмеркин «Natur Mort» 1921 г*
Государственный Русский музей, Санкт-Петербург
Инв. № Ж-7007

С 1919 до конца 1921 Осмеркин и его молодая жена Е.Т. Баркова жили в пустующей лечебнице доктора А.П. Давыдова (родственника Барковой). Шла гражданская война. В доме было холодно, жили впроголодь. Несмотря на такие условия Осмеркин стоял за мольбертом в шубе по много часов и писал то, что находилось под рукой. В его натюрмортах этих лет изображены предметы скудного домашнего обихода или утварь лечебницы — глиняные чарки, кувшин; часто в них фигурирует и человеческий череп.

Происхождение: пост. в 1960 от Н.Г. Осмеркиной, вдовы художника, Москва
Выставки: 1922 Москва, с. 8, № 79; 1959 Москва, с. 17—18; 1969 Ленинград, с. 16; 1983 Москва, с. 356; 1988 Ленинград, № 224; 1989 Москва—Ленинград
Литература: Осмеркин 1981, № 22; Пружан, Пушкарев 1971, № 55

А.Л.

43. Портрет Е.Т. Барковой. 1921

Холст, масло. 125 х 96,5
Справа внизу: *А. Осмеркин 1921 г*
На обороте надпись: *А. Осмеркин*
Государственный Русский музей, Санкт-Петербург
Инв. № Ж-7547

Екатерина Тимофеевна Баркова (1900—1994) — первая жена художника. Они поженились в 1919, а в конце 1921 перехали на Мясницкую улице, 21, где во дворе ВХУТЕМАСа находились мастерские художников Р. Фалька, П. Митурича, Б. Королева, В. Баранова-Россинэ. Осмеркин жил в одной квартире с В. Фаворским и К. Истоминым, но близок с ними не был.
В то время художникам жилось тяжело. Заказов практически не было, во ВХУТЕМАСе, где преподавал Осмеркин, не всегда вовремя платили и без того мизерное жалованье. И студенты, и преподаватели голодали. Именно тогда Осмеркин предложил Р.Р. Фальку одновременно писать портрет Е.Т. Барковой в розовом. Целый месяц каждый день жена Осмеркина позировала по три часа. Фальку и ей нередко становилось плохо от недоедания, Осмеркин же, казалось, не замечал трудностей. Через тридцать сеансов Осмеркин закончил картину, тогда как Фальк считал свою работу только начатой. Устав от позирования, Баркова начала избегать художника. Фальк еще какое-то время приходил, но вскоре модель заболела, и портрет так и не был закончен.

Происхождение: пост. в 1961 от Н.Г. Осмеркиной, вдовы художника, Москва
Выставки: 1922 Москва, с. 7, № 71; 1959 Москва, с. 17—18; 1984 ФРГ, с. 143; 1987—1988 Индия; 1988 Ленинград, № 226; 1989 Москва—Ленинград; 1989 Хельсинки; 1995 Генуя, № 68
Литература: Осмеркин 1981, № 23

А.Л.

Петров-Водкин Кузьма Сергеевич

1878, Хвалынск — 1939, Ленинград

Живописец, график, художник театра, теоретик искусства. Учился в классах живописи и рисования Ф.Е. Бурова в Самаре (1893—1895); в Петербурге в Центральном училище технического рисования барона АЛ. Штиглица (1895—1897); в Московском училище живописи, ваяния и зодчества (1897—1905) у НА. Касаткина, АЕ. Архипова, ВА. Серова, в студии А. Ашбе в Мюнхене (1901); в частных академиях в Париже, в том числе — в академии Ф. Коларосси (1905—1908).
Экспонировал свои работы с 1908, в том числе в парижском Салоне (1908). Участник объединений и выставок «Союз русских художников» (1909—1910), «Мир искусст-

ва» (1910—1922), «Жар-цвет» (1924), «Четыре искусства» (1925—1928). Преподавал в школе живописи и рисования Е.Н. Званцевой в Петербурге (с 1910), в Высшем художественном училище при Академии художеств (1918—1932).

47. Яблоки. 1917

Холст, масло. 41 x 58
Справа вверху подпись: *КПВ 17*
Государственный Русский музей, Санкт-Петербург
Инв. № Ж-8014

Пребывание Петрова-Водкина в Париже в 1906—1908 имело огромное значение для дальнейшего развития его дарования. Поначалу художника привлекал Лувр и классики, но постепенно взоры его все чаще обращались к полотнам импрессионистов и Сезанна.
Среди русских художников Петров-Водкин был одним из немногих, кто подобно Сезанну, изображая окружающий предметный мир, умел открывать в обыденных вещах созвучие духу времени и законам мироздания.
Наиболее активно Петров-Водкин работал над натюрмортами в первые послереволюционные годы. Натюрмортом «Яблоки» началась серия произведений этого жанра, которую художник продолжил в 1920-е. Позднее, в 1930-е, Петров-Водкин создал несколько выразительных композиций, постоянно используя, как в картине «Яблоко и лимон», один и тот же набор излюбленных им предметов.

Происхождение: пост. в 1964 из ГЭ. Ранее: собр. Ф.Ф. Нотгафта, Ленинград
Выставки: «Мир искусства», Петроград, 1918, № 202; 1936—1937 Москва—Ленинград, с. 12; К.С. Петров-Водкин. Картины и рисунки из собрания Ф.Ф. Нотгафта. Ленинград, 1962; 1966 Ленинград—Москва, с. 25; 1969 Ленинград, с. 17
Литература: Петров-Водкин 1986, с. 109

О. Ш.

48. Яблоко и лимон. 1930

Холст, масло. 42,5 x 56
Справа внизу подпись: *КПВ-30*
Государственный Русский музей, Санкт-Петербург
Инв. № Ж-2406

Происхождение: пост. в 1933 с выставки «Художники РСФСР за XV лет»
Выставки: 1932—1933 Ленинград—Москва, № 1649, с. 76; 19-я Бьеннале, Венеция, 1934; 1936—1937 Москва—Ленинград, с.16; 1966 Ленинград—Москва, с. 33; 1969 Ленинград, с. 17
Литература: Русаков Ю.А. Петров-Водкин. Л., 1975, с. 114; Костин В.И. Петров-Водкин. Л., 1976; Петров-Водкин 1986, с. 214

О. Ш.

Попова Любовь Сергеевна

1899, село Ивановское Московской губернии — 1924, Москва

В 1907—1908 училась в студии С.Ю. Жуковского и в частной школе живописи и рисунка К.Ф. Юона и И.О. Дудина в Москве. В 1912 работала в студии «Башня» с В.Е. Татлиным, В.С. Бартом и К.М. Зданевичем, а также в мастерской Татлина на Остоженке вместе с Н.А. Удальцовой, В.М. Ходасевич, А.А. Моргуновым, А.А. Весниным. В начале 1910-х изучала древнерусское искусство в Пскове и Вологде, испытала сильное воздействие итальянской живописи Раннего Возрождения.
В 1912—1913 занималась в Париже в академии «Ла Палетт» у А. Ле Фоконье и Ж. Метценже. К 1915 создала собственный вариант беспредметной живописи, получившей название «живописная архитектоника». С середины 1910-х — неизменный участник всех авангардных выставок. С 1916 член общества «Супремус». Позднее (1921) пришла к отрицанию станковой живописи и обратилась к «производственному» искусству, работала в области сценографии и промышленного дизайна. В 1920—1924 преподавала в ГСХМ-ВХУТЕМАСе.

34. Композиция с фигурами (Две фигуры). 1913

Холст, масло. 160 x 124,3
Государственная Третьяковская галерея, Москва
Инв. № Ж-1310

Работы Поповой начала 1910-х выдают основательное знакомство художницы с живописью Сезанна. Но в них, как в «допарижских» этюдах художницы с натурщиками и натурщицами, где подчас заметны прямые аналогии с сезанновскими произведениями, так и в кубистических композициях, выполненных во время учебы в «Ла Палетт» видны поиски собственного стиля.
«Композиция с фигурами» демонстрирует новое качество живописи Поповой: на основу, сформировавшуюся под воздействием французских учителей как бы накладывается татлинская конструктивность.

Происхождение: пост. в 1977, дар Г.Д. Костаки. Ранее: собр. П.С. Попова, брата художницы; собр. Г.Д. Костаки, Москва
Выставки: 1914 Москва, № 119; 1979 Париж, p. 135, 525; 1981 Москва; 1988 Вашингтон, p. 178—179; Л.С. Попова. 1889—1924. К 100-летию со дня рождения. ГТГ, Москва, 1990, № 12; Liubov Popova. 1889—1924. The Museum of Modern Art, New York; Los Angeles County Museum of Art; Museum Ludwig, Kцln; Centro de Arte Reina, Sofia, Madrid, 1991—1992, № 11, p. 36; Russian Avant-garde. 1910–1930. The G. Costakis Collection. National Gallery and Alexandros Soutzos Museum, Athens, 1995–1996, № 65; Die Russische avantgarde Sammlung Costakis. Haus der Kunst, Mьnchen, 1996, Nr. 754; Costakis-kokoelmat. Venalaista avantgardetaidetta 1910—1930. Sara Hildenin taidemuseo, Tampere, 1996—1997, N° 67
Литература: Rudenstine A., ed. The George Costakis Collection. Russian Avant-Garde Art. New York, 1981, N 754; Сарабьянов 1993, с. 247—249

Л. Б.

Рождественский Василий Васильевич

1884, Тула — 1963, Москва

Живописец, график, художник театра. Учился в Московском училище живописи, ваяния и зодчества (1900—1910, с перерывом в 1905—1906), вначале — у В.Н. Бакшеева, С.В. Иванова, С.А. Коровина, позднее — у А.Е. Архипова, Л.О. Пастернака, К.А. Коровина, В.А. Серова. В 1910 познакомился с П.П. Кончаловским, принимал активное участие в создании общества «Бубновый валет». Член правления, участник всех выставок «Бубнового валета». В 1914—1918 находился в действующей армии. Преподавал в ГСХМ (1918—1920), руководил филиалом ГСХМ в городе Удомля Тверской губернии (1920—1022). Член объединений «Московские живописцы» (1925) и «Общество московских художников» (1928).

20. Ночной пейзаж с тополями. 1912

Холст, масло. 90 х 73
Государственная Третьяковская галерея, Москва
Инв. № Ж-800

Лето 1912 Рождественский провел в Италии. Он посетил Венецию, Падую, Ассизи, Равенну, жил во Флоренции. Конечным пунктом его путешествия была Сиена, где художник встретился с П.П. Кончаловским, семья которого снимала в тот год виллу неподалеку от городской стены, и поселился недалеко от него, среди садов и виноградников, в благодатной тишине переосмысливая впечатления от увиденного. Рождественский был восхищен живописным богатством окружавшей его природы: «... Виноградники уходили к голубеющим холмам на горизонте... Передо мною по холмам раскинулась Сиена. Крашеные, а также белые оштукатуренные дома, крытые черепицей, оттеняются зелеными жалюзи и старыми оливами, серебрящимися в небе. Это напоминает фрески. ... Днем я бродил в окрестностях Сиены, начал писать город, окруженный стеной, оставшейся со времен Римской империи...»
Художник стремился воплотить на плоскости холста величие окружающей его природы, бесконечность пространства и времени. «Ночной пейзаж с тополями» — одна из наиболее сильных в живописном отношении работ той поры.

Происхождение: пост. в 1976 из Всесоюзного производственно-художественного комбината Министерства культуры СССР. Ранее: собр. Н.И. Рождественской, вдовы художника
Выставки: 1913 Москва-III, № 115,116; 1913 Санкт-Петербург, № 286—288; В.В. Рождественский. ГТГ, Москва, 1978, № 9
Литература: Рождественский В.В. Записки художника. М., 1963, с. 39—40

Л. Б.

Татлин Владимир Евграфович

1885, Москва — 1953, Москва

Живописец, график. Художник театра, автор архитектурных и инженерных проектов, работал также в области монументального и декоративно-прикладного искусства и книжной иллюстрации.
В 13 лет убежал из дома, плавал юнгой в Турцию, учился в Одесском училище торгового мореплавания. Служил во флоте (1902—1904), побывал в Сирии, Турции, Марокко, Греции, Италии и других странах. Одновременно увлекся живописью, помогал иконописцам и декораторам. Учился в Художественном училище Н.Д. Селиверстова в Пензе (1904—1910) у Г.И. Горюшкина-Сорокопудова и А.Ф. Афанасьева, в Московском училище живописи, ваяния и зодчества (1902—1903 и 1909—1910) у В.А. Серова и К.А. Коровина.
Занимался живописью в студии И.И. Машкова в Москве (1911). В 1908 в Москве познакомился с М.Ф. Ларионовым, стал одним из активных участников авангардного движения, активно выставлялся, занимался оформлением футуристических книг и спектаклей. Побывал в Берлине и в Париже (1913). В Париже посетил мастерскую Пикассо. С середины 1910-х до конца 1920-х Татлин — один из лидеров русского пластического авангарда, родоначальник конструктивистского направления в искусстве. В студии Татлина на Остоженке занимались «аналитическими исследованиями формы» братья Веснины, Л.С. Попова, А.А. Моргунов, Н.А. Удальцова, Р.Р. Фальк и др.
Участник выставок «Ослиный хвост» (1912), «Бубновый валет» (1913), «Мир искусства» (1913), «Союз молодежи» (1911—1914), «Трамвай В» (1915), «0,10» (1915—1916), «Магазин» (1916). Член «Объединения новых течений» (1921—1923). Председатель «левой федерации» художников в Москве (1917), заведующий Коллегией по делам изобразительного искусства Наркомпроса (1918—1919). Преподавал в ГСХМ в Москве (1918—1919), ВХУТЕМАСе в Петрограде (1919—1924), Киевском художественном институте (1925—1927), ВХУТЕИНе в Москве (1927—1930).

8. Натюрморт. Цветы. 1912

Холст, масло. 71,5 х 71,5
На обороте холста: *«Nature morte» В.Е. Татлинъ 912*
Государственный Русский музей, Санкт-Петербург
Инв. № ЖБ-1541

Происхождение: пост. в 1926 из МХК
Выставки: 1912—1913 Москва, № 273; 1913 Санкт-Петербург, № 328 или 330; 1969 Ленинград, с. 19; 1976—1977 Франкфурт-на-Майне, № 63; 1993—1994 ФРГ—Россия, № 114; 1998 Санкт-Петербург, № 373
Литература: Каталог ГРМ, № 5691

Е. Б.

30. Натурщица. 1913

Холст, масло. 143 x 108
Слева внизу подпись: *Татлин 913.*
Государственная Третьяковская галерея, Москва
Инв. № 17332

Татлин считал «Натурщицу» своей программной работой и поэтому дал ей название «Композиция из обнаженной натуры». В ней воплотилось желание художника синтезировать принципы построения композиции иконописи с достижениями новейшей живописи Сезанна и Пикассо. Изображаемая женщина выключается из обычного течения жизни, она пишется не в конкретном интерьере, а на условном фоне и переносится художником в иной «слой бытия». Композиция картины определяется совмещением разнонаправленных движений: поворот головы противопоставлен положению корпуса и, таким образом, статика позы сидящей натурщицы обогащается, равновесие становится динамическим. Внутренняя энергия картины приведена к гармонии; линии контура, обводящие фигуру и оттушеванные от темного к светлому или наоборот, как бы сдерживают эту энергию внутри изображения.

Происхождение: приобр. в 1934 у автора
Выставки: 1913 Москва-III, № 138; 1913 Санкт-Петербург, № 324; Exhibition of Contemporary Art of Soviet Russia. New York, 1929, N° 123; 1979 Париж, p. 135, 525; 1981 Москва, с. 308; Arte Revolutionaria dei Musei Sovietici. 1910—1930. Lugano,1988, N 39; 1992—1994 ФРГ — Россия, № 230; Tatlin. Barcelona, 1995, N° 21
Литература: Gray C. The Great Experiment: Russian Art 1863—1922. New York, 1962, p. 111, 119—120; Сарабьянов Д.В. Новейшие течения в русской живописи предреволюционного десятилетия: Россия и Запад // Советское искусствознание '80, вып. 1, М., 1981, с. 157; Vladimir Tatlin: Leben, Werk, Wirkung. Kцln, 1993, S. 120, 361

Л. Б.

Ульянов Николай Павлович

1975, Елец — 1949, Москва

Живописец, график, художник театра. Учился в школе живописи и рисования В.Н. Мешкова в Москве (1888—1889), в Московском училище живописи, ваяния и зодчества у Н.Н. Ге, Н.В. Неврева, И.М. Прянишникова (1889—1900), в 1899—1902 — в мастерской В.А. Серова. В 1900—1903 — помощник Серова в Свободной мастерской при училище. Занимался изучением европейского искусства в Италии (1907), Франции и Германии (1909—1912). Участник выставок «Золотое руно», «Голубая роза», «Мир искусства» (1904—1922), член объединения «Четыре искусства» (1925). С 1904 оформлял спектакли Московского художественного театра и его студий. Преподавал в студии Е.Н. Званцевой в Москве (1901—1907), В Строгановском центральном художественно-промышленном училище (1915—1918), ГСХМ-ВХУТЕМАСе (1918—1922), МГХИ (1942—1945).

29. У воды. 1924

Холст, масло. 55,5 x 67,8
Государственная Третьяковская галерея, Москва
Инв. № 8879

Ульянов — художник, который никогда не относился к числу бунтарей-новаторов. Ученик Серова, проведший в Московском училище живописи, ваяния и зодчества более десяти лет, он достиг значительных успехов в портретном жанре, написав портреты Скрябина и Ге, Бальмонта и Голубкиной, в 1910-е годы работал над античным циклом, и если говорить о влияниях французской живописи на его манеру, то обычно вспоминаются элементы кубизма в «Парижской витрине» или фовистская насыщенность цвета в «Менадах» и «Вечернем пейзаже» (1916). Однако в 1924 году художник, которому было уже почти пятьдесят лет, создал картину «У воды». В ней, как бы пытаясь проверить себя по меркам сезанновской живописи, он использовал классический мотив обнаженного тела в пейзаже на берегу водоема. Здесь Ульянов стремился разрешить, по его собственному выражению, «проблемы физических свойств живописи», достичь ритмического и цветового единства в изображении фигур и пейзажа, вернуться к самоценности живописи в станковой картине. Это была одна из основных задач объединения «Четыре искусства», в которое вскоре войдет Ульянов.

Происхождение: приобр. в 1927 у автора
Выставки: «Четыре искусства», Москва, 1925; 1932—1933 Ленинград—Москва; Н.П. Ульянов. Москва, 1975; 1978 Ленинград—Москва, с. 125
Литература: Ройтенберг О. Н.П. Ульянов. М., 1953, с. 77

Л. Б.

Фальк Роберт Рафаилович

1886, Москва — 1958, Москва

Живописец, график, театральный художник. Учился в частной школе живописи и рисунка К.Ф. Юона и И.О. Дудина (1904—1905), в Московском училище живописи, ваяния и зодчества (1905—1912, с перерывами) у А.Е. Архипова, А.М. Васнецова, В.А. Серова, К.А. Коровина. Член и постоянный участник выставок общества «Бубновый валет» (с 1910). В 1910—1911 путешествовал по Италии, изучал классическое искусство, средневековую архитектуру.

Наиболее последовательный представитель «сезаннистского» крыла «Бубнового валета», однако его увлечение поисками конструктивной формы было лишь поводом для выражения эмоциональной сути живописи. С 1916 — член объединения «Мир искусства», в 1925—1928 — член объединения «Общество московских художников». В 1928—1938 жил по Франции, затем вернулся в Москву. Преподавал в ГСХМ-ВХУТЕМАСе-ВХУТЕИНе (1918—1928), в Самаркандском областном художественном училище (1942—1943), Московском институте прикладного и декоративного искусства (1945—1958).

21. Старая Руза. 1913

Холст, масло. 103 x 123
Слева внизу: *Фалькъ*
Государственный Русский музей, Санкт-Петербург
Инв. № Ж-8313

Летом 1913 Фальк жил в подмосковном городке Руза, где очень много и плодотворно работал. К числу созданных там произведений относится и этот пейзаж.

Происхождение: пост. в 1967 от А.В. Щекиной-Кротовой, вдовы художника, Москва
Выставки: 1914 Москва (?), № 150—153; 1976—1977, Франкфурт-на-Майне, № 66; 1982 Токио, № 241; 1996 Отару, № 52; 1997 Турку , с. 132; 1997—1998 Турин, с. 136
Литература: Сарабьянов 1971, с.139; Каталог ГРМ, № 5857; Фальк 1981, № 19

Е. Б.

38. Старик. 1913

Холст, масло. 112,5 x 98
Слева внизу: *Фалькъ 1913*
Государственный Русский музей, Санкт-Петербург
Инв. № Ж-9215

Портрет написан в Рузе, где художник жил летом 1913. Точно установить, кто позировал Фальку, невозможно. В письме к В.П. Князевой вдова художника А.В. Щекина-Кротова писала: «Помнится, Р.Р. Фальк говорил, что это татарин». Когда картина впервые была выставлена на Весенней выставке в Одессе, один из критиков писал: «Типичными сезаннистами являются г.г. Фальк, Куприн, Федоров. Первый в одном из своих портретов старика дает чуть ли не двойника сезанновского “Человека с трубкой”».

Происхождение: пост. в 1977 от А.В. Щекиной-Кротовой, вдовы художника, Москва
Выставки: Весенняя выставка. Одесса, 1914; 1924 Москва, № 29; 1975 Ленинград, № 225; 1996 Отару, № 51; 1997 Турку, с.132; 1997—1998 Турин, с. 136
Литература: Сарабьянов 1971, с.136—138; Каталог ГРМ, № 5858; Пружан, Князева 1980, № 105; Фальк 1981, № 16

Е. Б.

50. Красная мебель. 1920

Холст, масло. 105 x 123
Слева внизу: *1920. Ф.*
На обороте рукой автора: *Ф.*
Государственная Третьяковская галерея, Москва
Инв. № 8854

Фальк говорил своим студентам, что главное в натюрморте «не жизнь вещей, а ваша усиливающаяся внутренняя жизнь», то есть значительность предметов обусловлена тем зарядом внутренней энергии, который вложил в картину художник. «Красная мебель» — одна из наиболее «энергонасыщенных» картин Фалька. Она написана в санатории в Покровском-Стрешневе, во время острого душевного кризиса художника, когда он принял нелегкое решение развестись со своей первой женой Е.С. Потехиной. Смятение человеческой души воплотилось в живописной симфонии красного цвета. Цвет в картине — фундамент и основной «строительный материал»: вся ее конструкция, ее композиционно-пространственные и фактурные элементы являются производными от цветового начала.

Происхождение: приобр. в 1927 у автора
Выставки: 1922 Москва, № 136; 1924 Венеция, № 35; 1924 Москва, № 59; Р.Р. Фальк. Картины и рисунки. Москва, 1927; Pittura russa e sovietica dal secolo XIV ad oggi. Roma-Firenza, 1974, no 99; 1979 Париж, p. 135, 525; 1981 Москва, с. 310; Traditions et recherches. Chefs-d' vre des Musées de l'URSS, Paris, 1984, N° 18; Молодость страны, Москва, 1985; 1989 Турин, № 103; 1993 Санкт-Петербург
Литература: Аркин Д. Р. Фальк и московская живопись // Русское искусство, 1923, № 2—3, с. 30; Фальк 1981, с. 175; Сарабьянов 1986, с. 31—37; Левина 1996, с. 24

Л. Б.

46. Женщина в белой повязке. 1923

Холст, масло. 116 x 66
Справа внизу: *Ф.*
Государственная Третьяковская галерея, Москва
Инв. № 8652

В 1922 Фальк писал А.В. Куприну: «...У стариков были ощущения реальности, они реально ощущали: то и другое (т. е. содержание и технику. — *Л.Б.*) одинаково важно. О таком “маленьком своем ощущении” говорил Сезанн. От этого у них и является такое совершенство техники. Мы же довольствуемся рваной и случайной техникой, ввиду неясности и случайности нашего ощущения. Поэтому для меня не столь важно найти внешнюю сторону картины, как докопаться до того, для чего и почему я художник. Тогда все остальное очень просто наладится. Я считаю, что почти все, что делалось после Сезанна — эстетизм или скверный модерно-академизм» (Фальк 1981, с. 76—77) .

«Женщину в белой повязке» (Портрет Р.В. Идельсон), отличает внутренняя углубленность. Живописная поверхность картины удивительно красива, причем белый цвет разработан в бесчисленном количестве оттенков. Художник вспоминал об этом в письме к Р.В. Идельсон: «...В конце концов ведь белое — самое цветное. Я сам редко ощущал такое удовольствие от цвета, когда писал именно твой белый портрет ...» (Фальк 1981, с. 99).

Происхождение: приобр. в 1926 у автора
Выставки: 1924 Москва, № 75; 1924 Венеция, № 130; Р.Р. Фальк. Москва, 1966, № 21; 60 acos de Pintura Sovietica. Mexico — Ecuador, 1981; Шедевры советского искусства из собрания ГТГ, Гавана, 1982; 1989 Турин, № 103; 1993 Санкт-Петербург; Russian Jewish Artists in Century of Change, 1890—1990. New York—Madison—Wisconsin, 1995—1996, p. 249
Литература: Сарабьянов 1986, с. 31—37; Левина 1996, с. 27

Л. Б.

42. Автопортрет. 1923

Холст, масло. 82 x 67,5
Внизу красной краской: слева — *Ф.*, справа подпись — *Falk* (неразборчиво)
Государственная Третьяковская галерея, Москва
Инв. № ЖС-1204

Мысль о своем месте в окружающем мире — вечная тема всех художников — вот что определяет суть «Автопортрета». Обращенность персонажа внутрь себя тесно связана с сосредоточенным постижением художником натуры: картина несет следы его длительной и напряженной работы.

Происхождение: приобр. в 1975 у А.В. Щекиной-Кротовой, вдовы художника
Выставки: 1924 Москва, № 115 или 116; 1977 Москва
Литература: Тугендхольд Я.А. Выставка картин: Заметки о современной живописи // Русское искусство, 1923, № 2—3, с. 98

Л. Б.

Чекрыгин Василий Николаевич

1897, Жиздра — 1922, Московская область

График, живописец. Учился в иконописной школе Киево-Печерской лавры (1906—1911), в Московском училище живописи, ваяния и зодчества (1910—1914). В 1913—1914 совместно с Л.Ф. Жегиным совершил поездку в Англию, Германию и Францию. Преподавал в Доме искусств Сокольнического района Москвы, в Государственной школе печатного дела при Первой Образцовой типографии, руководимой С.В. Герасимовым (1921). Экспонировал свои работы с 1910, в основном с объединением «Маковец», членом-учредителем которого стал в 1922.

31. Судьба. 1922

Холст, масло. 143 x 107,5
На обороте надпись: *Чекрыгин Судьба работа (1922) Василия Николаевича Чекрыгина*
Государственный Русский музей, Санкт-Петербург
Инв. № ЖБ-1327

Чекрыгин известен прежде всего как выдающийся рисовальщик. Число его сохранившихся живописных произведений крайне невелико. Отчасти это обусловлено овладевшей Чекрыгиным в последние годы жизни мечтой о создании фрески, на пути к которой все создаваемое им рассматривалось ступенями к достижению желаемой цели. Композиционно и по манере исполнения «Судьба» смыкается с многочисленными рисунками Чекрыгина, вдохновленными философией Н.Ф. Федорова и сюжетами Евангелия, которое, по свидетельству современников, было настольной книгой художника.
Картина «Судьба», начатая за три недели до трагической гибели Чекрыгина, стала реквиемом художнику. Он работал над ней в Пушкино под Москвой на даче у родственников жены, так и не успев закончить.

Происхождение: пост. в 1928 от В.В. Чекрыгиной, вдовы художника, Москва
Выставки: В.Н. Чекрыгин (1897—1922). Государственная Цветаевская галерея, Москва, 1923, № 80; 1927 Ленинград ; 1979 Париж ; 1988 Ленинград, № 384; 1989 Хельсинки; 1994 Москва, № 398; 1995 Генуя, с. 133
Литература: Бакушинский А. Выставка произведений В.Н. Чекрыгина // Русское искусство. 1923, № 2—3, с . 15—20; Ковтун Е. Русский авангард 1920—1930-х годов. СПб., 1996, с.199—202; Жегин Л.Ф. Воспоминания о В.Н. Чекрыгине // Харджиев Н.И. Статьи об авангарде: В 2 т. Т. 1. М., 1997

О. Ш.

Шевченко Александр Васильевич

1883, Харьков — 1948, Москва

Живописец, график. В 1899—1907 учился в Москве, в Строгановском центральном художественно-промышленном училище у К.А. Коровина, М.А. Врубеля, в 1907—1909 в Московском училище живописи, ваяния и зодчества у В.А. Серова, К.А. Коровина; в 1905—1906 в Париже работал в академиях Э. Каррьера и Р. Жюлиана, учился у Э. Дине, Ж.-П. Лоранса. Участник выставок с 1903. Член и экспонент объединений: «Мир искусства» (1917—1921), «Маковец» (1922—1925), «Цех живописцев» (1926—1930), «Общество московских художников» (1932). В 1918—1929 преподавал в Первых ГСХМ-ВХУТЕМАСе-ВХУТЕИНе (Москва), с 1940 — в Строгановском центральном худо-

жественно-промышленном училище (Москва) и в Московском текстильном институте. Профессор.

6. Натюрморт с желтым кувшином и белой пиалой. 1919

Картон, масло. 75 x 74
Справа вверху: *АШ/19 Москва*
На обороте наклейки с ярлыками: *ГМФ № 339; МХК № 293*
Государственный Русский музей, Санкт-Петербург
Инв. № Ж-976

А.В. Грищенко, единомышленник Шевченко по созданию Музея живописной культуры (МЖК), писал: «В 1919 году А. Шевченко как раз переживает период очищения своего живописного языка. Идет большая упорная работа над основами живописи: идут поиски новой фактуры, нового построения картины, ее конструирования, нового красочного ансамбля» (Грищенко А., Лаврский Н. А. Шевченко: Поиски и достижения в области станковой живописи. М., 1919, с. 10). Впоследствии, вспоминая свою учебу у Шевченко в 1920—1925, Б. Рыбченков писал о его живописи: «От этих небросих холстов исходила острая новизна образа, непререкаемость композиции, волнующе сдержанная красота колорита... Живопись Шевченко воспринималась как откровения нового реализма. Чем дольше, внимательнее смотрел я на аскетически сдержанные в цвете полотна А.В. Шевченко, на его изумительные «Натюрморт с бутылкой», «Натюрморт с желтым кувшином» ... тем сильнее захватывали они меня неповторимостью образа, артистизмом кладки цвета, подкупающей нежностью колорита... Живопись Шевченко стала для меня вершиной артистизма...» (Рыбченков Б.Ф. А.В. Шевченко — художник и человек // Пространство картины. М., 1989, с. 77).

Происхождение: пост. в 1926—1928 из МХК. Ранее: 1920—1923 (?) ГМФ
Выставки: XII Государственная выставка. Цветодинамос и тектонический примитивизм. Москва, 1919; 1977 Ленинград; 1979 Москва—Ленинград
Литература: Шевченко А. Динамо-тектонический примитивизм // Каталог Двенадцатой государственной выставки: «Цветодинамос и тектонический примитивизм». М., 1919; Шалабаева 1994, с. 56 , 67—72

А. Н.

33. Пьеро и Арлекин (Братья Сирано — жонглеры). 1920

Холст, масло. 101 x 106,5
Справа вверху подпись-монограмма: *АШ/20*
На обороте надпись: *А. Шевченко Братья Сирано — жонглеры 1920 105,5 x 100*
Государственный Русский музей, Санкт-Петербург
Инв. № Ж-8287

Любовь к театру и цирковому искусству была привита Шевченко с детства. Дом бабушки, где подолгу жил мальчик, находился рядом с театром. Знакомство с театральной семьей Улихов-Вимбергов, дружба с Николаем Улихом, работа в эти же годы в театральной декорационной мастерской Харьковского оперного театра — все это нашло отражение в творчестве художника. В Ростове-на-Дону, где отчим Шевченко работал в цирке монтером, он постоянно бывал на представлениях. «Влияние циркового зрелища (как конструктивной формы), где точность построения какой-нибудь гимнастической пирамиды, расчет полета, жонглирования, цирковая пантомима, не могло не оставить впоследствии следа на моем развитии», — вспоминал художник (Александр Васильевич Шевченко: 1883—1948: Графика из музеев и частных собраний: Каталог / Авт. вст. статьи В. Шалабаева. М., 1975, с. 5).
Театральная и цирковая среда окружала Шевченко и в годы учебы в Строгановском училище. Молодой художник случайно встретил старого друга Н. Улиха, который работал комическим актером и выступал в театрах «Фарс» (Санкт-Петербург) и «Эрмитаж» (Москва). Он помог Шевченко устроиться жить в артистический дом, где жильцами были «шантанные артисты, певцы, фокусники, акробаты, цыгане» (А.В. Шевченко: Сборник материалов. М., 1980, с. 60).

Происхождение: приобр. в 1967 у Т.А. Шевченко, дочери художника, Москва
Выставки: А.В. Шевченко. ГТГ, Москва, 1924, с. 6, № 15; Sovjetonst Maleri, Sculptur, Grafik ur Samlingarna i Statens Ryska Museum. Konstmuseet i Atenium, Helsingfors. Helsingfors, 1977; 1979 Москва—Ленинград; 1987—1988 Индия; Pierot: Melancholie und Maske. München—New York, 1995, с. 188
Литература: Шалабаева 1994

А. Н.

Шухаев Василий Иванович

1887, Москва — 1973, Тбилиси

Живописец, график монументалист, художник театра и кино, иллюстратор. В 1897—1905 учился в Строгановском центральном художественно-промышленном училище (Москва) у К.А. Коровина; в 1906—1912 — в Высшем художественном училище при Академии художеств (Петербург) у Д.Н. Кардовского (с 1908). Пенсионер «Русского общества в Риме» (1912—1914). Участник выставок с 1909. Член и экспонент объединений: «Новое общество художников» (1915, 1917), «Мир искусства» (1918, 1921, 1927); «Цех святого Луки» (1917) — один из его учредите-

лей. Преподавал в Тбилисской Академии художеств (1947—1973). Профессор.

Яковлев Александр Евгеньевич

1887, Петербург — 1938, Париж

В 1905—1913 учился в Высшем художественном училище при Академии художеств (Петербург) у Д.Н. Кардовского (с 1908). Пенсионер Академии художеств в странах Западной Европы (1914—1915) и Дальнего Востока (1917—1918). Участник выставок с 1908. Член и экспонент объединений «Союз русских художников» (с 1911), «Мир искусства» (с 1913), «Цех святого Луки» (1917) — один из его учредителей. С 1921 жил и работал во Франции. В 1934—1937 преподавал в Бостонской школе изящных искусств.

32. Автопортреты. Арлекин и Пьеро. 1914

Холст, масло. 210 x 142
Внизу подписи: слева — *А.Яковлев 1914 г.*; справа — *В.Шухаев 1914*
Картина окончена В.И. Шухаевым в 1962
Государственный Русский музей, Санкт-Петербург
Инв. № Ж 7831

Слева, в костюме Арлекина, — Яковлев; справа — Пьеро — Шухаев. В таких костюмах художники выступали в пантомиме А. Шнитцлера «Шарф Коломбины», поставленной в 1910—1911 В.Э. Мейерхольдом в театре «Дом интермедий» в Санкт-Петербурге. Костюмы к спектаклю были выполнены по рисункам Н. Сапунова.
Идея создания портрета зрела постепенно. Яковлев посещал сезоны Старинного театра в Петербурге, где успешно выступала исполнительница испанских уличных песен и танцев Казароза (Б. Леншева, впоследствии ставшая женой художника). Очевидно, художник познакомился с ней в Доме интермедий, где Казароза была артисткой с 1910. Известно, что Старинный театр в третьем сезоне предполагал постановки итальянских комедий дель арте.
В одном из своих писем Шухаев вспоминал, что в 1911 он и Яковлев случайно попали на спектакль «Шарф Коломбины», куда потом ходили каждый вечер. Они познакомились со всей труппой и с режиссером. Случайно Яковлеву предложили роль Арлекина, а Шухаеву роль Пьеро. «Пьеро у меня вышел совершенно исключительный. В. Мейерхольд в своих высказываниях утверждал, чтобы я бросил Академию художеств, ибо я первоклассный мимический актер <...> По окончании Академии художеств я и Яковлев в 1913 и 1914 году жили в Италии <...> В числе других работ нам пришла мысль сделать совместный автопортрет в костюмах Пьеро и Арлекина как воспоминание о наших артистических подвигах» (из письма В.И. Шухаева В.П. Князевой от 19 мая 1972; хранится у адресата).
Шухаев работал над картиной еще до приезда Яковлева в Италию. В одном из писем в 1912—1913 он благодарит Яковлева за присылку ему в Рим книги Д.А. Ровинского «Русские народные картинки» (СПб., 1900): «Большое спасибо за Ровинского, он принесет большую пользу в компоновке Арлекина» (Элизбарашвили Н.А. Письма В.И. Шухаева А.Е. Яковлеву из Италии (1912—1913) и Петербурга (1914—1915) // Панорама искусств, 1985, [вып.] 8, с. 189).
Работа в основном была выполнена на Капри, где Яковлев закончил свою фигуру. Шухаев предполагал завершить свою часть в России. Но только в 1962, когда он жил в Тбилиси, ему удалось сделать это. Он дописал отдельные детали в автопортрете — руку, держащую бокал, рюш на костюме. Изменил также фон, объединив персонажи одной аркой (первоначально было намечено две: для каждой фигуры).
Свой двойной автопортрет Яковлев и Шухаев относили к числу «самых серьезных работ» (из письма В.И. Шухаева В.А. Пушкареву от 9 марта 1963, ОР ГРМ).

Происхождение: приобр. в 1963 у В.И. Шухаева
Выставки: В.И. Шухаев. Всероссийская Академия художеств. Всекохудожник. Москва—Ленинград,1936; В.И. Шухаев. Москва, 1958, с. 7; В.И. Шухаев. Ленинград, 1962; В. И. Шухаев. Государственная картинная галерея, Тбилиси, 1962, с. 11, 38; В.И. Шухаев. К 80-летию со дня рождения. Ленинград, 1968, с. 5, 9, 29; 1975 Ленинград, № 248, 39; 1977 Москва, с. 29, № 308; А.Е. Яковлев, В.И. Шухаев. К 100-летию со дня рождения. ГРМ, Ленинград; Государственный музей искусства Грузинской ССР, Тбилиси, 1988, с. 7, 28; 1995 Генуя, с .171
Литература: Коган Д.З. Новые течения в живописи 1907—1917 годов // История русского искусства. М., 1969, т. 10, кн. 2, с. 147; Русский театральный портрет конца XIX—начала XX века: Альбом. Л., 1973, № 39; Пружан, Князева 1980, № 115

А.Н.

Выставки, литература

ВЫСТАВКИ

1909 Москва
«Золотое руно». Москва, 1909

1909—1910 Москва
«Золотое руно». Москва, 1909—1910

1910—1911 Москва
«Бубновый валет». Москва, 1910—1911

1911 Москва
Однодневная выставка картин М.Ф. Ларионова. Москва, 1911

1911 Санкт-Петербург-I
«Мир искусства». Санкт-Петербург, 1911

1911 Санкт-Петербург-II
«Союз молодежи». Санкт-Петербург, 1911

1912 Москва-I
«Бубновый валет». Москва, 1912

1912 Москва-II
«Ослиный хвост». Москва, 1912

1912 Санкт-Петербург
«Союз молодежи». Санкт-Петербург, 1912

1912—1913 Москва
Современная живопись. Москва, 1912—1913

1913 Москва-I
«Мишень». Москва, 1913

1913 Москва-II
Н.С. Гончарова. 1900—1913. Москва, 1913

1913 Москва-III
«Бубновый валет». Москва, 1913

1913 Санкт-Петербург
«Бубновый валет». Санкт-Петербург, 1913

1914 Москва
«Бубновый валет», Москва, 1914

1914 Санкт-Петербург
Н.С. Гончарова. Санкт-Петербург, 1914

1915 Москва
«1915 год». Москва, 1915

1916 Москва
«Мир искусства». Москва, 1916

1916 Петроград
Современная русская живопись. Петроград, 1916

1922 Берлин
Erste Russische Kunstausstellung. Galerie van Dimen & CO, Berlin, 1922

1922 Москва
«Мир искусства». Москва, 1922

1924 Венеция
14-я Бьеннале. Венеция, 1924

1924 Москва
Р.Р. Фальк. ГТГ, Москва, 1924

1927 Ленинград
Обзор новейших течений. ГРМ, Ленинград, 1927

1927 Москва
«Бубновый валет». Москва, 1927

1932—1933 Ленинград—Москва
Художники РСФСР за XV лет (1917—1932). Ленинград—Москва, 1932—1933

1933 Москва
А.В. Лентулов. К 25-летию художественной деятельности. 1908—1933. Москва, 1933

1934 Москва
А.В. Куприн. Москва, 1934

1936 Москва
С.В. Герасимов. К 25-летию художественной деятельности. Москва, 1936

1936—1937 Москва—Ленинград
К.С. Петров-Водкин. Живопись и графика. Москва—Ленинград, 1936—1937

1956 Москва—Ленинград
И.И. Машков. Москва—Ленинград, 1956 (в Москве не экспонировалась)

1956 Москва—Ленинград—Киев
С.В. Герасимов. К 70-летию со дня рождения и к 50-летию творческой деятельности. Москва—Ленинград—Киев, 1956

1959 Бухарест
С.В. Герасимов. Бухарест, 1959

1959 Москва
А.А. Осмеркин. Москва, 1959

1961 Лидс—Бристоль—Лондон
Larionov and Gontcharova. Arts Council. Leeds–Bristol–London, 1961

1963 Париж
Gontcharova et Larionov. Musée d'Art Moderne de la Ville de Paris,1963

1965—1966 Москва—Ленинград
С.В. Герасимов. К 80-летию со дня рождения. Москва—Ленинград, 1965—1966

1966 Ленинград—Москва
К.С. Петров-Водкин. Ленинград—Москва, 1966

1967—1968 Париж
L'Art Russe des Scythes a nos jours. Trésors des Musées Soviétiques. Paris, 1967—1968

1969 Ленинград
Русский и советский натюрморт. ГРМ, Ленинград, 1969

1969 Лион
Nathalie Gontcharova. Musée des Beaux-Arts, Lyon, 1969

1969 Париж
Retrospective Larionov. Galerie de Paris, 1969

1972 Невер
Retrospective Larionov. Maison de la Culture de Nevers et la Nièvre. Never, 1972

1973 Бурж
Retrospective Gontcharova. Maison de la Culture, Bourges, 1973

1975 Ленинград
Портрет в русской живописи конца XIX — начала XX века. ГРМ, Ленинград, 1975

1976 Брюссель
Retrospective Larionov et Gontcharova. Musée d'Ixelles, Bruxelles, 1976

1976—1977 Франкфурт-на-Майне
Russische Malerei 1890–1917. Frankfurt am Main, 1976–1977

1977 Ленинград
А.В. Шевченко. ГРМ, Ленинград, 1977

1977 Москва
Автопортрет в русском и советском искусстве. ГТГ, Москва, 1977

1978 Ленинград—Москва
А.В. Куприн, С.Д. Лебедева, Н.П. Ульянов. Ленинград—Москва, 1978

1979 Москва—Ленинград
А.В. Шевченко. 1883—1948. Живопись, акварель, гуашь, темпера, рисунки, гравюры, монотипии. Москва—Ленинград, 1979

1979 Париж
Paris–Moscou. 1900–1930. Centre Georges Pompidou, Paris, 1979

1979 Турин
La pittura russa dal XV al XX secolo. Torino, 1979

1979—1980 Ленинград—Москва
М.Ф. Ларионов. ГРМ, Ленинград; ГТГ, Москва, 1979—1980

1979—1980 Мельбурн—Сидней
URSS. Old Master Paintings. Melburne–Sydney, 1979–1980

1980 Дюссельдорф
Kasimir Malewitsch. 1878—1935. Werke aus sowjetischen Sammlungen. Dьsseldorf, 1980

1981 Москва
Москва—Париж.1900—1930. ГМИИ, Москва, 1981

1981—1982 Москва
А.В. Куприн. К 100-летию со дня рождения. Москва, 1981—1982

1982 Ленинград
Пейзаж в русской живописи конца XIX — начала XX века. ГРМ, Ленинград, 1982

1982 Токио
Искусство и революция. Сэйбу музеум, Токио, 1982

1983 Москва
225 лет Академии художеств СССР. Москва, 1983

1984 ФРГ
Russische und Sowjetische Kunst Tradition Gegenwart UdSSR. Werke aus sechs Jahrnunderten Dьsseldorf–Stutgart–Hannover, 1984

1987 Москва
Аристарх Лентулов. 1882—1943. Живопись. Графика. Театр. Москва, 1987

1987—1988 Индия
Festival of the USSR Paintings from the Russian Museum. 19th to Early 20th Century. India 1987—1988

1988 Вашингтон
Russian and Soviet Paintings 1900-1930. Selections from The State Tretyakov Gallery, Moscow, and The State Russian Museum, Leningrad. Hirshhorn Museum and Sculpture Garden Smithsonian Institution, Washington, 1988

1988 Ленинград
Советское искусство 1920—1930-х годов. Живопись. Графика. Скульптура. Декоративно-прикладное искусство. ГРМ, Ленинград, 1988

1989 Турин
Arte Russa e Sovietica 1870—1930. Torino, 1989

1988—1989 Ленинград—Москва—Амстердам
Казимир Малевич. 1878—1935. ГРМ, Ленинград; ГТГ, Москва; Городской музей (Стеделик музеум), Амстердам, 1988—1989

1989 Москва—Ленинград
А.А. Осмеркин. 1892—1953. Живопись. Графика. Театр. ГТГ, Москва; ГРМ, Ленинград, 1989

1989 Хельсинки
Советское искусство 1920—1930-х годов. Хельсинки, 1989

1990—1991 США
Kazimir Malevich. 1878–1935. National Gallery of Art, Washington; The Armand Hammer Museum of Art and Cultural Center, Los Angeles; The Metropolitan Museum of Arts, New York, 1990–1991

1993 Санкт-Петербург
Р.Р. Фальк. ГРМ, Санкт-Петербург, 1993

1993 Мадрид—Барселона
Malevich. Colleccion del Museo Estatal Ruso, San Petersburgo. Fundacion Juan March, Madrid; Museu Picasso, Barcelona, 1993

1993 Нант
L'Avant-Garde Russe dans les musées de Russie. Nantes, 1993

1993 Эдинбург
Russian Painting of the Avant Garde 1906–1924. Scottish National Gallery of Modern Art, Edinburgh, 1993

1993—1994 Милан
Kazimir Malevic. 1900–1935. Una retrospettiva. Palazzo Reale, Milano, 1993–1994

1993—1994 ФРГ—Россия
Vladimir Tatlin. Retrospektive. Staatliche Kunsthalle, Dьsseldorf; Staatliche Kunsthalle, Baden-Baden; ГТГ, Москва; ГРМ, Санкт-Петербург, 1993—1994

1994 Барселона
La Vanguardia Rusa 1905–1925 en las Colecciones de los Museos Rusos. Museo Picasso, Barcelona, 1994

1994 Москва
«Маковец».1922—1926. ГТГ, Москва, 1994

1995 Генуя
Il tempo delle illusioni. Arte russa degli anni Venti. Palazzo Ducale, Genova, 1995

1995—1996 Кельн
Kasimir Malewitsch. Werk und Wirkung. Museum Lьdwig, Kцln, 1995–1996

1996 Отару
Марк Шагал и его окружение. Отару, 1996

1997 Турку
Chagall ja venajan vuodet (Chagall and His Artistic Environment). Waino Aaltosen museo, Turku, 1997

1997—1998 Турин
Chagall e il suo ambiente gli anni russi. Torino, 1997–1998

1998 Санкт-Петербург
«Музей в музее (Музей художественной культуры в собрании Государственного Русского музея)». ГРМ (Мраморный дворец), Санкт-Петербург, 1998

КАТАЛОГИ СОБРАНИЙ

Каталог ГТГ 1917
Каталог художественных произведений Городской галереи Павла и Сергея Третьяковых. М., 1917

Каталог ГТГ 1984
Государственная Третьяковская галерея. Каталог живописи XVIII — начала XX века (до 1917 года). М., 1984

Каталог ГРМ
Государственный Русский музей. Живопись: XVII — начало XX века: Каталог. Л., 1980

ЛИТЕРАТУРА

Алленов 1973
Алленов М.М. И.И. Машков. Л.,1973

Болотина 1977
Болотина И.С. Илья Машков. М.,1977

Кончаловский 1964
Кончаловский П.П. Художественное наследие. М., 1964

Кравченко 1973
Кравченко К.С. А.В. Куприн. М.,1973

Левина 1996
Левина Т.М. Роберт Фальк. М., 1996

Малевич 1990
Малевич: Художник и теоретик. М., 1990

Мурина, Джафарова 1990
Мурина Е.Б., Джафарова С.Г. Аристарх Лентулов: Путь художника: Художник и время. М., 1990

Никольский 1936
Никольский В.А. П.П. Кончаловский. М., 1936

Обольсина 1974
Обольсина О. Забытые страницы советского искусства // Искусство, 1974, № 3

Осмеркин 1981
Осмеркин: Размышления об искусстве: Письма: Критика: Воспоминания современников. М., 1981

Петров-Водкин 1986
Кузьма Петров-Водкин: Живопись: Графика: Театрально-декорационное искусство: Альбом / Автор-составитель Ю.А. Русаков / Составитель и автор каталога Н.А. Барабанова. Л., 1986

Полевой 1984
Полевой В.М. А. Куприн. М., 1984,

Поспелов 1990
Поспелов Г.Г. «Бубновый валет»: Примитив и городской фольклор в московской живописи 1910-х годов. М., 1990

Пружан, Князева 1980
Пружан И.Н., Князева В.П. Русский портрет конца XIX — начала XX века: Живопись: Графика: Альбом. М., 1980, № 115

Пружан, Пушкарев 1971
Пружан И.Н., Пушкарев В.А. Натюрморт в русской и советской живописи. Л., 1971

Ракова 1970
Ракова М.М. Русский натюрморт конца XIX — начала XX века. М., 1970

Рассудина 1971
Рассудина Р.В. А. Куприн: Натюрморт: Пейзаж. М., 1971

Сарабьянов 1971
Сарабьянов Д. Русская живопись конца 1900 — начала 1910-х годов: Очерки. М., 1971

Сарабьянов 1986
Сарабьянов Д.В. Р.Р. Фальк. Поэтическая структура образа. К столетию со дня рождения художника // Искусство. 1986. № 10

Сарабьянов 1993
Сарабьянов Д.В. История русского искусства конца XIX — начала XX века. М., 1993

Сарабьянов, Шатских 1993
Сарабьянов Д.В., Шатских А.С. Казимир Малевич: Живопись: Теория. М., 1993

Фальк 1981
Фальк Р.Р. Беседы об искусстве. Письма. Воспоминания о художнике. М., 1981

Шалабаева 1994
Шалабаева В.Н. Александр Шевченко: Путь художника: Художник и время. М.,1994

Эганбюри 1913
Эганбюри Э. Наталия Гончарова. Михаил Ларионов. М., 1913

Chamot 1972
Chamot M. Gontcharova. Paris, 1972

ОСНОВНЫЕ МЕЦЕНАТЫ И СПОНСОРЫ ГОСУДАРСТВЕННОГО ЭРМИТАЖА

Правительство Нидерландов
Правительство Финляндии
Правительство Швеции
Правительство Дании
Правительство Канады
ЮНЕСКО
Европейский Союз (Программа ТАСИС)
Муниципалитет города-земли Гамбурга
Муниципалитет города Лиона (Франция)
Муниципалитет города Орхуса (Дания)
Компания IBM (США)
Компания Самсунг Электроникс и Культурный Фонд Самсунг (Корейская Республика)
Центр Пола Меллона по изучению Британского искусства (Великобритания)
Компания «Кока-кола» и Фонд «Кока-кола» (США)
Компания «МакКинзи энд Компани» (США)
Компания «Хоневелл» (США)
«Кимбелл Арт Фаундейшн» (США)
Компания КПМГ (Нидерланды)
Фонд Культуры Германских Земель (ФРГ)
Компания «Сомефор» (Франция)
Японский Фонд
Канадский Фонд Сотрудничества при Посольстве Канады в России
Фонд Питер Стивезант
Компания «Оракл» (США)
Издательство «Славия»
Компания «Элтом-Систем» (Россия)
Австралийский Фонд Художественных выставок
ОНЭКСИМ БАНК (Россия)
Международный Московский Банк, Санкт-Петербургское отделение
АБН-АМРО Банк, Москва (Россия)
Строгановский Фонд
АО «Пирометр» (Россия)
ОАО «Лисма» (Россия)
Фонд Друзей Государственного Эрмитажа (Нидерланды)
Американские Друзья Государственного Эрмитажа, Инк. (США)
Фонд Делзил (США)
Г-н Эрнст Бейелер
Г-н Дональд Кио
Г-н и г-жа Эмберикос

PRINCIPAL PATRONS & SPONSORS OF THE STATE HERMITAGE

The Government of the Netherlands
The Government of Finland
The Government of Sweden
The Government of Denmark
The Government of Canada
UNESCO
European Union (Programme TACIS)
Municipality of Hamburg
Municipality of Lion (France)
Municipality of Orhus (Denmark)
IBM (USA)
Samsung Electronics and Samsung Foundation (Korean Republic)
The Paul Mellon Center for Studies in British Art
The Coca-Cola Company and the Coca-Cola Foundation (USA)
McKinsey & Co (USA)
Honeywell (USA)
Kimbell Art Foundation (USA)
KPMG Reviconsult (The Netherlands)
Kulturstiftung der L nder (Germany)
Company "Somefor" (France)
Japanese Foundation
Canadian Fund for Cooperation of the Embassy of Canada
Peter Stuyvesant Foundation
Company "Oracle Corp." (USA)
Slavia Publishing House
Company "Altom System" (Russia)
Australian Art Exhibitions
UNEXIM BANK (Russia)
The St. Petersburg Branch of the International Moscow Bank (Russia)
ABN-AMRO Bank, Moscow (Russia)
Stroganov Foundation
Stock Company "Pirometr" (Russia)
Company "Lisma" (Russia)
Foundation of the Friends of the State Hermitage (The Netherlands)
American Friends of the State Hermitage, Inc. (USA)
Delzel Foundation
Mr. Ernst Beyeler
Mr. Donald Keough
Mr. and Mrs. George A. Embericos

Поль Сезанн
и
русский авангард
начала XX века

Каталог выставки
(на русском языке)

Корректор О.В. Пивоварова
Технический редактор Т.Д. Кустова
АО «Славия», 191186, Санкт-Петербург,
наб. р. Мойки, 20, а/я 8

Допечатная подготовка ООО «Русская коллекция»
Отпечатано типографией Pomurski Tisk